止学

知止的人生智慧

王福利◎著

金城出版社
GOLD WALL PRESS

图书在版编目（CIP）数据

止学：知止的人生智慧 / 王福利著. -- 北京：金城出版社, 2017.8

ISBN 978-7-5155-1518-2

Ⅰ. ①止… Ⅱ. ①王… Ⅲ. ①哲学理论—中国—隋代 ②《止学》—研究 Ⅳ. ①B241.1

中国版本图书馆CIP数据核字(2017)第188248号

止学：知止的人生智慧

作　　者　王福利
出版统筹　朱文平
责任编辑　王秋月　李凯丽
特约编辑　续利娜
特约监制　徐均成
封面设计　零三二五设计
开　　本　710毫米 × 1000毫米　1/16
印　　张　16
字　　数　237 千字
版　　次　2017 年 10月第 1 版　2017 年 10月第 1 次印刷
印　　刷　三河市兴达印务有限公司
书　　号　ISBN 978-7-5155-1518-2
定　　价　35.00 元

出版发行　金城出版社 北京市朝阳区利泽东二路 3 号　100102
发 行 部　（010）84254364
编 辑 部　（010）84250838
总 编 室　（010）64228516
网　　址　http://www.jccb.com.cn
电子邮箱　jinchengchuban@163.com
法律顾问　陈鹰律师事务所（010）64970501

前　言

《止学》是隋朝大儒王通的经典著作，被王阳明、曾国藩和李嘉诚等古今名人推崇之至。王通，号文中子，是“初唐四杰”之一王勃的祖父，虽然史书上关于王通的记载不多，但他的众多弟子却在大唐盛世时期大放异彩，比如魏徵、李靖、徐世绩、房玄龄等，无不对奠定盛唐基业起到了关键作用。后世以《止学》为人处世者，无不取得了令人瞩目的成绩。

《止学》以道家思想论处世之道，告诫人们凡事“适可而止”。墨子云：“知止，则日进无疆；反者，道之动。知足不辱，知止不殆。”曾国藩有言：“《止学》乃人生行为之约束，忽略此学，智者必有一失。”纵观曾国藩一生在官场的浮沉，处处体现了“止”之智慧。李嘉诚更是将《止学》作为为商第一要义，将“知止”二字置于办公室最醒目处，时刻自警自省，正是其深悟《止学》精髓，才创造出一个又一个商界神话，成了无人超越的首富传奇。

本书对历来名家的多种解读进行系统分析整理，将“止”的内涵更多地与现代社会生存环境相结合，使读者能够更好地把握人生方向，做到志有定向、外急不动、不急于求成，在充满诱惑的尘世中，存有一颗安定从容之心。无论是为政者，还是职场打拼者，抑或是在商海中博弈者，乃至为人父母者，都能在这部经久不衰的历史经典中找到成功之道。

止　学 全文

〔隋〕文中子

智卷一

智极则愚也。圣人不患智寡，患德之有失焉。

才高非智，智者弗显也。位尊实危，智者不就也。大智知止，小智惟谋，智有穷而道无尽哉。

谋人者成于智，亦丧于智也。谋身者恃其智，亦舍其智也。智有所缺，深存其敌，慎之少祸焉。

智不及而谋大者毁，智无歇而谋远者逆。智者言智，愚者言愚，以愚饰智，以智止智，智也。

用势卷二

势无常也，仁者勿恃。势伏凶也，智者不矜。

势莫加君子，德休与小人。君子势不于力也，力尽而势亡焉。小人势不惠人也，趋之必祸焉。

众成其势，一人堪毁。强者凌弱，人怨乃弃。势极无让者疑，位尊弗恭者忌。

势或失之，名或谤之，少怨者再得也。势固灭之，人固死之，无骄者惠嗣焉。

利卷三

惑人者无逾利也。利无求弗获，德无施不积。

众逐利而富寡，贤让功而名高。利大伤身，利小惠人，择之宜慎也。

天贵于恒，人贵于明，动之有戒也。

众见其利者，非利也。众见其害者，或利也。君子重义轻利，小人嗜利远信，利御小人而莫御君子矣。

利无尽处，命有尽时，不怠可焉。利无独据，运有兴衰，存畏警焉。

辩卷四

物朴乃存，器工招损。言拙意隐，辞尽锋出。

识不逾人者，莫言断也。势不及人者，休言讳也。力不胜人者，勿言强也。

王者不辩，辩则少威焉。智者讷言，讷则惑敌焉。勇者无语，语则怯行焉。

忠臣不表其功，窃功者必奸也。君子堪隐人恶，谤贤者固小人矣。

誉卷五

好誉者多辱也。誉满主惊，名高众之所忌焉。

誉存其伪，谄者以誉欺人。名不由己，明者言不自赞。贪巧之功，天不佑也。

赏誉勿轻，轻者誉贱，贱则无功也。受誉知辞，辞则德显，显则释疑也。上下无争，誉之不废焉。

人无誉堪存，誉非正当灭。求誉不得，或为福也。

情卷六

情滥无行，欲多失矩。其色如一，鬼神莫测。

上无度失威，下无忍莫立。上下知离，其位自安。君臣殊密，其臣反殃。小人之荣，情不可攀也。

情存疏也，近不过己，智者无痴焉。情难追也，逝者不返，明者无悔焉。

多情者多艰，寡情者少艰。情之不敛，运无幸耳。

蹇卷七

人困乃正，命顺乃奇。以正化奇，止为枢也。

事变非智勿晓，事本非止勿存。天灾示警，逆之必亡；人祸告诫，省之固益。躁生百端，困出妄念，非止莫阻害之蔓焉。

视己勿重者重，视人为轻者轻。患以心生，以蹇为乐，蹇不为蹇矣。

穷不言富，贱不趋贵。忍辱为大，不怒为尊。蹇非敌也，敌乃乱焉。

释怨卷八

世之不公，人怨难止。穷富为仇，弥祸不消。

君子不念旧恶，旧恶害德也。小人存隙必报，必报自毁也。和而弗争，谋之首也。

名不正而谤兴，正名者必自屈焉。惑不解而恨重，释惑者固自罪焉。私念不生，仇怨不结焉。

宽不足以悦人，严堪补也。敬无助于劝善，诤堪教矣。

心卷九

欲无止也，其心堪制。惑无尽也，其行乃解。

不求于人，其尊弗伤。无嗜之病，其身靡失。自弃者人莫救也。

苦乐无形，成于心焉。荣辱存异，贤者同焉。事之未济，志之非达，心无怨而忧患弗加矣。

仁者好礼，不欺其心也。智者示愚，不显其心哉。

修身卷十

服人者德也。德之不修，其才必曲，其人非善矣。

纳言无失，不辍亡废。小处容疵，大节堪毁。敬人敬心，德之厚也。

诚非虚致，君子不行诡道。祸由己生，小人难于胜己。谤言无惧，强者不纵，堪验其德焉。

不察其德，非识人也。识而勿用，非大德也。

目　录

智卷一

用势卷二

利卷三

辩卷四

誉卷五

情卷六

蹇卷七

释怨卷八

心卷九

修身卷十

后记

智卷一

智极则愚也。圣人不患智寡，患德之有失焉。

才高非智，智者弗显也。位尊实危，智者不就也。大智知止，小智惟谋，智有穷而道无尽哉。

谋人者成于智，亦丧于智也。谋身者恃其智，亦舍其智也。智有所缺，深存其敌，慎之少祸焉。

智不及而谋大者毁，智无歇而谋远者逆。智者言智，愚者言愚，以愚饰智，以智止智，智也。

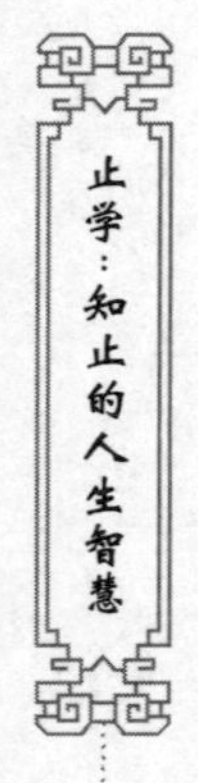

一、聪明过头就是愚蠢了

【经典回味】

智极则愚也。圣人不患[①]智寡[②]，患德之有失焉。

【注释】①患：担心，忧虑。②寡：少，不足。

【译文】过于聪明就是愚蠢了。圣人不担心自己的智谋少，而担心自己的品德有缺失。

【为官之道】

许多自认为聪明的人，容易产生骄纵之态，凡事表现得过于聪明而不知收敛，这种愚蠢的行为反而会给自己招来祸端。历史上有许多身居高位之人，常常因自恃聪明而恣意妄为，不懂得水满则溢的道理，一步步将自己推向危险境地，终至身败名裂甚至性命堪忧。

著名的大将年羹尧就是因为仗着自己出色的军事才能恃宠而骄，最后落得个狱中自裁的下场。年羹尧因立下赫赫战功，被提拔至四川总督、川陕总督、抚远大将军，后来又被加封太保、一等公。正是因为他平定西藏乱事、平定青海罗卜藏丹津叛乱等丰硕战果，加之多年衷心效力，让雍正对年羹尧十分信任并给予了许多特殊的优待。

雍正皇帝在任免官员这种重大问题上，常常要问年羹尧的意见才可定夺，可以说让他有了很大的权力。许多官员将年羹尧作为加官晋爵的阶梯，只要是年羹尧想提拔任用谁，谁就马上得到重用；就连皇帝想调配年羹尧的下属官员，也得年羹尧同意了才行。

年羹尧不仅手握人事任命大权，还参与军国大政，甚至有时代表皇帝书写圣旨——其权力达到了顶峰。年羹尧权势日盛，阿谀奉承之言不绝于耳，更加剧了他心中的骄纵。在年羹尧取得大战胜利之后，雍正皇帝称年羹尧是自己的恩人，而年羹尧竟然真的以皇帝的恩人自居，有时不管雍正的意见如何都擅自专权，这些引起了雍正皇帝的极大不快，但碍于他曾经的战功不好怪罪。

被巨大的权力欲望冲昏了头脑的年羹尧，还沉浸在独断专权的自我陶醉中，却看不到因为不加收敛而招致的“功高盖主”之危机。他没有意识到，雍正皇帝时刻寻找着夺回权力的机会。有一年，因天象出现了所谓祥瑞，群臣向皇帝上书称贺，年羹尧亦献上贺表，但因一时马虎写错了一个词，雍正皇帝借机下令对年羹尧撤职查办。许多同僚顺势落井下石，纷纷上书弹劾年羹尧，于是雍正皇帝再次借题发挥，将年羹尧的子孙发遣到边远之地，将他的家产全部抄没，最后年羹尧在狱中被赐以自裁了断。

一人之下万人之上的年羹尧，空有安邦定国之能力，却因太过于自作聪明而不知放低姿态，到头来落得获罪身亡的悲惨结局。

【职场之道】

一个人的能力，不止体现在表面的小聪明上，更多地表现在品德优劣上。只注重耍弄表面功夫的人，到头来只会弄巧成拙。

蔡双雄是香港廉政公署执行处出色的首席调查官，因敢说真话、办事公正而闻名。蔡双雄能成为首席调查官，有一段真实的故事。香港廉政公署在选拔首席调查官过程中，除对学历、工作经历等方面进行严格审查外，还进行了严格的笔试，蔡双雄顺利通过审查进入笔试阶段。

蔡双雄具有渊博的知识，特别是对专业知识掌握得非常熟练，所以严格的笔试并没有难住他。但答到最后一道题时，却让他无法下笔：要求让考生回答唐朝李世民在执政时期，采取了哪些保护环境的措施，而且要说出这种措施的合理性。

蔡双雄对历史方面也很有研究，但他冥思苦想也想不出来李世民到底采取了哪些环保方面的治国之道。一直到了笔试限定的时间，没有一点思路的蔡双雄，只好在试卷上如实写下这样一段话：“这道题我不知道答案，因为我实在想不起来李世民在执政期间到底采取了哪些保护环境的举措，对不起。”

这道分值最重的问题没有答上来，令蔡双雄失去了希望，他觉得自己肯定不会考上的。但考试结果公布后，只有蔡双雄一个人最后一道题得了

满分，这样的结果令蔡双雄感到不可思议，其他自认为对李世民环保措施论述得洋洋洒洒的考生，更是大跌眼镜。而且因为蔡双雄的总分最高，他也成为这次选拔中唯一一个合格的人选。

考试委员会是这样解释这个考试结果的：李世民在执政期间，根本没有采取过任何环保方面的相关措施，很多考生在没有历史根据的情况下，还是编造了一大堆子虚乌有的理论应付考试，即便论述的语言再精彩，也是通篇假话。而只有蔡双雄一个人能够实话实说，这道题的正确答案，其实就是蔡双雄所回答的“不知道”。

一个人的综合素养，不只是表现在知识储备与语言表达上，更多地表现在内在品德中，一个细节，往往会不自觉地流露出一个人的做人理念。再优秀的人才，如果缺乏了基本的做人标准，也得不到重用。

【商战博弈】

为官者的“官德”，决定了官场上的前途与作为；为商者的“商德”，直接影响着一个商业帝国的前途与命运。

李嘉诚以超前的商业眼光，看准了塑料花将在香港成为抢手货，于是想尽各种办法，终于从意大利学会了制作塑料花的关键技术。李嘉诚长江塑胶厂的塑料花一经打入市场，立即如他所料般供不应求，订单如雪片般飞来。然而问题又来了，因为订单太多，生产车间忙着赶货，就造成了产品质量把关不严的现象，甚至有时为了应付订单，出现了产品质量不合格的现象。这导致很多客户取消了订单。这种状况愈演愈烈，资金链运行阻滞，又导致了供货商追款、银行追债，从而使长江塑胶厂一时间陷入了极大困境。

李嘉诚的母亲庄碧琴虽然对长江塑胶厂的商业管理没有过多的研究，却看到了困境背后的根本因素。她给李嘉诚讲了一个关于诚信的故事：一个住持想在两个最得意的弟子中挑选一个合适的接班人，就把他们喊来，分别给了二人一把谷种。住持告诉他们这次测试的规则，就是到秋天时看谁收获的谷子多，谁就是接班人。秋天时，一个弟子背来了满满一袋谷子，而另一个弟子则两手空空。住持却宣布第二个弟子胜出。原来，他给两个弟子的谷子都是用开水煮过的。第二个弟子就是因为这份难得的诚

实，而赢得了住持之位。

李嘉诚在这个故事中深受启发，他开始认真反省为商之本。在困境中，李嘉诚只能用自己的诚信去说服银行，去打动供货商，去鼓励员工，在他的努力下，终于使企业摆脱了危机。李嘉诚不仅在诚信为商方面以身作则，而且把这种经商理念延续到下一代，将“信守诺言”作为家训的重要一条。

“损己利人”，是“大愚”背后的大智慧。有一些“混社会”的人，就是因为其做人太过聪明，一点儿亏也不吃，一点儿责任也不担，总想用最少的付出换来最大的利益，却往往事与愿违，人人都对其避而远之，这种人一生也不会有大的建树。

二、智者从不显山露水

【经典回味】

才高非智，智者弗[①]显[②]也。

【注释】①弗：非，不。②显：显露，显耀。

【译文】在别人面前刻意表现自己才能出众的人，不是真正的智慧；真正的智者，从不轻易显耀内在的大智。

【为官之道】

对于初出茅庐的新人，在恰当时机展示自己的才华，本来无可厚非；但倘若没有安邦定国之大能，只以夸夸其谈、纸上谈兵来吸引别人的注意力，天长日久，必定会才智枯竭、自取其辱。而那些真正拥有大智慧的高人，能够在乱世中适时隐藏自己的锋芒，以保全自己，并在默默蓄积中成就大的功业。

战国时期的赵括，因为只善于“纸上谈兵”的表面功夫而没有真正能力，导致身死兵败。赵括的父亲是赵国名将赵奢，受父亲的影响，他从小就对兵法产生了极大兴趣，与人谈论起军事理论来头头是道，长大些，甚

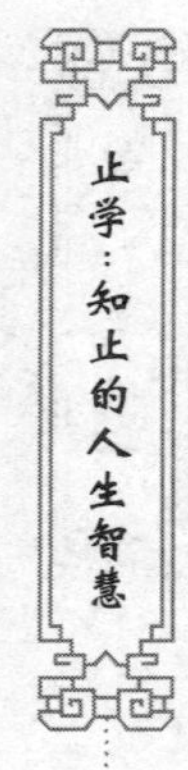

至与父亲谈论起用兵之道来也常常将父亲说得哑口无言。

赵括自认为才华已天下无敌，但他的父亲却很忧虑，私下对他的母亲说："赵括虽然说得头头是道，但带兵打仗完全是个外行，万一以后赵国要用他为将的话，必然要遭受大败的教训。"他的母亲问为什么，赵奢说："带兵打仗是涉及生死存亡的国之大事，但在他的口中，就像小孩子打架般轻轻松松，不懂的人会以为他是超常的将帅之才，但他不知道自己最大弊端就是不知应变之道。"

后来，赵王决定派赵括率兵与秦国交战，赵括的母亲力劝赵王，列举了赵括与其父在带兵方法中的种种差距，但赵王不听，还是让赵括代替了廉颇的大将之位。最后结局果然如赵奢所料，赵军被秦将白起打得大败，赵国损失四十五万人，赵括本人也被秦军射死。

正是因为赵括的自以为是，以及赵王被他的表面才华所迷惑，才导致了赵国的重大损失，赵括本人也被自己的所谓"智慧"所害。

与之相反，有许多位高权重之人，反而时刻注意敛藏自己的智慧，在外人眼中扮演了"大愚"角色，最后成就了大业。

三国时期的司马懿，在群雄逐鹿的乱世中，曾任职曹魏的大都督、大将军、太尉、太傅，后期成为掌控魏国朝政的权臣，为西晋王朝奠定了最初基业。他取得成功的关键，就是善于藏锋。

司马懿在辅佐曹魏少主曹芳时，大将军曹爽广树亲信同党，执掌京都禁兵，在朝堂上独断专行，意欲谋图社稷。此时司马懿则避其锐气，伪装生病，不问政事。

曹爽及其同党担心司马懿装病，于是派将要上任荆州刺史的李胜，以辞行为借口前去司马懿住处查看虚实。司马懿让两个侍婢扶着自己，想要拿起衣服穿上，却拿不稳掉在地上；下人端过粥来让他喝，他哆哆嗦嗦地洒了一身。李胜看到他这个样子，说："我以为你只是普通的风寒，却没有想到竟然病重到如此地步！"司马懿装作有气无力地说："我年纪太大，恐怕时日不多了。你这次去并州上任，那个地方接近胡人，你要小心戒备。"李胜纠正他："我去的是荆州，不是并州。"司马懿故意装糊涂："你初到并州，一定要保重啊！"李胜继续纠正："我是去荆州。"

司马懿一边失声痛哭一边说："我真是老糊涂了，连荆州、并州都分不清了。"李胜出来后对曹爽说："司马懿现在只是还剩一口气，已不足为患。"

于是，曹爽等人对司马懿不再加以戒备。而司马懿表面装病，实际上却在暗中加紧布兵，准备消灭曹爽的势力。后来，司马懿借魏帝扫墓、大将军曹爽从行之机，瓦解了曹爽势力；然后又将曹爽及其党羽彻底铲除。

在瞬息万变的官场，只有做到大方向不糊涂、小细节装糊涂，才能避过各种风险，进而取得最后的成功。

【职场之道】

在当今拼学历、拼能力的职场，更看重的是对集体的长久贡献，而不是表面的形象包装与一时的风光。

阿里集团副总裁、菜鸟网络总裁童文红，从一名底层的前台接待做起，成为阿里巴巴上市后马云背后9位亿万富豪的合伙人之一。翻看她的工作履历，她获得集团高层的逐步认可，并不是因为具备特别出众的天赋，其成功并不是"天才式"的传奇，而是靠自己一点一滴的默默努力。

正是在前台接待这一毫不起眼的岗位上，她靠日积月累的实干，很快进入高层视野。她会为经常出差的同事整理出列车、飞机时刻表，使他们时刻了解出行信息；在天热的时候，她会主动准备好解暑饮品，免费提供给同事。用她自己的话说，她是那种"又傻又天真，又猛又持久"的人，而且这也是以马云为首的阿里巴巴所有人的特点。集团高层正是看中了童文红的这种潜在的"大智慧"，才给她提供了更加广阔的施展才能空间。

在前台接待岗位上工作了不长时间，她的能力就被国际站看中，她很快加盟其中；她的潜力，又被阿里巴巴集团首席人才官彭蕾发现，任命她为行政部的主管。在这一个个天上掉下来的巨大机遇面前，童文红还是保持着对自身定位的冷静思考，对行政部主管的高职表示辞让，后来在高层的再三鼓励下，才就任此职。此后，她以这种毫不张扬的踏实苦干精神，得到了高层的进一步认可，一路升迁至阿里巴巴集团副总裁的职位，步入高层行列。

童文红的成功，并不是靠刻意在领导面前表现才能，也不是靠多么惊

人的工作业绩，而是靠日常工作中“润物无声”的个人魅力积累，逐步得到高层的认可，才使个人的事业取得巨大成功。

【商战博弈】

凡成就大事者，无不是以低调的态度从细节小事做起。如果从每个细节上都先从消费者着想，就会在无形中慢慢积累出自己的金字招牌。

山姆·沃尔顿是沃尔玛的创始人，他的身上笼罩着“美国首富”“自由奖章”等光环。作为一个土生土长的农村人，他获得的第一桶金，纯粹是靠一个不起眼的小杂货店。他的经营理念，在同行眼中也不是多么高明。但正是这种不显山不露水的低利润“傻子”战略，显示了他站位高远的商战大智慧。

当年服役结束的山姆回到家乡，东拼西凑了些本钱，和妻子开了一家小店。在经营小型商店的过程中，他就发现并实行了薄利多销的战略——同样90美分进的货，别人卖1.3美元，他卖1.1美元，可想而知他店里的销量大大超过了其他店的销量。虽然卖一件商品少赚了些钱，但随着卖出商品数量的增多，获得的总利润反而增多了。一直到沃尔玛品牌享誉全球，这一经营策略依然在执行。

山姆开始从事零售业时，很多大型零售公司的销售网络已覆盖了各大城镇，留给山姆的空间已微乎其微。但山姆并未与这些大公司正面竞争，而是将眼光投向了被大公司遗忘的小城镇。山姆认为，随着交通条件的愈加便捷，如果自己的商店商品足够便宜，并且质量有保障，也会吸引大城镇的消费者到小城镇去购买。

事实证明，山姆的“为顾客省钱”的“傻子”营销取得了成功。他的小店很快就扩大了规模，廉价的商品、优质的服务引来了四面八方的顾客。1962年，他创建了自己的公司，开办了第一家沃尔玛百货商店。仅仅过了7年，又扩张成为百货有限公司。按照他的奋斗目标，在小镇占领市场站稳脚跟后，再将销售网络扩张至全国。在这一思路引领下，很快，他的公司就成为世界上最大的连锁零售商。

山姆的“低价销售，保证满意”的“傻子”经营宗旨继续推动着他的商海巨轮前行。他随后开办了山姆俱乐部，来这里的顾客交纳很少的费用

就能成为会员，会员可以享受到最大限度的优惠价格。也是因为这种超低价格的销售策略，带来了超常幅度的销售额增加。山姆在商海中的成功，几乎没有任何高深的商业机谋，也没有残酷激烈的同行竞争，只是靠简单的“低价格，高质量”的大智慧，就在不动声色中一步步占据了世界零售业霸主的地位。

三、地位尊崇实则危险重重

【经典回味】

位尊①实危，智者不就②也。

【注释】①尊：尊贵。②就：依靠。

【译文】地位尊崇其实时刻有危险，有智慧的人不会将高位作为永远的依靠。

【为官之道】

俗话说：“树大招风。”当地位到达一定高度时，必定会招来上级与同僚的猜忌，稍有不慎，便能引来杀身之祸。唯有时刻保持低调姿态，处处谨慎行事，才能躲过灾祸。

萧何与刘邦是同乡，与刘邦一起打下了大汉江山，因为立下了赫赫战功，受到刘邦的格外器重与恩惠。刘邦率诸侯之兵出关中击楚时，将关中事务全权交由萧何处理。在前方战事僵持不下时，刘邦还经常派使者慰问萧何，对萧何的劳苦镇守予以褒奖。

刘邦的这一举动，被萧何手下的谋士看出端倪，对萧何说：“汉王在战场上对敌，条件何其艰苦，却说您镇守关中辛苦。这分明是担心您趁此机会犯上作乱，名义上是派人慰问，实际是随时监视您。我建议您最好把能够从军的兄弟子侄全部送到战场上，这样也许能打消汉王的疑心。”萧何采纳了谋士的建议，刘邦果然大悦。

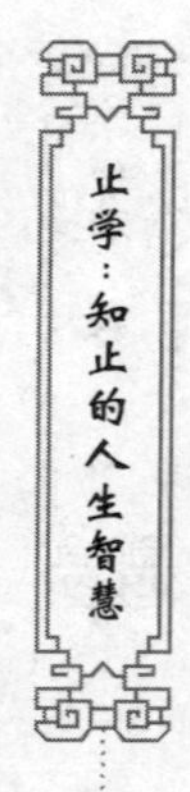

平定天下后不久，韩信因谋反被杀，此时刘邦又对萧何大加封赏，增加其食邑，将其职位高升至相国，特别是亲自挑选了五百名勇士，专门用来保卫相国安全。当许多官员都来为萧何的高升道喜时，其中有位朋友悄悄对萧何说出了自己的担心：“皇上无缘无故加封你的官位，加封你的食邑，肯定是因韩信谋反之事加重了对你的戒备。名义上是赏赐卫队，实际是时刻防范你造反。依我看，你赶快拿出自己的家产去充军费，或许可以转祸为福。”听了朋友的话，萧何急忙上表辞封，拿出家产充当军费，刘邦果然欣然批准。

后来，英布造反，刘邦再次亲征，并又数次派使者询问萧何镇守关中的相关事宜。这些举动又被萧何的手下谋士看出深意，萧何按照谋士建议，侵民自污，压价多购强购百姓土地，使自己失去民心。刘邦平叛归来，在路上就被关中百姓拦道告状，控诉萧何行为。刘邦回宫后假意斥责萧何，萧何叩头请罪，立即召来百姓将强购土地如数退还，百姓们于是盛赞皇上英明。萧何就是这样靠毁坏自己的名声来消除了刘邦的疑心。

【职场之道】

当名利没有到手时，不惜一切代价去追求；而当声誉过高时，反而成为一种精神负担。如果不能时刻保持谨慎的态度，再辉煌的人生，也逃不过盛极而衰的宿命。

巴西著名球星济科，就经历了从人生顶点到巨星殒落的命运落差。济科在国家少年队坐了好几年冷板凳后，终于在一次重要比赛中崭露头角，凭借娴熟的球技和飞快的速度，被选入国家队。随后，身着10号球衣的济科，在绿茵场上大放异彩，以精湛的球艺和疯狂的进球奠定了自己世界球星的地位。

成名后的济科，大小比赛一场接一场，将一个个大小奖项全部收入囊中；不幸的是，由于连年高频度的比赛，让济科的膝伤日益严重，他不得不躺在病床上进行了大手术。刚刚做完手术的济科，还没有来得及全面康复，又匆匆从意大利赶回巴西进行集训，准备参战第十三届世界杯。此时的济科已35岁，加上未愈的膝伤，参战世界杯已心有余而力不足。

世界杯进入第二阶段时，巴西队与法国队相遇，为免遭淘汰，双方

都派出了主力阵容拼死一搏。当比赛进入尾声、双方又打成平手的关键时刻，巴西队获得了一次宝贵的点球机会，全巴西人都欢呼起来，就连巴西总统都紧张地盯着将要主罚点球的济科。济科的心情紧张到了极点，在他长达24年的足球生涯中，已数不清主罚过多少点球了，从没有踢不进的时候，但是这一次，面对这个寄托了全巴西人希望的点球，他感觉已经快要承受不住周围巨大的压力。

主裁判的哨音响了，济科跑了两步，拔脚怒射，然而，令济科自己和全巴西人都想不到的是，足球竟鬼使神差地向门框外飞去！因为这次点球失利，巴西队惨遭淘汰，失望、悲哀、愤怒笼罩着巴西，全巴西的人都在咒骂济科。伤病缠身的济科，被这一沉重的打击彻底击倒了，从此以后很长一段时间，他都没勇气再重返绿茵场，一代超级球星，就这样在人们的唾弃中陨落。

不论能力多强，也不能成为众人眼中的常青树，顺势而为，才能避免名高誉重下的祸殃加身。

【商战博弈】

在不断变化的社会环境下，没有永远的胜利者，如果故步自封，自然会被时代所抛弃。任何一个行业，如果过度地沉醉于孤芳自赏的自高自大中，必然会被后来者迎头赶上。

柯达公司曾经是摄影这一领域的佼佼者，其销售龙头地位没有任何企业可以撼动，但在柯达事业走向最辉煌的时候，也初露了日后败落的苗头。

柯达曾经推出了世界上的首种彩色胶卷，这种胶卷以其各方面的出色优点，得到了广大消费者的一致认可。许多国际知名摄影师，借助于柯达胶卷而拍出了获得国际大奖的优秀作品。后来，随着柯达知名度不断提高，它在世界市场上所占的份额也得到了大幅提升。随着柯达品牌在世界上的树立，公司领导层便骄傲起来，自负地认为柯达的领军位置已不可能被其他公司占据，甚至错误地认为，美国人已不可能放弃柯达而购买其他品牌。

洛杉矶奥运会即将召开，奥委会找到柯达公司，想让公司拿出400万美元的广告费，而柯达公司却认为这个价格太高，拒绝了奥委会的提议。柯

达没有意识到，奥运场外的各大厂商正在为奥运广告展开激烈争夺，其中就有它的同行富士公司。因为柯达的放弃，恰好给了富士公司一个天赐良机，富士公司出价700万美元，很顺利地争取到了奥运会指定彩色胶片的专用权。

奥运会开始之前，富士公司就充分做好了大力宣传的准备。他们在赛场周围竖立了大大小小的广告牌，贴满了广告彩图，并将胶卷的外包装也标明了奥运专用的字样，还在各个分赛场设立了冲洗处，备齐了可应对大批量业务的冲洗设备。通过这种大范围、高频度的宣传方式，使富士胶卷这一品牌一夜之间走进各国参赛运动员、观众心中。面对富士公司的这一有力手段，柯达公司的业务大受冲击，销售量直线下降。

柯达公司虽然对营业部、广告部等中层领导进行了撤职的处分，但终归无法挽回败局。

凡事没有绝对，在处于兴盛的时候，需要更加谨慎地考虑潜在的危机，只有时时存在危机意识，才能长久立于不败之地。

四、智者有所不为

【经典回味】

大智知止①，小智惟谋②，智有穷③而道无尽哉。

【注释】①止：停止。②谋：算计。③穷：穷尽。

【译文】拥有大智慧的人知道适可而止，小聪明的人只是不停地谋划，（要知道）人的智计毕竟有限，而生存立世之道却没有穷尽。

【为官之道】

要想成就一番事业，不仅要有不同寻常的才学和坚定的意志，更要拥有一种洞悉时局、知道进退的智慧。知止，是为了等待更好的时机。

三国时期的诸葛亮，3岁丧母，8岁丧父，先是跟随叔父诸葛玄生活，后又师从水镜先生司马徽。

才学过人的诸葛亮在学业有成后，并没有急着去谋求官职，因为他看到刘表、袁术等人昏庸无能，并非当世明主，于是选择了到南阳卧龙岗隐居，被人称为“卧龙先生”。

诸葛亮这一隐，就是十几年。期间，他广交名士，与庞德公、庞统、黄承彦、石广元、崔州平、徐庶等当世才俊纵论时世，他的智谋才学为大家所公认。他密切注意时局发展，对天下形势了如指掌。

终于，在他27岁时，等来了“三顾茅庐”的刘备。刘备向诸葛亮请教一统天下之计，诸葛亮精辟地分析当时形势，为刘备制定了切合时局的战略思想。先取荆、益作为根据地，对内改革政治，对外联合孙权，南抚夷越，西和诸戎，等待时机，两路出兵北伐，从而实现问鼎天下的目标。诸葛亮与刘备的这番深谈，就是著名的《隆中对》。

刘备听了诸葛亮的一番高见，深感其为世间难得的人才，于是恳切地拜请出山。至此，诸葛亮终于得遇明主，结束了“卧龙十年”的隐居生活。后来尽心辅佐刘备，终于使刘备能够与孙权、曹操三足鼎立，成就一代宏业。

适当的停止，何尝不是一种隐形的进退呢？

【职场之道】

许多成功者大都资质平平，却取得了远远超过他们实际能力的成就。原因很简单，他们足够专注，能不受任何内心杂念和外界诱惑的干扰，知道该坚持什么该放弃什么，对既定的方向和目标不离不弃，执着如一。那些经常见异思迁或是四面出击的人，自然很难在某个领域取得出色的成绩。

荷兰著名的科学家列文虎克，最初学历只是中学水平。列文虎克中学毕业后，去大城市找工作，但由于学历太低、没有工作经验，屡次碰壁。无奈他又回到小镇上，最后找了个看大门的工作。

因为看大门的工作太清闲了，列文虎克就在业余时间干起了他从小就喜欢的磨透镜的工作。他沉下性子，不紧不慢地细心打磨着一个个镜片，在日复一日的重复中，他从一个须发乌黑、英姿飒爽的小伙子，变成了一

位须发斑白、背驼腰弯的老人。

在这几十年中，他放弃了所有的休闲娱乐，也错过了一些待遇较高的工作机会，只是一门心思地投入到这项打磨技术研究中。靠着专注认真和耐心细致，他的技术早已超过了专业技师，他磨合出的复合镜片，比别人的放大倍数都高。也正是拿着自己研磨的镜片，他居然发现了当时科技界尚未知晓的领域：微生物世界。

这一发现震惊了全世界，从此他举世闻名。为了表彰他为人类科学做出的杰出贡献，只有中学学历的他被授予科学院院士头衔。

停止亦是向前，在某时某刻停下来，不为外物所诱惑，专注地做一件事，就算起点再低，也能收获荣誉与掌声。

【商战博弈】

做人要比赚钱更重要，要时刻明白什么样的钱该赚，什么样的钱不该赚，以及什么时候要停下来跳出一味赚钱的怪圈。这种智慧，便是做人的道理，只有学会了做人，才有资格去赚钱，特别是在金钱的诱惑下，一定要具备强烈的道德责任感，永远坚持自己的信念。

连续15年稳居福布斯华人首富宝座的李嘉诚，始终坚守的商业信条就是做正直的人，不管创业的道路如何险恶，在生意上不能坑害人，不会不考虑对方的利益，不用不正当的手段去占任何人的便宜。这也是他走向成功的秘诀，更是他小时候特殊经历中的深刻体会。

李嘉诚很小的时候，父亲突然去世。为了安葬父亲，还是小孩子的李嘉诚，不得不自己去找卖地人，去给父亲买墓地。李嘉诚按照当时的交易规矩把钱交给卖地人后，半步也不敢离开那两个带他去墓地的人。卖地的那两个人看到李嘉诚年纪小，以为好欺骗，就将一块埋有别人尸骨的坟地卖给他，两个人用客家话商量着如何掘开这块坟地，将尸骨弄走。

可是他们并不知道，李嘉诚听得懂客家话。李嘉诚震惊地想，世界上居然有如此黑心的商人，连死去的人都不放过。李嘉诚深知这两个人绝不会退钱给他，就告诉他们不要掘地了，他另找卖主。

通过这次买地葬父的痛苦经历，李嘉诚暗下决心，不管将来创业的道路如何险恶，一定要做到诚信为人，不该赚的钱绝不能赚。当他真的成为

一个成功的企业家时，他正是这样做的，不管新老客户，他做出的承诺必定实现，情愿自己吃亏，也不让客户不满意。也正是这样的经营宗旨，使他从小小的塑料花起步，成为世界著名的“塑胶花大王”，随后又创办了和记黄埔、长江基建、电能实业的国际知名集团。李嘉诚坚持正确的经商之道，才创造了越来越多的财富。

五、懂得取舍才能保全自身

【经典回味】

谋人者成①于智，亦丧②于智也。谋身者恃③其智，亦舍其智也。

【注释】①成：成功。②丧：失败。③恃：依靠。

【译文】谋划别人的成功在其智计上，也会败在其智计上。谋划保全自身者靠的是他的智慧，也会在必要时舍弃那些小聪明。

【为官之道】

保身之术五花八门，心术不正者，就算再多方谋划，也会失败；而只要行事无私，堂堂正正，真诚待人，未必不能全身而退。

明代王阳明采取舍功退让的办法，避免了飞来横祸，靠非凡智慧使自己得以安身保命。

王阳明奉朝廷之命，率兵前去征讨朱宸濠叛军。在王阳明的出色指挥下，叛乱很快被平定，朱宸濠被擒获，王阳明因此立下大功。当时的总督江彬备受皇帝宠信，他十分嫉妒王阳明的功劳，认为王阳明抢走了自己大显身手的机会。江彬广散谣言，称王阳明和朱宸濠是同党，后来听说朝廷派兵征讨，才抓住朱宸濠为自己开脱。江彬想靠此种卑鄙手段嫁祸王阳明，将功劳据为己有。

面对这种局面，王阳明与好友商量对策。如果将擒拿朱宸濠的功劳让给江彬，就能避免不必要的麻烦；如果坚持下去不做妥协，江彬等人就有

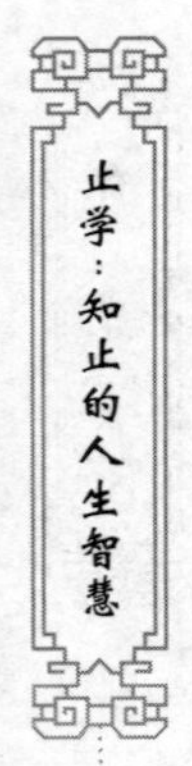

可能狗急跳墙，不知又要做出什么卑鄙无耻伤天害理的勾当来。为此，王阳明将朱宸濠交给张永，张永重新上奏皇帝，擒拿朱宸濠是总督江彬的功劳。就此堵住了江彬之口，使其不再乱说话。王阳明则以疾病缠身为由回家休养。

后来，张永回到朝廷，大力称颂王阳明的忠诚报国和让功避祸的贤德之举。皇帝明白事情的原委后，重新对王阳明大力褒奖，赐予丰厚封赏。

【职场之道】

对于智计要当舍则舍，对于职场中的事情也应如此。有些时候，果断舍弃，是一种魅力，更是一种敢于担当的勇气。而放弃的，是那些没有价值的追求和毫无意义的索取，是一种生命奋斗过程中的自我梳理，是一种全新的开始。

知名作家米莱，在很小的时候就展现出了文学方面的天赋；而让喜欢她的读者们想不到的是，最开始让米莱出名的，并不是文学，而是音乐。

米莱10岁时，有一次看到别人在吹竹笛，非常感兴趣。她为自己买了一支竹笛，开始苦练。功夫不负有心人，经过几年的刻苦学习，米莱吹奏笛子的水平已经很高，在十里八乡的一些活动中，人们经常能看到米莱的身影，在家乡小有名气。后来，县里文工团知道后，还特意向她发出邀请，希望她能加入。

之后，米莱一边学习文化知识，一边经常参加文工团的演出。因为她特别勤奋，加上本身有这方面的天赋，她的吹奏水平越来越高，名气也越来越大。然而，令所有人想不到的是，在一次演出获奖之后，米莱做出了一个惊人的决定，她放弃了音乐之路，而是选择了追求文学。

米莱的转型让知道消息的人们百思不得其解，她的亲朋好友纷纷劝阻，觉得她不应该就此放弃；而父母还是一如既往地支持她的选择。米莱自己心里很清楚，自己当初走上音乐之路实在是有些误打误撞，而自己在心里真正喜欢的还是文学。

米莱在音乐事业顺风顺水的时候选择急流勇退，后来又经过了多年的奋斗磨砺，终于迎来了文学艺术上的巨大成就，她自己深深体会到果断放弃带来的喜悦与收获。

成功在于我们做出怎样的选择、怎样的取舍。我们要经常自问：到底什么才是自己所追寻的？到底哪一条路才更适合自己？

【商战博弈】

企业想要取得长远发展，不能只看到眼前的蝇头小利，不能只靠耍弄小聪明。那些在世界商战中长期立于不败之地的知名企业，无不是舍弃了小利益而获得了更大的发展空间。

在2017年公布的胡润全球富豪榜排名中，香港恒基兆业集团的李兆基排名第三十四，其财富仅次于香港首富李嘉诚。以地产业起家的李兆基，以自己吃亏的特殊经营之道，反而赢得了更大的市场。

李兆基在前期创业中，有一项主要业务就是拆拼旧楼获得地盘。他有时会到香港的高处察看，预测有哪些旧楼会被拆掉；而更多的时候，他不用亲自察探市场动向，很多房地产经销商都会主动找到他，及时为他提供有价值的房产信息。这些房地产经纪人之所以都愿意主动来找李兆基，是因为有些房地产商经常会欺骗他们，降低克扣他们应得的中介费；而李兆基从不会这么做，他认为在信息时代，商业信息的价值不可估量，对于那些价值特别大的信息，他还特意多付给经纪人一些费用。正是李兆基这种有钱大家一起赚的胸怀，那些经纪人有什么好的信息，总是第一个就想到了李兆基。

恒基兆业在售楼时充分考虑了居民的购买能力，在市场确实不够景气时，采用变通的分期付款方法，购买者不必一次把款付齐，只要先付一部分，以后按期交纳，通过这种售房和租房相结合的办法，将市场风险转由自己企业承担，给普通的市民购房提供了方便，因此，他开发的楼盘大受欢迎。李兆基不只是为消费者着想，也为合作者着想，因而会时常做出一些令同行感到“愚蠢”的举动。

有一次，一个包工头向恒基兆业提出要补发一笔钱，原因是当初自己做预算时算错了账，最后干完工程才发现自己赔了不少钱。在别人看来，此事与恒基兆业已没有关系，纯粹属于无理取闹。但李兆基经过认真核实，确认工头在这次工程中确实出现了亏损，于是很痛快地补发了他一笔钱。

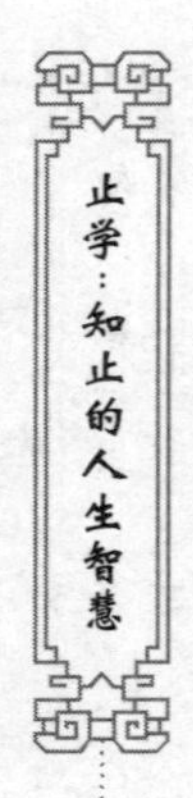

李兆基以1000元起家，到坐拥千亿资产的世界富豪，除了具备出色的商业头脑外，更重要的是其具备舍小智图远谋的气度胸怀。

六、谨慎才能减少自己的祸患

【经典回味】

智有所缺[①]，谋存其敌[②]，慎[③]之少祸焉。

【注释】①缺：不足之处。②敌：敌人。③慎：谨慎。

【译文】智计也有它欠缺的地方，谋略也有它的敌人，只有小心谨慎才能减少祸殃。

【为官之道】

身处特殊位置、特殊时期，不管处理大事小事，都应稳重、谨慎，考虑周全，才能巧妙地避过灾祸。

汉高祖时期，被封为燕王的卢绾起兵谋反，刘邦任命樊哙为大将，前去平定叛乱。樊哙前脚刚走，就有人向刘邦进谗，列举樊哙的种种罪行，刘邦被小人所惑，决定换下樊哙的大将之位，却又担心手握兵权的樊哙生出变故。经过一番思虑，刘邦派出了陈平和周勃去往樊哙军营，定下了这样一个计划：周勃藏在军车中，陈平到了樊哙军营后宣读圣旨，将樊哙立即斩首，再由周勃代替大将之位。

陈平与周勃一同行进在路上，对刘邦的安排进行了周密分析，陈平建议："樊哙是皇帝的老部下，又是吕后的妹夫。如果我们杀掉樊哙，将来吕后姐妹二人在皇上身边搬弄是非，必然会归罪于你我二人。不如这样，将樊哙制住后，我们将他押赴到京城，到时皇帝是要杀他还是放他由他做主，跟我们就没关系了。"周勃听从了陈平的建议。二人依计将樊哙拿下，周勃代替大将之职，陈平则押解樊哙返回长安。

陈平押解樊哙走到半路，突然听到刘邦驾崩的消息，他猜想现在朝廷中必然是吕后掌握着大权，暗暗倒吸一口冷气，还好没有一时鲁莽将樊哙杀掉，现在还可向吕后进行解释。但也事不宜迟，务必在朝中众人都忙着处理丧事之时，向吕后表明自己的心迹以摆脱罪名，否则夜长梦多恐怕会遭到吕后怪罪。

陈平吩咐下属押解囚车继续前进，自己则骑快马星夜赶奔京城，到了皇宫门前，不顾皇宫守卫的阻拦，一直跑到皇帝棺前边哭边说，故意在吕后面前将未敢轻处樊哙之事表明。吕后从他的哭诉中知道了樊哙并未被处斩，心中一块石头落了地，再一看陈平哭得情真意切，可怜其忠君之心，于是大发慈悲，给了陈平一个郎中令的官职，要求陈平负责对刚刚即位的汉惠帝进行日常教诲。

陈平通过此举，找到了这个在惠帝身边的好位置，因为能借助这一特殊地位而时时掌握朝中动向，所以在朝廷内多种势力的明争暗斗中得以保全自身。

【职场之道】

人无完人，许多职场中的优秀人才，都有着比一般人更强烈的危机意识，都会时刻反思自己的不足之处，进而随时不断完善自己，最大限度降低被淘汰的危险，使自己在职场中获得长远发展。

吴士宏最初的工作是医院的一名医护人员，尽管她在医院工作期间表现得很出色，但也渐渐意识到这一职业对自己个人发展的局限性；在越来越强的危机感下，她开始自学英语，只用了短短一年半的时间，就学完了三年的英语课程，通过了高等教育自学考试。

有着超强的后天学习能力的吴士宏，也正是靠着缜密的洞察力与坚韧的恒心，才会在世界最大的信息产业公司IBM公司的应聘中顺利过关，并一步步走向职业生涯的辉煌。

当初在应试时，主考官对吴士宏的英语水平、现场应答等环节的表现基本满意，当离聘用只有一步之遥时，主考官忽然问道："你会打字吗？"当主考官问到这个问题时，求职心切的吴士宏毫不犹豫地回答："会！"主考官接着问道："一分钟你能打多少个字？"吴士宏以最快的速度扫视了办公室一圈，发现并没有一台电脑，她预料到主考官应该不

会当场测试打字，于是镇静地问道："请问您的录用标准是一分钟多少字？"当主考官说出一个数字后，她很干脆地回答没问题。果然，正如吴士宏所料，主考官告知她，在试用期时再加试打字环节。

从未摸过电脑的吴士宏，在面试结束后立即行动，找朋友借了一个练习打字的设备，关起门来从零开始练习。她日夜不停地敲打着键盘，以至于累得手指已拿不住筷子。在一个星期的闭门苦练中，她不但以超常的毅力学会了打字，甚至超出了面试时主考官说的打字速度。

吴士宏从这个世界知名企业的一个最普通的员工做起，从未满足于获得基本的温饱，越是在大企业，反而愈感到责任感与紧迫感。即便是从事沏茶倒水、打扫卫生这种卑微的工作，她也从未放弃过努力学习；这种自慎自勉的精神，使她不仅未遭受被淘汰的危险，反而使她很快在精英云集的世界企业中脱颖而出，直至达到了微软(中国)有限公司总经理的职业巅峰。

【商战博弈】

涉及重大的投资决策时，事前都应该进行详细周密的通盘考虑，尤其是在风险极高的行业里，谨慎是第一位的。极度的谨慎，才能将风险降到最低；而一时心存侥幸的冒险，很容易导致倾家荡产。

约瑟夫·霍西哈在华尔街上非常有名，他不仅在知名证券公司任主席，还在很多世界知名公司担任董事长或股东的重位，在他成功的背后，也有着冒失躁进而得到的教训。

霍西哈刚刚接触股票时，看中了处于运营低谷的雷卡尔公司，按照他的预判，这家公司应该很快就能扭亏为盈，于是倾其全部积蓄，全部买了这一支股票。事实证明霍西哈还是过于冒失了，他在买股票之前，没有对雷卡尔公司的资金流转情况进行多方了解，这家公司的大量欠款实际上已无法收回，而且它的银行债务已是一个巨额数字，即便是经营状况好的话，也不是一年两年就能还清的。没过多久这家公司就破产了，霍西哈因此而变得一无所有，一切又从零开始。

不过正是因为这次惨败，让霍西哈在此后的投资生涯中变得谨慎起来。当股票投资在美国变得异常热门时，霍西哈也准备投入一大笔资金，在交易所购买一个席位。但经过更进一步的分析后，他放弃了这一重大决定，而将手中持有的股票分批抛出。正是这次谨慎从事，让他躲过了一次灭顶之灾。很快，巨大的股灾席卷全球，突然爆发的经济危机令许多股民欲哭无泪。

霍西哈在解释他的先见之明时说：“当股票投资受到全美国人的追捧时，人们不管股票价格高低而疯狂购买，这种疯狂的背后必然潜藏着危机。所以我才在这种疯狂的商业环境中保持着最后的冷静，而这种谨慎也让我不但没受到冲击，而且因为提前抛售了股票而净赚了好几百万。”

类似于证券投机的领域，不只是要求具备超常的胆略，更需要时刻保持谨慎细致的态度，多一分谨慎，才能少一分危机。

七、智慧不足者勿谋大事

【经典回味】

智不及[①]而谋大者毁，智无歇[②]而谋远者逆[③]。

【注释】①不及：达不到。②无歇：不停止。③逆：失败。

【译文】智慧达不到却去谋划大事者必然遭遇失败，智计不知停止却谋求长远发展者很难如愿。

【为官之道】

成就大事者，除了具备天时、地利、人和外，最重要的在于自身能力，如果自身能力不足，即便有再好的外在条件也不能成功。

刘禅在位时，对宦官黄皓格外亲信。恃宠而骄的黄皓，后来竟然干预起国家大事来。姜维为复兴蜀汉大计着想，多次劝谏刘禅不要亲近小人，谏言将黄皓处死，但刘禅就是下不了狠心，在他心中黄皓不过是区区小太监，不会对江山社稷造成影响。随后，黄皓指使一些文臣武将打算废掉姜维，姜维无奈之下，只好向刘禅上书主动请求降职到沓中。

后来，时刻心系治国大业的姜维，听闻魏国在关中部署兵马，马上意识到这是战争的前奏，于是立即奏报刘禅，并建议赶紧向边关增派兵力以作防备。黄皓偏偏和姜维对着干，对刘禅说，魏国决不会攻打蜀国。刘禅对黄皓言听计从，也就没把姜维的建议放在心上。

很快如姜维所料，魏军大举伐蜀，直到魏军杀至沓中时，刘禅才派兵前来支援，但在魏军的多路夹击下，姜维最后只得退保剑阁。没有一点儿主见的刘禅，听从了一些大臣的建议，最终决定向魏军投降。刘禅在做出这一决定后，马上下令驻守在剑阁的姜维归降魏军，姜维所率的全军将士无不气愤异常，但面对如此昏庸的皇帝却没有任何办法，只能用砍击石头的方式发泄怨怒。

姜维还是不肯放弃最后的努力，按照他的计划，先诈降魏军，然后再离间魏军内部将领，使其相互厮杀，等其两败俱伤后再图复蜀大业。姜维写信将自己的计划告知刘禅，让其拖延几日就能计划成功，但不料计划暴露，姜维被魏军所杀，蜀汉终归没有逃脱败亡的命运。

【职场之道】

每个人都有自己的优势与劣势，一个人的能力注定了其能达到的职业高度。如果在自己的能力和精力有限的前提下，非要用自己的短处去和别人的长处竞争，非要急于强求过高的目标，必然遭遇挫折甚至导致失败。

公司外贸部有两个年轻人，小李是日语翻译，小张是英语翻译。在公司领导眼中，两个人都是以后外贸部经理的候选人。为此，小李和小张在工作中常常暗暗较劲，你追我赶。

公司经常有日商投资，因此管理层需要与日本人打交道，学日语的小李自然就比小张有了更多的表现机会。一时间，小李在企业的实力似乎超过了小张。

小张坐不住了，为了比小李做得更好，他决定凭着大学时选修过日语的基础，暗暗学起了日语，准备超越对手。两年过去了，小张拥有了一张日语等级证书。他开始尝试着与日商进行对话，帮助做一些有关日文的翻译任务。一时间，同事们对他掌握两门语言都十分佩服。

就在小张自我感觉良好的时候，有一次他在用英语翻译澳大利亚商人的贸易合同时，因为一个关键词的失误，给公司造成了10万美元的损失。公司董事长为此事十分恼火。后来，从事日语翻译的小李成了外贸部经理。

小张看到这样的结局，不禁进行了深刻反省。他终于明白，是因为这几年自己忙着去学日语，却反而荒废了本职专业；即使自己再怎么努力学习日语，相对于专业毕业的小李来说，自己学到的也只是皮毛而已。经过这次教训，也让小张更清楚地看到了自己的真正实力与差距，他意识到不应用自己的短处与别人一较高低，也不应在能力不足时去强求过高的职位。

【商战博弈】

谋划大事及长远者，如果智慧不足，战略目光不高，经营思路不够灵活，必定失败，而那些大智之人，总能成为上帝的宠儿。

约翰·洛克菲勒被称为美国企业界的拿破仑，当初曾在负债的情况扩大企业，可见其过人的胆识与智慧。

洛克菲勒与克拉克合办了一家商行，在运营过程中，克拉克在扩大业务方面表现出了畏缩犹豫，而洛克菲勒在负债10万美元的情况下建议扩大规模，于是两人在企业发展方向上产生了严重分歧。在双方都僵持不下的情况下，经过协商，准备将企业出售给出价最高的合伙人。

在拍卖会上，每当克拉克给出一个价格时，洛克菲勒马上会在此基础上大幅加码，表现出志在必得的坚决态度，价格从500美元一直追加到6万美元时，克拉克的心理承受力已达到极限，抱着最后希望出价7.2万美元，但没想到洛克菲勒毫不犹豫地又喊出一个更高的价格。克拉克无奈之下只好拱手相让。因为洛克菲勒刚刚创业，没有现金可以支付给克拉克，就找到银行，采取了贷款的方式。

洛克菲勒独立拥有公司后的同一年，他又成立了另一家炼油企业，很快，这个炼油企业在本区域内成为龙头老大。在商海中自由搏击的洛克菲勒，又成立了一家出口公司，仅仅过去五年后，这家公司又扩大规模，洛克菲勒的资产已达数百万美元。又是不到两年时间，他将一个州的绝大多数炼油企业全部兼并，将输油管理、油车等资源全部纳入自己的商业版图。他的扩张之路还远未停止，直到公司营销网络已覆盖全美国95%的区

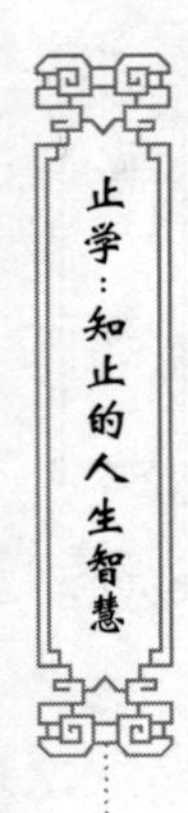

域，成为美国工业的支柱企业。

洛克菲勒后来的巨大成功，也从另一个侧面表明，当年的克拉克与洛克菲勒相比，确实缺乏远大的商业眼光，如果洛克菲勒还与克拉克一同合办企业，也许就没有以后的卓越成就。

八、大智若愚者知道进退之道

【经典回味】

智者言①智，愚者言愚，以愚饰②智，以智止③智，智也。

【注释】①言：谈论。②饰：掩饰。③止：停止。

【译文】跟智者谈论有智慧的话，在见识不足者面前也装作无知，用外在的愚笨隐藏内在的智慧，用智慧来停止智计，这才是真正的智慧。

【为官之道】

“因材施教”的理论，同样适用于为官之道，面对不同的相处对象，就要采取不同的智谋策略。

当年，陈轸与张仪都效力于秦惠王，均得到重用。时间一久，张仪觉得陈轸比自己有才干，又因为担心秦惠王日后宠信陈轸而冷落自己，于是就找机会在秦惠王面前说陈轸的坏话。

张仪向秦惠王告发陈轸意欲叛秦，他说：“大王派陈轸来往与秦楚之间，但楚国对秦国的态度并没有多大改善，楚国反而对陈轸的态度特别好。可见陈轸是在为自己谋利，我还听说他经常把秦国的机密泄露给楚国；而且我还听说他打算离开秦国前往楚国。真要是这样的话，臣建议不如及早将其杀死。”

秦惠王听后大怒，马上召见陈轸当面质问：“听说你想离开我，准备去哪里呢？告诉我，我好为你准备车马啊！”陈轸被问愣了，很快他明白过来，一定是有人在背后说了些什么，于是他镇定地回答：“我准备到楚

国去。”秦惠王心中更相信了张仪的话，缓缓地说：“看来张仪的话不是凭空捏造的了。”

这时陈轸完全清楚了，原来是张仪陷害自己，他没有正面回答，不慌不忙地说道：“这事不仅张仪知道，连过路的都知道。从前，吴国的大夫伍子胥对吴王忠心耿耿，以至于天下君王都希望伍子胥做自己的臣子。所以说，出卖奴仆的时候，如果左右邻居争着买，这就说明他们是忠实的奴仆，因为邻居非常了解他们才争相去买。现在，我忠于大王您，楚王又怎么不会要我做他的臣子呢？我忠心一片却被怀疑，我不去楚国又去哪里呢？”

秦惠王听了陈轸的话，深表赞同，不仅不再怀疑他，而且更加重用。相反，对张仪则冷淡了许多。

【职场之道】

无论在何种领域，要想使别人认可自己的观点，需要适当的“示愚”。“示愚”不是单纯地贬低自己的水平，而是给双方留足合作空间，更是为自己的事业成功留下了余地。

苏联写生画家法渥尔斯基，在还没有出名时，作品每次送到出版社出版的时候，美术编辑都要对他的作品大肆修改一番。他很不满意这些修改，却又无可奈何。

后来，他想到了一个办法。在送交作品时，故意在一幅画的角上不伦不类地画上一只小鸟。编辑看到后，自然要毫不客气地要将其删掉，而法渥尔斯基却固执己见，与编辑争论不休。当争论非常激烈时，法渥尔斯基便做出让步，同意编辑将那只小鸟删掉。

因为法渥尔斯基的让步，让编辑的自尊心得到极大维护，当然就不好意思再对画作进行更多的修改，使画作的原貌得以保留。从此，法渥尔斯基每次都用这种“让步”的方法，使自己的作品免受“改头换面”的修改。

对于难以避免的争论，可以采取这种表面妥协和示弱的方法，通过这种迂回的方式，可以更容易地达到自己的目标，也能使合作双方更加长久地愉快相处。

【商战博弈】

在以谋略取胜的商业舞台上，有时过于精明、过于算计反而不是好

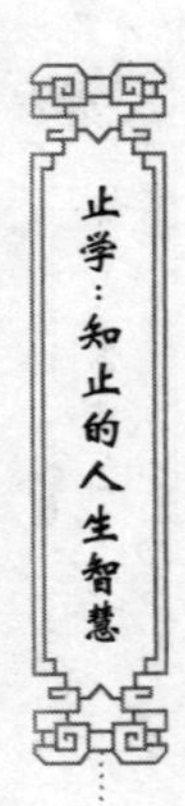

事。更多时候，正是那些看似“愚蠢”“亏本”的举动，却赢得了更多的市场先机。

日本著名企业家石桥正二郎在与商户打交道过程中，正是摒弃了多数商人的精明策略，从而得到商户们的大力支持。

“二战”结束后，在石桥总公司的废墟中，有十多家违章建筑。此时，公司的律师顾问提出，若不及早下令拆除的话，后果将不堪设想。但在当时情景下，如果强制要求那些违章商户立即搬走，必定会招致他们的坚决反对和拒绝。

石桥公司没有采取强制的措施，石桥石二郎反而逐户和那些商户谈心，对他们说：“你们的遭遇实在值得同情，那么你们就暂时住在这里，先多赚些钱，等公司要改建大厦时，再搬到别的地方去吧。”他还时常给这些商户送去慰问品，使那些商户十分感动。

当石桥大厦真的开业建设时，这些商户不仅没有抱怨，而且还心怀感激地主动搬迁到别处去了。

用势卷二

势无常也，仁者勿恃。势伏凶也，智者不矜。

势莫加君子，德休与小人。君子势不于力也，力尽而势亡焉。小人势不惠人也，趋之必祸焉。

众成其势，一人堪毁。强者凌弱，人怨乃弃。势极无让者疑，位尊弗恭者忌。

势或失之，名或谤之，少怨者再得也。势固灭之，人固死之，无骄者惠嗣焉。

一、世上没有永远的“势力”

【经典回味】

势无常①也，仁者勿恃②。势伏③凶也，智者不矜④。

【注释】①常：永久的。②恃：依靠。③伏：隐藏。④矜：夸耀。

【译文】权势不会永远存在，仁义之人不会将权势作为依靠。权势的背后隐藏着危机，有智慧的人不会夸耀它。

【为官之道】

过于追求名利之人，往往将名利看得过重，但越是想将权力抓得更紧，权力反而消失得越快。

西汉时期，一个叫邓通的人，因为在划船方面有特长，于是应征成为船夫。

有天晚上，汉文帝做了一个奇怪的梦，梦见自己想登上通天的梯子，却怎么也上不去。这时候，有一个头戴黄帽子的船夫从背后帮着推他，他这才登上了天。文帝回过头仔细打量帮助他的人，发现这个人和别的船夫的不同之处就是将腰带的系扣向后拴。文帝醒来后，还清晰记得帮助他上天的那个船夫的特征，一时好奇的文帝，竟然真的按照梦中的样子去找这个船夫。经过细心观察，终于找到了一个和梦中人一样向后拴腰带的船夫，这个船夫就是邓通。

文帝马上召邓通进入皇宫，对他大加赏赐，加上邓通善于阿谀奉承，文帝更是对他厚爱有加，对他的赏赐更加丰厚，甚至给他加官晋爵，使他的官职达到了上大夫的高位。因为邓通除了哄皇帝高兴这一手段外，没有其他才能，所以别的大臣都非常瞧不上他。文帝有一次心血来潮，找了一个非常厉害的相士给邓通看相，相士看后说：“此人时运不妙，恐怕将来会饥贫而死。”文帝听后一脸不相信，心想：“我对邓通如此厚爱，他的家财已达亿万，几辈子也花不完，何来饥贫之虞？”文帝为了驳倒相士之言，当着相士的面，马上赐予邓通一项特权——可以自己铸造钱币。自此，邓通的家财愈加不可计数。

有一次，文帝得了溃脓之疾，邓通每次入宫，都会跪在床前用嘴凑上去帮助吸舔，从来没有露出丝毫厌恶之色，这令文帝大为感动。文帝问邓通：“依你看，当今世上谁是最关心我的人呢？”邓通为了讨好文帝，故意说：“没有人比太子更加关心皇上了吧！”文帝听后若有所思。当太子再来探问父皇的病情时，文帝故意装出特别痛苦的样子，让太子帮自己吸去疮口的脓水，太子勉强将嘴凑过去，但脸上不禁露出了厌恶之色。后来太子才知道，原来是邓通经常为父皇吸舔脓疮，所以父皇才以此举动来试探自己，于是太子对邓通心生怨怒。

天有不测风云，不久后，文帝驾崩，太子登上皇位。景帝即位后的第一件事，就是马上罢免了没有任何才能的邓通。随后，又查实了邓通的其他各条罪状，将其亿万家财一分不留地查抄。不仅如此，还专门派人员监督邓通所为，凡发现有人赠予邓通钱财食物，当场予以查扣，并对其实施更严厉的责罚。最终果如相士所言，邓通在乞讨中饥寒交迫而死。

【职场之道】

对于一个有远见、有信心的人来说，一个领域的成就只是暂时的，不管做什么工作，最不缺少的就是积极的态度。有了这种始终不放弃的信心，才能坦然面对职业生涯的起起落落。

维亚康姆娱乐公司在世界上非常有名，该公司的总裁萨姆纳·雷史东，在第二次世界大战中成为战斗英雄，后来又经历曲折奋斗，终于成就了传媒大亨之地位。他的一生都不曾向命运屈服过。

萨姆纳·雷史东小时候，家里非常贫苦，家中甚至没有卫生间。但他通过自己的努力，考入世界著名的哈佛大学，获得了博士学位。当他还是一名哈佛大学的学生时，就因破解敌方密码而成为万众瞩目的英雄，获得众多荣誉。

萨姆纳·雷史东毕业后，开始了律师生涯，先后在高级法院、司法部任职，在职场上取得显著成绩。随后，噩运降临在他身上：58岁时，他经历了一场火灾，全身重度烧伤，险些丧命。然而萨姆纳·雷史东从来不向

命运屈服，在已达63岁的高龄的时候，选择了二次创业。

他多方筹款，买下了一家濒临破产的小公司，当人们普遍认为他的收购价格过高的时候，短短四五年的时间，他就以实际收益打消了人们的疑虑。该公司的MTV业务在全球范围内取得了巨大反响，平均每年都以两位数的幅度飞速攀增，萨姆纳·雷史东本人也成为世界娱乐业举足轻重的人物，入选影响力排行榜。

他的商业步伐从未停止，又以大手笔收购了在全球颇具规模的电影公司、广播公司，在接近八十高龄时，得以跻身全球富豪前二十名之列。

一个人不管做什么工作，注定不会永远得到命运的眷顾，只有自己永不放弃对事业的追求，才能将命运把握在自己的手中。

【商战博弈】

在敏锐的商业眼光里，处处充满了商机，又处处存在着潜在的危机，只有根据形势的变化时刻做出思路调整，才能在瞬息万变的市场中占领先机；否则，再独占鳌头的公司也会走向没落。

美国亚墨尔公司的创始人菲力普·亚墨尔对市场变化有着高超的洞察力，常常根据超前的市场预见采取迅速行动。

当时，美国的南北战争持续了很久，因为战争，市场上的猪肉等食品价格节节攀升。亚墨尔根据多年的商场经验预判，战争所造成的价格高涨只是暂时的，等到不打仗了，食品价格必然会一落千丈。

有一天，他照例拿起一份报纸阅读，看到了一则在别人看来很普通的新闻报道：一个记者在赶奔前线的路上，看到一帮小孩子，这帮军官的子女向记者诉说日常饮食的糟糕，每天只能吃肉质粗糙的马肉，而没有面包等其他食物。这条新闻看起来很普通，但亚墨尔在报纸上发现了商机：他通过孩子们吃马肉，分析到战备物资供应已严重不足，没有后续供给，战争肯定没办法继续了。

于是他抓住这一时机，立即找到本州的猪肉销售企业，签下了一份以低价供给该企业大批猪肉的合同，这个企业当然求之不得；同时亚墨尔附加了一条，猪肉供货要稍迟些时日。前线的战事正像亚墨尔猜想得那样，没多久就全面停战，因为物资需求量的锐减，猪肉等食品价格自然大幅下降。不过短短几个月，亚墨尔就在这笔合同中赚取了上百万美元的差价。

还有一次，亚墨尔又看到了一条新闻，说是邻国查出了疑似传染病的动物病例。他再次注意到这条不起眼的消息，并进行了分析，他想，如果传染病是真的，势必会影响到本国的肉类市场；特别是本国养牛场、养猪场的西部集散地恰好临近传染病扩散国，当传染病大规模流行时，必然会影响到猪肉、牛肉的外销。

亚墨尔先是奔赴邻国确认消息的真实性，确定无误后，投入巨资购买了邻近传染源的大量活猪活牛，运送到远离疫区的本国东边。很快，邻国的传染病扩散到本国，美国当局一夜之间将邻近疫区的猪肉、牛肉交易店全部关闭，禁止西部集散地的肉向外销售，如此一来，猪肉、牛肉异常紧缺起来，价格自然飙升。靠打时间差的亚墨尔，再一次将巨额差价收入囊中。

商机来源于许多被平常人忽略的信息，只有以深究的洞察力与清晰的判断力，才能捕捉住稍纵即逝的市场机遇，开创出一片新的天地。

二、不要给君子施加权势，不要将仁德给予小人

【经典回味】

势莫①加②君子，德休③与④小人。

【注释】①莫：不要。②加：施加。③休：休要，不要。④与：给予。

【译文】不要把权势施加在君子身上，不要将仁德给予小人。

【为官之道】

对于忠直之士来说，为了公平与正义可以不顾自己的生死，即使面对至高无上的皇帝，也要坚持自己的主张。

唐朝有一位监察御史名叫马怀素，不仅博学多才，而且在执法中处事公正，不畏强权，深得百姓称赞。

有一次，御史大夫魏元忠因得罪了武则天的内宠张易之、张昌宗，被

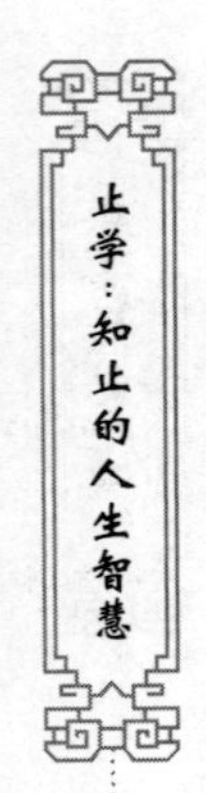

二张假托柴明之名诬告崔贞慎等人与魏元忠共同谋反。武则天闻报后，立即指派马怀素查办此案，并在马临行前就为此案定调："此案应该属实，可粗略审查，速将查办结果报与我知。"

马怀素未受皇帝影响，按照审案流程细细查问，期间，武则天数次派人来催促，并斥责马怀素："反状写得明明白白，为什么还如此拖延？"马怀素不但不为所动，而且上书要求将柴明召来对质。武则天蛮横地批示道："朕也不知柴明是何人在何处，你只管按他的揭发审讯，何必还要他本人出场！"马怀素硬是顶住压力，将自己的审讯结果如实上报，证明崔贞慎等人并未谋反。

如此明目张胆地大唱反调，令武则天十分恼怒，立即召马怀素进宫当面质问："你难道想纵容谋反之人吗？"马怀素沉着辩解："臣只是根据案件审理结果如实上报，皇帝手握生杀大权，如果认为我办理得不公，但凭陛下处置。"

武则天拿马怀素没有办法，自己又不愿落得滥杀无辜的恶名，最后只得下诏赦免了崔贞慎等人。

另一方面，一味地讲求仁德待人，有时反而会纵容小人的贪婪之心，甚至会因自己的仁德丢了性命。

春申君黄歇做楚国宰相的时候，手下门客众多，其中有一个人叫作李园。李园为了求得富贵，就把自己的妹妹弄进宰相府中侍奉春申君，因李女容貌美丽，柔情万种，让春申君神魂颠倒。李女得宠，李园也由此得到春申君厚待，敬以贵宾之礼。

不久之后，李女怀上了春申君的孩子，她赶紧找到哥哥，两个人经过一番密谋，制订了一个计划。这一天，李女看到春申君闲来无事，就假装好意地给他吹耳边风："您当宰相已快三十年了，不知为楚王分担了多少忧愁，可是楚王没有儿子的问题一直令人困扰。如今正好有个机会，我说个办法你看看行不行？"春申君来了兴趣，让她继续说下去，李女说道："我怀孕的事只有咱俩知道，不如趁此机会把我送进王宫中，如果楚王看上了我并临幸，以后真生下男孩的话，肯定会立为太子，那不就相当于您的后代世袭王位了吗？"

春申君听到宠妾的"好心"建议，不由动了心。随后将其进献给楚

王，不久后便生下一个男婴，楚王果然马上将这个孩子确定为自己的继承人，还封李女为后。因为妹妹在楚王面前倍得恩宠，李园也沾了光，官职一升再升，一直到后来，甚至于参与国家大事的议定。

过了几年，楚王性命危在旦夕，有门客向春申君提出建议，让他赶紧将辅政大臣的职权夺过来，等到太子年长些再做别的打算；如果不先下手为强，恐怕李园将要采取杀人灭口的手段夺取王位。门客撺掇春申君，与其被李园暗算，不如先行除掉李园。但春申君还是太心慈手软了，他还相信李女与其兄并无暗杀自己之心，总觉得杀掉朋友和曾经的爱妾下不去手，所以不管门客怎么劝也不听。

果然如门客所料，楚王一断气，早有预谋的李园立即行动，将前往王宫吊唁的春申君暗杀，不但如此，就连春申君的一家老小，也被阴险狠毒的李园全部杀死。

【职场之道】

不要把权势施加在君子身上，而君子也不要屈服于权势。对于君子来说，无论从事何种职业，都要守住道德的底线，不能因为外界诱惑而丢弃自己的良知。君子要勇于坚持自己的信念，不能屈服于外在的压力。

美国心脏移植专家麦可拉斯博士，有一次在其供职医院收治了两名需要心脏移植的病人，一名是总统62岁的高级顾问福尼斯，一名是32岁的花匠克贝尔。如果没有合适的心脏供体，两个人的生命将会终止。

麦可拉斯对两名病人进行了相应的检查后发现，福尼斯的身体受心脏影响，肾脏和肝脏的受损程度已超过了标准，而克贝尔的其他脏器受损程度没有超过标准。麦可拉斯决定先通过积极治疗恢复福尼斯的肾脏和肝脏功能，以达到心脏移植所规定的要求。

几个月过去，两个病人离死神越来越近，但还是没有等来合适的心脏供体。而福尼斯的肾脏肝脏恢复情况也不容乐观，还是没有达到心脏移植的要求。正在这时，从心脏服务中心传来消息，一个刚刚离世的年轻人血型等方面指标与两名病人吻合。

消息传来后，医院院长向麦可拉斯下达命令，让他将心脏移植给身为总统高级顾问的福尼斯。麦可拉斯明白院长的意图，如果救活福尼斯，福尼斯将为医院带来巨大的好处，包括麦可拉斯本人；而克贝尔只是个无足

轻重的人，即使救不活，对医院也没有什么影响。但从两个人的病情看，如果把心脏移植给福尼斯，最多也只能维持一年半载的生命，而对于克贝尔来说，则能靠这颗心脏多活十年、二十年。

麦可拉斯出于医生的良知，当即拒绝执行院长的命令，要求将心脏移植给克贝尔。院长以不可置信的表情对麦可拉斯怒吼道："你知道你犯了一个多大的错误吗？我已经答应白宫了，你知道你的行为将对这家医院、对国家、对你个人的前途产生什么后果吗？"

面对外界的压力，麦可拉斯不为所动，坚持为克贝尔做了手术。一个月后，随着福尼斯的心脏停止了跳动，麦可拉斯也接到了医院董事会对他下达的解雇决定。麦可拉斯早就料到会有这样的结局，但他并不后悔。尽管失去了一切，他却坚持住了自己的公正和良心。

我们提倡做人要有宽容的胸怀与乐于助人的品质，但对于那些心生邪念、不择手段谋取不正当利益的小人，则不能过于善良，否则的话，就会使自己遭受意想不到的损失。

意大利有位科学家名叫塔尔达利亚，他才智过人，勤奋好学，在国内享有"不可战胜者"的盛誉。经过多年的刻苦钻研，他发现了一元三次方程式的新解法。

此时，一个名叫丹尼尔丹诺的人，找到了塔尔达利亚。丹尼尔丹诺自称是一名医生，数学是他的业余爱好。他表现出诚心讨教的姿态，声称自己有上千项发明，只有三次方程式对他来说是不解之谜，并为此痛苦不堪。

善良的塔尔达利亚相信了他的话，把自己的研究成果毫无保留地告诉了他。没想到，仅过了几天，丹尼尔丹诺就以自己的名义发表了一篇阐述三次方程式新解法的论文，大言不惭地宣称，这是他自己最新的发明，但只字未提塔尔达利亚的名字，这就是"丹尼尔丹诺公式"。丹尼尔丹诺担心塔尔达利亚指证自己，竟然丧心病狂地雇杀手秘密地将塔尔达利亚残忍杀害。

丹尼尔丹诺的无耻行径，虽然在一段时期内欺瞒了人们，但真相终归还是大白于天下。如今，丹尼尔丹诺这几个字，在数学史上已经成为"数学骗子""剽窃者"的代名词。

【商战博弈】

一个优秀的企业家，不只表现在其创造的经济价值上，还表现在对社会责任的承担上。正是因为有了社会责任感，才能抵抗住来自多方的压力。

世界知名企业福耀玻璃集团创始人曹德旺，不仅荣登中国首富排行榜，而且被尊称为“中国首善”。他时常强调：“企业家应承担起社会责任，没有社会责任心的企业家，只不过是拥有了表面的财富。”

从2001年到2005年，曹德旺带领团队耗费1亿元巨资，历尽艰辛与美国及加拿大在反倾销案中博弈，最终取得胜利。这场胜利首开中国企业状告美国商务部的先河，正是有了曹德旺的坚持和带头抵抗，国外市场对中国企业的歧视现象才有所收敛。

当时，曹德旺率领团队成员到美国开办工厂，经过不懈努力，终于打开了一片市场，但其成功也引起了美国同行的注意，他们开始不择手段地对中国商人进行打压，其中就包括向相关组织递交申请。申请书中说，中国政府给予了福耀玻璃大额的补贴，福耀玻璃靠补贴才将价格定得很低，这种低价销售影响了美国市场利益。这种说法和实际情况严重不符，曹德旺自然不能容忍。

在接受调查的过程中，曹德旺愈加感受到这场官司的困难重重，最大的不利因素在于，进入一定程序后，按照规定福耀集团就要向美方交纳大额的税金，官司拖得越长，交纳的税金就越多，拖来拖去就能把公司拖垮。面对这种压力，曹德旺丝毫没有退缩，迎难而上，他花重金请来最好的律师，倾尽全力要将美国商务部和美国企业一起告倒。同时，为强化此类案件的专业研究，曹德旺还以福耀冠名，在国内大学专门成立了一所以反倾销为专业的研究中心。

随着反倾销案的展开，曹德旺愈加坚定了必胜的信念，通过广泛搜集证据资料，在应诉中展开了全面的突围之战。最后，国际贸易法院的审判结果出来了——以美国商务部败诉告终。判决对方向福耀集团返还税款，福耀团队取得了这场反倾销官司的胜利。

在商业竞争中，许多经营者常常利用人类的情感弱点，从别人的善意中寻求利益突破点，以达到自己不可告人的目的。

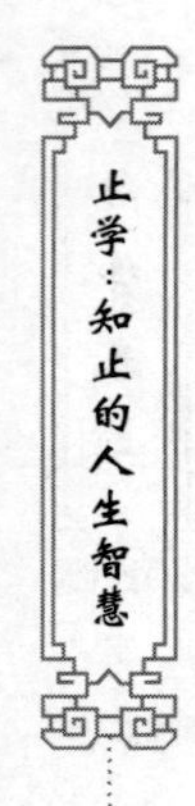

英国的卜拉泽公司，其纺织品生产曾经在世界上拥有不可取代的老大地位，但因为一时的善心，被日本“偷艺”成功，使得日本的纺织工业得以飞跃发展，并成为自己的强劲对手。

卜拉泽公司的职工们，下班后都到公司旁边的一家饭店吃饭，因为附近没有别的吃的，所以尽管饭店的价格定得很高，但人们还是纷纷涌进这里。时隔不久，就在这个饭店的对面，出现了一家新饭店，这个饭店是日本人开的。

日本人的饭店正式营业后，马上就把客人抢走了，因为这个饭店不仅比原来的饭店价钱低很多，菜肴的口味也是极佳。新餐馆吸引了卜拉泽公司的大批车间工人来这里吃饭，公司里的很多技术专家也禁不住诱惑来大快朵颐。饭店吸引人之处还在于特别人性化，有的工人忘记带钱了，饭店也同意赊账，什么时间有钱了什么时间还。在这种经营理念下，饭店火得不得了，卜拉泽公司的职工们都非常喜欢这个饭店的经理和服务员。

可惜的是，过了一段时间，这家餐馆突然挂出了停业的牌子。大家一问原因，饭店经理说是因为饭菜的价格定得太低了，却又不好意思再涨价，以致越亏越多，没办法再经营下去了。大家听后都非常难过，以后再也找不到这么好的吃饭的地方了。看到大家同情的眼神，饭店的经理难为情地提出了一个恳求：他和饭店员工暂时还不想回日本，还想在这里挣些钱回去，问能否应聘到卜拉泽公司工作，让他们干什么都行。

卜拉泽公司的工人们听到饭店经理的恳求后，都因平常吃饭培养的感情而非常干脆地答应了，答应可以一起向卜拉泽公司的老板说情。一开始，卜拉泽公司的老板也是很小心，不愿意招录外国员工，但后来连公司的高级技术人员也极力推荐，最后终于同意先试用。试用期间，招录人员不得进入生产流水线，只能在车间外负责运送货物等体力劳动。

不得不说这些日本员工工作起来非常敬业，就连卜拉泽公司的老员工也自叹不如，很快就得到了卜拉泽公司老板的认可，通过了试用期。随后他们被安排到各个车间，很快这些日本人在各个岗位上成为工作主力，有的甚至还因工作特别出色，被提拔到重要的技术部门，担任产品研发等核心任务。

当卜拉泽公司庆幸吸收了一批新生力量时，令全公司上下都没有看透的是，那家饭店的经理和员工，都是日本国内专门搞纺织技术的专业人士。他们渗透进入卜拉泽公司后，在各个生产环节认真观察、偷偷学艺，慢慢掌握了从研发到成品的全部细节资料。

过了些时日，这些日本员工不露声色地向卜拉泽公司老板提出，他们攒够钱了，因为想念祖国，想辞职回国。他们顺利地办好回国手续，回国后不久，便设计出在当时来说是非常先进的纺织机械，使日本纺织工业一夜之间有了飞速跨跃。

三、君子威势不在于权力大小

【经典回味】

君子势不于[①]力也，力尽而势亡[②]焉。

【注释】①于：来自于。②亡：消失。

【译文】君子的威势不是来自于强权，靠强权树立的威信，外在的权力没有了，威势自然就消失了。

【为官之道】

自古为官者，唯有去除私欲，方能无所畏惧；无所畏惧，方能一身正气。只有一心想着江山社稷和黎民百姓，才能敢于抨击权贵，才能赢得百姓的尊敬，令后人无比敬仰。如此行事，君子的威势也就树立。

海瑞在湖南任教官时，督学官去当地视察工作，海瑞和另外两名教官前去迎见。两名教官都是跪地相迎，唯独中间的海瑞却站立不跪，只行抱拳之礼，三人的姿势俨然一个笔架。督学官大怒，斥责海瑞不懂礼节，海瑞神色不变地说道："按大明律法，我堂堂学官，为人师表，对您不能行跪拜大礼。"这位督学官虽心中怨怒，却无法发作，海瑞由此有了"笔架博士"之雅号。

后来，海瑞在浙江任知县。此县位于交通要塞，接待应酬多如牛毛，

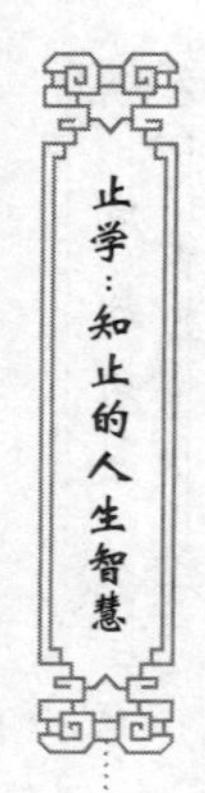

百姓不堪其扰。抗倭名将胡宗宪的儿子路过，向海瑞索要见面礼，海瑞不但严词拒绝，而且没收了他的银两归于县库。随后派人报告胡宗宪："过去胡总督巡察，命令所路过的地方不要太过铺张，现在这个人行装丰盛，还索要见面礼，肯定不是胡总督的儿子。"胡宗宪并未因此治海瑞之罪。

明世宗迷信巫术，生活奢华，不理朝政，朝廷大臣无人敢直言劝谏。海瑞买好棺材，告别妻子，遣散童仆，以死上书，劝诫明世宗重理朝政。明世宗一怒之下将海瑞治罪下狱，直到世宗驾崩、穆宗即位，海瑞才出狱。

海瑞的"刚"，源于"无欲"。他克己奉公，两袖清风，为官几十年，生活非常俭朴。正是因为他守正而行，才能使违法犯纪者得以惩处，才能得到民众的无比敬仰。

【职场之道】

一个人要想在职场上取得不凡的成就，树立属于自己的威势，最终还要靠自己。不管是"富二代"还是"官二代"，父母所能给予的那些名利只能是暂时的，失去了父母的依靠后，如果自己不努力，最终还是会一事无成。中国首席男模张亮，没有沉沦在曾经的"富二代"光环里，最终靠自己的努力打出了一片天下。

张亮出生于一个富裕的家庭，他的爸爸是一家企业负责人。张亮的童年时光在溺爱中度过，父母每天给他的钱足有100多元，每个月在他身上花的钱，远远超过了一个工薪家庭的全家收入。过度的宠爱，让张亮滋生出许多不良习惯，他慢慢变得上课不认真听讲、下了课就钻进了游戏厅网吧，甚至和社会不良青年在一起打架闹事。忙于企业杂事的爸爸，有时也过问一下张亮的读书表现，张亮就想办法搪塞应付。

没想到，在张亮16岁那年，他的爸爸突然身患重病。在医院抢救期间，每一天的医药费都数以万计，很快，他们家的家底就花得一分不剩，还欠了亲戚朋友一大笔外债，尽管如此，爸爸的性命依然没有挽留住。

在蜜罐里成长的张亮，一夜之间懂事了许多，在巨大的打击面前痛改前非。他作为家里的男子汉，将继续上学的机会让给了姐姐，自己出去打工赚钱养家。一个身无一技之长的少年，难以找到合适的工作，后来好不容易才在一个酒店里找到个帮厨的工作。在酒店里他什么脏活累活都干，只是为了多挣些钱贴补家里。他不怕吃苦、干活麻利，很快得到了酒店负责人的夸赞，不久让他试着炒菜，张亮慢慢练就了一身厨师技艺。

除了在酒店打工，张亮还兼职在商场卖衣服。在卖衣服时他认识了一个好朋友，这个人是一个业余模特。偶然的机会，这个朋友因为同时答应了两个客户去表演，分身乏术时想到了张亮，就让张亮代替他去表演。但张亮赶到后，客户一看他的样子，说不帅气，更没有专业模特的那种步姿，所以就没有选用张亮。

遭到拒绝的张亮不死心，他想抓住这种机会。回去之后他就一头扎进了模特专业训练的资料里，先是自学，后来又到处去找老师，舍下脸皮求人家教。机会终于来了，在某一次商业演出中，张亮的特殊气质被香港一家公司看中，这一年他成为一名专业模特。

在之后的日子里，张亮依旧在努力着，他是首个在国际模特T台上亮相的男模。后来，更因为受邀做客国内大型娱乐节目，让他的名字被更多人所熟知。

【商战博弈】

富士康总裁郭台铭工作起来简直到了疯狂的地步，除去吃饭，一天的休息时间还不到5小时。从创立公司以来，他就没有休过3天以上的假。有时晚上刚下飞机，就马上赶到公司开会，而且一开就是12小时，永远不知疲倦。

如此严格要求自己的领导，对员工实行的也是比军队还要严格的管理。比如每一个进入公司的基层新员工，在正式上岗前都必须接受为期5天的基本训练，包括稍息立正整队行进等；对高层主管的要求更为严格，郭台铭会随时向他们进行抽查提问，如果回答不上来，会在全体员工面前劈头盖脸地骂起来，并要求他们在会议桌前罚站。对于郭台铭下达的命令，即使远在地球的另一端，相关负责人最迟也要在8小时内做出回应；没有时差的，则必须在15分钟内答复。

郭台铭雷厉风行的作风，还表现在最大限度为客户节约生产时间上，面对急货时，他可以3天不睡觉把货赶出来，甚至卷起袖子直接冲到生产一线亲自操作机器。当遇到客户对货物不满意要求退货时，他除了对员工进行严厉处罚外，更会放下董事长的身份，亲自带着员工上门，向客户赔礼道歉。

在类似于跳楼等这样的极端事件发生后，郭台铭认识到对85后、90后实行新的管理方式的重要性，于是立即将自己的办公室搬到深圳富士康厂房，与普通员工们同吃同住，随时了解员工们的思想动向和工作需求。他的这种不计吃住条件好坏、个人生活节俭的身体力行，对公司员工产生了潜移默化的影响，从而引领着富士康向着更远的目标迈进。

四、小人得势，天下大乱

【经典回味】

小人势[①]不惠[②]人也，趋[③]之必祸焉。

【注释】①势：权势。②惠：惠泽，给人带来好处。③趋：趋附。

【译文】小人得到权势不会给别人带来好处，趋附权势的结果必是惹来祸端。

【为官之道】

对权力追求没有尽头之人，只沉迷在权力带来的享乐中，而不去管国家与百姓受到的伤害，更不会看到越来越近的危机。

东汉的梁冀，其姑被封为皇后，其妹被封为贵人，因此他也得到步步高升，一直达到大将军的高位。

顺帝死后，梁冀更是独揽大权，连皇帝人选都由他决定。为了操纵皇权，他专门找了一个小孩登上皇位，可是这个孩子没到一年就死了。梁冀继续物色新的皇帝人选，又找到一个孩子皇帝充当他的傀儡。朝堂之上梁冀得以为所欲为，从皇帝到大臣都不敢表露出任何微词。有一次梁冀太过嚣张，这个孩子皇帝实在忍不住表现出生气的样子，随口指责了梁冀，时隔不久，怀恨在心的梁冀便用下毒的手段，害死了这个孩子。

没有任何约束的梁冀，还是不满足于眼前的名位利益，又将贪婪的目光转向了民间。他把民间生活富裕的家庭全部录入花名册，然后给他们安插罪名，有不认罪的，就采取酷刑折磨的卑鄙手段。一旦他们认罪，就逼着他们将家里的财产送来抵罪，那些拿不出规定数额财产的家庭，就被发配到荒凉之地，或被处以斩首，百姓苦不堪言。

整个官场中，不管要提拔谁、免职谁，都由梁冀做决定，皇帝和其他大臣都成为摆设，他的地位与皇帝已经不相上下，就连进贡给皇上的奇珍异宝，也要由梁冀先行过目挑选，他挑剩下的东西，再象征性地送到皇上那里。

恒帝即位后，梁冀依旧我行我素，不把新君放在眼里，不仅把忠于恒帝的一名大臣打入大牢折磨至死，而且还把恒帝特别喜欢的一个贵人强认为干女儿，甚至派出杀手，去暗杀贵人的亲母和其他亲戚。

恒帝受此巨辱，决定不再忍让下去，秘密和几个心腹大臣商量对策，制订了周密的计划，最终一举将梁冀的所有羽翼铲除干净，穷途末路的梁冀被逼自裁。皇帝将梁冀的家财全部查抄，其巨额家产相当于国家总收入的一多半。

【职场之道】

身为领导者，对于心地纯正的人才，要“用人不疑”；而对于那些别有用心的小人来说，就应当擦亮眼睛仔细甄别，果断采取“疑人不用”之策。一旦错用了阴险小人，必然会带来不可挽回的损失。

美国知名企业泛美股份的董事长加尼西，就是因为任用了沃克这个职业骗子，才导致辛苦创立的企业一夜败亡。

当初，加尼西经人引见，认识了身为投资银行家的沃克。一见面，加尼西就被沃克的丰富学识吸引。其实加尼西不知道，沃克是泛美股份的对手摩根商行派出的商业间谍。

因为沃克在世界知名大学学习经济，所以其不凡的谈吐令加尼西赞赏不已，加之沃克善于察言观色，对加尼西提出的“银行全国普及化”大加赞同，并发表了一番非常精到的见解。这使加尼西对他好感倍增，很快，加尼西就任命沃克为沃美股份的总裁，不仅给他10万美元的高薪，还给了他无比信任，让他放手去干。

走上总裁高位的沃克，先是合并了一家商行，又很快买下了一家一流的保险公司，紧接着又买下了加州最大的食品公司。尽管沃克的这种大手大脚的投资方式违背了加尼西之前的一贯原则，但出于高度的信任，加尼

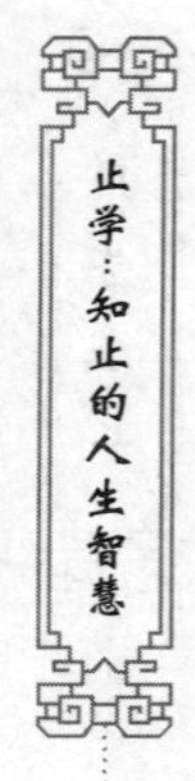

西并未阻止其做法。沃克更加大胆，又把旧金山航运公司和当地铁路、电气公司的股票纷纷买下。

加尼西也曾有些担心沃克的行为，但看到泛美公司的股票一路上涨，渐渐放下心来。有了沃克这位得力干将，加尼西放心地抛开了手头的事务，去欧洲旅行。

然而，加尼西刚到伦敦没有几天，就看到了一条糟糕透顶的消息：华尔街股市大跌，泛美股份的股价大幅缩水。时隔几天，又一个更加残酷的消息几乎将他置于死地：沃克卖出了泛美股份的控股公司。直到现在，加尼西才如梦方醒，但大错已无法挽回。

小人的存在，总是给人带来祸患，聪明的领导者应该谨慎用人。

【商战博弈】

商业活动的最终目的是获得利益最大化，但在追求利益最大化的过程中，也不应违背法律法规、道德良心赚取不正当收益。如果被金钱蒙昧了良心，不择手段恣意妄为的结果终归是害人害己。

在科学与商业领域闻名于世的诺贝尔，曾因早期合作伙伴的小人行径而陷入经济危机，并对自己的精神造成了很大打击。

诺贝尔当初在进军法国商业领域时，与巴布开始了接触，在法国境内建成了第一家炸药厂，在合作过程中，巴布的出色能力，博得了诺贝尔的好感，于是便将巴布提升为这家炸药厂的负责人，炸药厂大幅赢利后，大方的诺贝尔在赢利中抽出数万巨资，付给巴布作为酬劳，以体现对巴布突出工作的肯定。

巴布不满足于在商业中的获利，他还利用自己在国会、农业部等政府部门的职权，不择手段谋取私利，逐步暴露出其小人本性。巴布伙同几个利欲熏心的官场同僚，故意设置障碍迟迟不批复巴拿马公司修造巴拿马运河的贷款请求。受此胁迫，巴拿马公司只好偷偷拿出数百万巨资，用来打点以巴布为首的审批官员。后来，这种罪恶行径被披露，史称“巴拿马丑闻”。

巴布的欲望远未停止，即便诺贝尔给他的酬劳非常丰厚，他还不满足。在担任炸药厂负责人期间，他竟然偷偷用工厂的资金干起了别的买卖。不仅如此，他还串通工厂里的数名高层人员，将工厂的资金转移到个人账户上，没过多长时间，工厂因为大额亏空而濒临倒闭。

当甘油投机生意事发之后，巴布经受不住压力而猝死，由他引发的公司痼疾也在一夜间暴发：巴布偷偷从事的甘油生意破产，许多购买甘油的商家怕赔钱而抢着低价卖出，导致甘油的价钱猛跌，而那些原先就没卖完的存货就已经给诺贝尔炸药厂造成了沉重压力，如此一来压力更大。与此同时，巴布在利用政府职权中所干的一些非法勾当，也牵涉到炸药厂的许多高层，他们也将接受法律的严惩，从而使炸药厂遭受了更为严酷的考验。

所有的压力都集中在诺贝尔一个人身上，他绝对不会这么轻易放弃自己辛苦创立的炸药厂，而且，一旦炸药厂倒闭，随之而来将直接影响到诺贝尔的其他更多企业运行。诺贝尔为恢复炸药厂正常运营，开始向银行进行大额借贷，对工厂内部高层重新任命，在采取一系列努力措施后，工厂终于慢慢缓了过来。

诺贝尔这样评价将自己逼上绝境的巴布："虽然他有着出色的工作能力，但他的心理却是如此让人难以捉摸，令人遗憾的是，他的工作能力与他的不择手段是那么的不协调。"经历了这种被合作伙伴欺诈的事件，诺贝尔对商业的兴趣大减，之后便将更大精力放到科学研究中。

五、凌弱者遭人离弃，位尊而不谦让者遭人猜忌

【经典回味】

众成①其势②，一人堪③毁。强者凌弱，人怨乃弃。势极无让者疑，位尊弗④恭者忌。

【注释】①成：成就。②势：地位。③堪：能够。④弗：不能。

【译文】众多的人才能成就势力，（但）一个人的缺点却可以毁掉它。有势力的人欺凌弱小的人，人们怨恨他，就会离开他。地位达到顶点

而不知退让者会让别人猜疑，身处高位而不知谦恭者会遭人嫉恨。

【为官之道】

成就一番大事业者，无不是善于发现团结人才、认真听取别人意见的明智之人，那些自以为是、意气用事的领导者，很少能够取得成功。

袁绍的军事力量，曾经远远超过曹操，袁绍手下更是聚集着一大批颇有才能的贤士，一个个大将亦是有着万夫莫挡之勇。但袁绍最大的缺点就是太过自信，不仅听不进别人的谏言，而且对属下喜怒无常，从而导致屡次兵败。

袁绍兴兵前往官渡前，因劝诫袁绍而被囚的田丰上书再劝，劝他暂时不要发兵，一旦发兵，恐怕要失败。袁绍非常生气，提剑想立斩之，在众将的劝阻下，才愤愤地说："待我破了曹军，再回来治你的罪！"袁绍带兵走到半路时，军中有人再次劝说："我们的兵力虽然远超敌人，但不如对方士兵作战骁勇。而且根据目前分析，敌人的后备供给严重不足，所以他们采取了速战速决的战术，我们恰好针对他们的弱点，来个以逸待劳，用拖延战术令其不战而败。"按说这个谋士的计策非常有道理，但袁绍不仅一句也听不进去，反而勃然大怒，马上给此人定了个惑乱军心之罪，将其囚禁待斩。袁绍与曹操展开激战后，数月未分胜负，曹操果然粮草耗尽，马上派兵星夜催运战备物资，恰巧，催粮的士兵被袁绍手下人抓获，袁绍的谋士看到曹操写的信后，建议袁绍马上采取果断行动，一前一后夹击曹军，定可立即大败之。袁绍还是没有听从其建议，而这个谋士依旧坚持自己的观点："如果现在不采取行动，日后定当自吞苦果。"袁绍对其自然又是大加责罚。这个谋士被逼无奈，为免遭兵败身死之祸而前往曹操营中归降，曹操一见此谋士到来，无疑抓住了救命稻草，马上实施谋士献上的计谋，派出一支奇兵，将袁军的粮草库一把火烧尽。受此重创，袁绍带领的军士们斗志大减，从而导致了这场关键战争的失败。

经此一役，袁绍的名字退出了历史的舞台。

【职场之道】

无论身处何位，都要学会尊重别人，尤其是地位不如自己的人，这是一个成功者必须具备的良好品质。一个懂得尊重别人的人，才能赢得别人真正的尊重，才不会使自己受到损失。

在世界知名企业巨象集团总部的楼下花园里，一个40多岁的中年女人正坐在一张长椅上，对旁边的孩子不停地说着什么，似乎很生气的样子，不远处有一位头发花白的老人正在修剪灌木。

中年女人一边与孩子说着话，一边从手提包里掏出卫生纸给孩子擦了擦脸，擦完后随手将卫生纸扔到了老人刚修剪过的灌木上面。老人诧异地转过头朝中年女人看了一眼，中年女人满不在乎地看着他。老人什么也没说，走过去捡起卫生纸扔进了一旁的垃圾箱里。

不一会儿，中年女人又将一团用过的卫生纸随手扔在一边，老人再次捡起来，然后继续修剪。可是，老人刚拿起剪刀，第三团卫生纸又扔在地上。老人没有半句怨言，再次捡了起来。这时，中年女人指着老人对孩子大声说道："看到了吧，如果你现在不好好上学，将来就会像他一样没出息，只能做这些低贱的工作！"

老人听到后走过来，平和地对中年女人说："夫人，这里是集团的私家花园，按规定只有集团员工才能进来。"中年女人高傲地回答道："那当然，我是集团所属的一家公司的部门经理，就在这座大厦里工作！"说着，还掏出证件朝老人晃了晃。

老人沉默了一会儿，对中年女人说道："我能借你的手机用一下吗？"中年女人不情愿地将手机递给老人，并不失时机地开导孩子："你看这些穷人连手机都买不起，你可要好好努力啊！"

老人打完电话后，很快就有一名男子匆匆走过来，老人对来者说："我现在提议免去这位女士在集团的职务！""是，马上按您的指示去办！"老人吩咐完后，抚摩着孩子的头说："我希望你明白，在这世界上最重要的是要学会尊重每一个人。"说完就走了。

中年女人被眼前骤然发生的事惊呆了，直到此时她才知道，眼前这个修剪花草的老人，竟然是集团的总裁詹姆斯，可是一切都为时已晚。

【商战博弈】

要想在瞬息万变的市场中生存下来，企业领导者不仅要有敏锐的洞察力，更要有谦和、稳重的合作力。如果对自己的判断力、管理力过度自

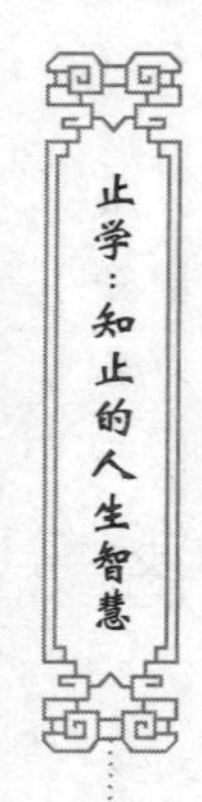

信，就会不可避免地产生自负、傲慢情绪，必然会被残酷的市场所抛弃。

微微拼车的创始人王永，曾经短短几个月就使其产品估值达到10亿元，而又是仅仅三个月时间，微微拼车在滴滴打车的致命打击中宣告失败。微微拼车的破产，与王永的自负独断有着直接关系。

王永当初创业时，微微拼车的资金不到400万元，凭借自己在前期积累的各种资源，微微拼车很快就吸引了多方资金的注入。在不到一年的时间里，中新圆梦、茂信合利等投资方动辄为微微拼车投资数千万、上亿元。同时，微微拼车还上了《新闻联播》，王永还主演了电影《顺风车》，微微拼车的市场估值也一度达到10亿之巨，王永的身价也达数亿。

在这些耀眼的光环下，王永的胆子大了起来，甚至开始谋划上市，谋划全球化，谋划一个规模更大的私家车共享经济平台。同时，在微微拼车最受资本追捧的日子里，王永自称“有了傲气，不知天高地厚”，当一大波投资机构络绎不绝地前来拜访王永时，王永拒绝掉了很多急于入局的资本。有一位知名投资机构的负责人约了三次才见到王永，除了王永每日比较忙的因素外，更因为估值涨得太快，他希望听到更高的出价，最后，他把企业的未来孤注一掷在出价最高的中信资本身上。

但就在中信资本做完调查、准备开投决会之前，故事发生了致命转折——滴滴来了。为了应对滴滴打车，过度自信的王永再次以赌博心态做出了一个错误决定：加大了在上海、杭州等城市的补贴力度，仅仅是为了能做出漂亮的数据吸引投资者。但可惜的是，结果赌输了。在股市暴跌的背景下，当王永转身再去找曾经的那些投资人时，却发现没有人愿意接盘，无论估值可以降到多低。

微微拼车在花掉4000多万元人民币进行补救以后，仍旧难以挽回失败的命运。王永把自己的积蓄全部拿了出来，甚至还找朋友借了不少钱，用于裁员、收拾微微拼车剩下的摊子。这次惨败，让王永买到了很多教训。

六、少发怨言才能失而复得

【经典回味】

势或[1]失之，名[2]或谤之，少怨者再[3]得也。

【注释】①或：有时。②名：名声。③再：重新。

【译文】权势有时会失去，名声有时会受到诽谤，但只要不过于怨天尤人，总有一天会失而复得。

【为官之道】

当事情无法挽回时，也不必紧紧抓住不放手，可以暂时放下，只要保持一颗平常心，总有一天还会得到应有的补偿。

周成王登上皇位时，因为年龄太小无法自己处理国事，为了稳定大局，就由周公协助成王治理国家。成王有几个叔叔看到周公掌握权力心生嫉妒，就暗地里向成王说周公的坏话，造谣周公要篡夺皇帝之位。小成王因为没有辨别是非的能力，就信以为真，渐渐地疏远周公并加以防备，周公看在眼里急在心上。

后来，成王的叔叔管叔、蔡叔等人起兵谋反，周公义无反顾地带兵平定。尽管周公为了国事如此操劳，但在国家安定后，一些小人更是对周公肆意毁谤，把周公平定叛乱的举措说成是故意压制同族兄弟的行为，其目的是为了扫清自己篡权之路上的障碍。小小年纪的成王，对周公的意见更大了。

周公出于对国家大局考虑，他怕再继续协助成王会引起不必要的麻烦，为了不让成王产生逆反心理，周公没有为自己表白，毫无怨言地主动要求不再参与政事，回到自己的封地去。不能理解周公一片忠心的成王，以为周公对篡夺大权失去了信心，心里终于松了一口气，非常高兴地答应了周公告老还乡的请求。

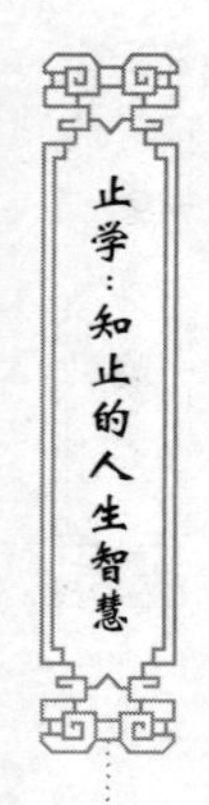

就在这一年收获季节到来之时，发生了意想不到的灾难，快要成熟的谷子等作物被大风刮倒在地里，甚至路边的高树都被刮折了。又有一帮小人趁机在成王耳边制造谣言，假装担心地对成王念叨："上天降下如此灾难，是否昭示着您的王位受到什么人的威胁了呢？是不是周公还依然存有夺位之心呢？"成王又一次听信谗言，马上派人到封存国家机密文书的府库中一一检索，试图在大量文书中找到周公夺权的把柄。

尽管翻遍了文书，也找不到任何依据。但让人意想不到的是，派去搜书的人搜到了一册《金滕》，这是周公早年为祭告上天所写。一看内容，原来是武王病重时，周公向天神祈祷，求以自己代替武王去死。成王从中看出了周公的一片赤诚之心，明白自己一直误会了周公。

成王连忙亲自奔赴周公的封地，惭愧不已地向周公表达歉意，再也不怀疑周公，周公则继续辅佐成王统治周室江山。

【职场之道】

在追逐理想的过程中，失败总是难免的，然而有人在失败中变得消沉，有人却在失败中自我反省，准备着下一次的启程。正是有了这种不怨天尤人的埋头前进精神，才会在无数次失败后迎来最大的成功。

好莱坞影星杰夫·布里齐斯在60多岁的时候，终于靠出色的表现赢得了评委的一致认可，荣获第82届奥斯卡最佳男主角，将小金人收入囊中。如果不是阴差阳错，这奖项早在40多年前就该属于他，正是由于他的不懈努力，才得到了今日的辉煌成绩。

布里齐斯获得的首次奥斯卡奖项提名，是他毕业后出演的一部处女作电影，但不巧的是，一位在电影界久负盛名的影星也在提名之列，布里齐斯一个刚出校门的新人，自然争不过这位影星，没有获奖自然也在意料之中。布里齐斯并没有因为这次落选而气馁，而是以更大的热情与执着塑造着一个又一个或大或小的角色。

有一次，布里齐斯与著名导演斯克瑟斯合作，在拍摄过程中，斯克瑟斯和其他演员对布里齐斯的表演都很认可，布里齐斯却总是认为自己表演得不充分，一次次地喊"暂停"。导演实在忍不住怒气，不满地对他吼道："我不喊'暂停'就证明已经通过了，你却老是代替我喊停干什么！"布里齐斯执拗地坚持道："可是我觉得自己还能表演得更好一些！”也正源于这样近乎偏执的认真劲头，让布里齐斯凭借该部影片，再次获得奥斯卡的提名。但令人遗憾的是，另一个提名者，是一个比上次的对手更加有名的影星，让布里齐斯不得不又一次空手而归。

布里齐斯在奥斯卡奖项上连连受挫，却依旧不改初衷，全力以赴地继续投入到表演能力提升上，并通过扩大自己的角色塑造范围来锻炼自己。可命运之神似乎故意和他作对，当布里齐斯50岁时，他又经历了第三次奥斯卡提名和第三次落选，就连电影圈内许多大导演、著名影评人都为他感到遗憾。大家一致认为布里齐斯的表演能力是数一数二的，但得到的奖项最少。

当布里齐斯已近60岁时，他的家人担心他的身体而劝他息影，可是他依然坚持着自己的追求与梦想，他自认为在电影中可以获得无尽的生机与能量。他的认真劲头比年轻时有过之而无不及，表演功力达到了炉火纯青的境界。终于，在一部名为《疯狂的心》电影中，他用心诠释了一个恰似自己整个人生的人物形象，在世界影坛产生轰动，并据此荣获第67届美国金球奖最佳男主角、第82届奥斯卡金像奖男主角，他也终于让自己的梦想成为现实。

【商战博弈】

刚刚踏入商海，很容易失败，这些失败，检验着一个创业者的修养水平。有的人怨天尤人，从外部环境上找客观理由，有的人则泰然处之，不放弃任何一个重新站起来的机会。一个拥有了忍耐和进取精神的创业者，他的成功只是时间早晚的问题。

本田汽车及摩托车公司的创办人名叫本田宗一郎，他在创业之初遇到了许多看似无法跨越的阻碍，但他从未灰心丧气，最终走过了所有的坎坷，成就了商业奇迹。

当年本田宗一郎在学校读书时，就表现出一种积极探索、不畏困难的精神。他通过观察市场上销售的汽车，发现了发动机还有需要改进的地方，就开始自己研究设计活塞环，他非常有信心自己设计的活塞环会得到汽车制造商的欢迎。本田宗一郎的研究制作都是在晚上进行，白天一点儿也不耽误上学。历时好几年，本田宗一郎终于设计完成了自认为非常满意的成品，他马上找到当时著名的汽车制造企业丰田公司，本以为丰田公司

会立即投入使用，但没想到公司负责人连看都没看就把他拒之门外。

回到学校后，老师和同学们都嘲笑他是个白痴。可他没有一丝沮丧，相反以更大精力投入到改进设计中，在历经两年的刻苦研究后，丰田公司终于买下了改进后的活塞环产品技术。

靠着自己的勤奋努力，本田宗一郎建成了属于自己的活塞环加工厂。不幸的是，“二战”紧接着爆发，轰炸机到处投放炸弹，本田宗一郎的加工厂也未能幸免，许多机器毁于战火。不得不承认本田宗一郎的坚韧性格与商业眼光，他看着头顶的轰炸机呼啸而过，大声命令工厂职工：“马上跟踪天上的飞机，飞机一定会随时扔弃空的燃料箱，我们把这些汽油箱收集起来，就是很好的原材料。”在战争时期，这种原材料太难得了，本田宗一郎就是善于在逆境中发现别人发现不了的商机。

战争终于停止，本田宗一郎的工厂再次面临困境。因为全国油料供应严重不足，导致汽车销售的业务锐减。本田宗一郎无时无刻不在寻找着工厂的转机，从不放弃任何一个小小的机会。突然有一天，他一眼瞄到了墙角闲置的除草机，他把除草机上的小型马达拆了下来，又找到一辆旧三轮车，将小马达装在三轮车上后，一辆小型动力车就这样诞生了。

本田宗一郎发明了小型动力车后，开始了各种方式的宣传推广，很快就因其节油性、灵活性得到周边消费者的认可。本田宗一郎毫不犹豫地扩大这种新型小车的市场，他采取了“借鸡下蛋”的策略，说服了销售三轮车的许多商家，让他们与之合作生产。很快，本田宗一郎自己没有投入多少资金，就建立了国内首家小型动力车工厂。

就这样经历了无数次挫折，目前，本田公司已成为世界上经营最成功的企业之一，在汽车销售领域中占据了一席之地。

七、为了子孙后代，莫要过分骄纵

【经典回味】

势固[1]灭[2]之，人固死之，无骄者惠嗣[3]焉。

【注释】固：本来，必定。②灭：失去。③嗣：后代。

【译文】权势本来就会失去，人也终将会死去，不骄不纵者才会将福报惠及子孙。

【为官之道】

身处高位时，因听惯了奉承之言，心中难免生出骄纵之情，唯有尽力克制这种情绪，在别人面前表现出谦逊之情，才能保全自己和家人。

位高权重的郭子仪，上了年纪之后愈加低调，向皇上请求告老还乡，每日以闲赏歌舞打发时光。

忽有一日，卢杞前去郭府拜访。正在欣赏歌舞的郭子仪，听到下人通报后立即变得严肃起来，赶紧换上比较正式的衣服帽子，并下令妻子儿女及一干歌舞女子马上退下，没有他的命令不得进来干扰他会客。郭子仪见到卢杞后，非常热情地问候，二人在客厅里进行了一番长谈。

等客人走后，郭子仪的妻子好奇于他今天的反常举动，不解地问："之前有许多客人前来拜访时，你并没有丝毫避讳之处，从未令我们退下，歌舞照常不停；可今日来的不过是一个普通小官，你却如此郑重，这是为什么呢？"郭子仪解释道："你对卢杞这个人不了解。这个人的才能不一般，最大的缺点是小心眼儿，别人对他有半点儿得罪，他都深恨不已，总想找机会报复。卢杞又长得特别丑，脸上有一块很大的青记，你们如果看到他的那副样子，说不定会面露讥笑或嫌弃之色，这样一来就会惹怒他，有朝一日他手握重权，必然要报复我们的后代子孙。"

正像郭子仪预料的那样，卢杞升迁极快，很快就位居当朝宰相。手握生杀大权的卢杞，开始了疯狂的报复，那些曾经对他报以蔑视嘲笑、在言语上对他不敬之人，都没躲过他的治罪。许多人被关入大牢甚至满门抄斩。

正是郭子仪在卢杞还未飞黄腾达时表现出的厚待礼遇，才让卢杞对郭府上下法外施恩。不仅如此，有时郭府之人犯下小罪时，卢杞竟然还在皇上面前帮助说情。在卢杞心中，郭子仪在之前对他非常看重并予以扶持，他也要投桃报李。正是郭子仪放低姿态的保全之道，令郭家上下能在风云变幻的历史舞台上平安生活。

【职场之道】

一个人的职业素养，不仅对自己的事业发展起着决定作用，还在很大程度上影响了下一代人的人生观、事业观。不管成就大小，都要保持谦虚低调的作风，才能为孩子树立正确的榜样。

获“国际安徒生奖”的中国儿童文学作家曹文轩，其为人处世直接受到了父亲曹桂生的影响，才能取得如此大的成就。

曹桂生通过多年的刻苦自学，成为远近闻名的知识渊博之人。他从一工作就在周伙小学任教，及至担任该校校长，一干就是几十年。他有着强烈的责任感，在经费十分困难的条件下，带领师生把一所偏僻的、默默无闻的农村小学，建设得如同一座花园绿岛。同时，身为一校之长的他，仍坚持给学生上课，没课时就坐在教室后面听课。因此，他成为全盐城地区教育战线的一面旗帜，前来参观取经的人络绎不绝。

人们对曹桂生十分敬重，不论大人和孩子，都称他老校长。村干部和乡邻遇到什么疑难杂事，都要登门找他商量。曹桂生在与乡亲们的相处中，始终坚持一个朴素的道理，人来到这个世上，一定要一心向善，千万不能害人。

正是在这种朴素的价值观影响下，让曹文轩一生都保持着谦和、善良的人生态度。

【商战博弈】

在瞬息万变的企业经营过程中，企业家的孤芳自赏与骄傲自大是非常有害的，不仅会妨碍企业做大做强的战略眼光，而且会导致企业的生长空间越来越小。市场是无情的，看似关心纵容子女的行为，不仅会将子女推向了失败的边缘，也会将企业的前途断送。

较早进入电脑领域的王安，辉煌时名列全美富豪榜，他的创造才能甚至与一些著名科学家相提并论，美国的总统还曾亲自为他颁发奖章；但因他和儿子在企业管理中的个人英雄主义太强和过分骄傲自满，最终被迫咽下了公司破产的苦果。

王安在公司中实行的是“家长制”，他认为江山是自己打下来的，公司所有事情自然是他一个人说了算，这种观点他不止一次地当众强调。而且，他的意识还停留在家族式管理模式上，总怕公司的管理权落在外人手里，所以在任命高层管理人员时总是向自己的家人倾斜，而不是从公司的长久发展考虑。

当时公司有个高层管理人员名叫卡宁翰，是与王安一同创业的元老，备受王安器重，而且卡宁翰是公司内唯一一个能给王安提建议并被接受的人。公司上下所有人都认为，在任命公司下一任总裁时，王安肯定会将卡宁翰作为不二人选，因为卡宁翰具有卓越的管理才能，由他来担任公司的负责人，必将使王安公司得到迅猛发展。然而令大家倍感意外的是，王安却让自己的儿子接手了公司。更令人难以接受的是，王安怕卡宁翰夺儿子的权，竟然采取手段将卡宁翰从公司逼走。

公司其他高层人员看到王安让儿子这个外行来管理公司，纷纷表示出担忧，建议王安应再任命一个精通此行的人作为总经理，用以辅助新总裁。而王安一口拒绝：“这是我创立的公司，任命谁由我自己做主，我儿子肯定会干得很好！”王安将公司作为儿子的锻炼平台，这种做法是非常危险的。在公司损失了卡宁翰这员大将后，因为王安儿子的骄傲自大、目中无人，相继又有一大批高级人才被王安的儿子气走，其中就包括与卡宁翰有着同样资历的考卜劳。

考卜劳在研发一个新产品时，王安的儿子自作主张，在没有和考卜劳商量的情况下，就把这个开发新产品的任务交给了其他团队。考卜劳一怒之下，指着新总裁的鼻子说：“好好的一个公司就这样被你瞎折腾，公司早晚要毁在你手里！”考卜劳递交辞职信后不久，又有几名创业元老一同离开了公司。

考卜劳的预言是正确的，王安的儿子既不懂管理，也不懂商场规律。在刚刚就职总裁时，曾夸下海口要开发出海量新产品，但始终没有一种产

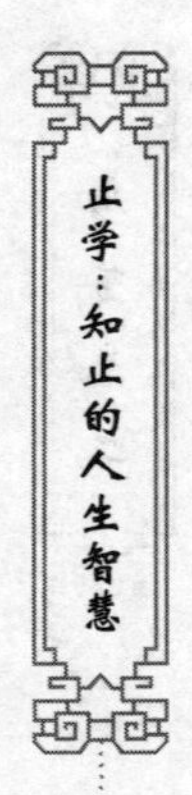

品研发成功。更严重的是，不仅没赚到钱，而且在他任职期间的两年里，公司亏损竟近五亿！

王安这才悔恨不已，只好在身患重病的情况下重新回到公司，撤掉儿子的总裁职位，再次亲自管理起公司的一应杂务。王安希望自己的一系列挽救措施，能恢复公司正常运转，但此时已回天乏力。公司很快倒闭，王安电脑连同它创始人的名字最终被人们遗忘。

利卷三

惑人者无逾利也。利无求弗获，德无施不积。

众逐利而富寡，贤让功而名高。利大伤身，利小惠人，择之宜慎也。

天贵于恒，人贵于明，动之有戒也。

众见其利者，非利也。众见其害者，或利也。君子重义轻利，小人嗜利远信，利御小人而莫御君子矣。

利无尽处，命有尽时，不怠可焉。利无独据，运有兴衰，存畏警焉。

一、利益面前不动心才能成就美德

【经典回味】

惑[1]人者无逾[2]利也。利无求弗[3]获，德无施[4]不积。

【注释】①惑：迷惑。②逾：超过。③弗：不能。④施：施予。

【译文】能迷惑人的，没有什么能超过利益。利益不去追求就不会有获得，仁德不去施行就无法积累。

【为官之道】

纵观古今位高权重的官员，之所以在功成名就后控制不住自己的欲望堕落了，皆是因为从接受别人的小恩小惠开始。如果从一开始就严厉拒绝下属为"联络感情"的小恩小惠，也不至于胃口越来越大，让无可抑制的贪念毁了自己的一生。

东汉羊续为忠臣之后，被任以庐江太守之职。当时权豪之家奢丽盛行，羊续对此极为反感，为了矫正时弊，他以身作则，常穿破旧衣服，吃粗茶淡饭，乘坐老马破车，日常出行只有一名童子随从。

羊续初到南阳时，郡丞为了与他联络感情，送给他一条大活鱼。羊续很为难，本想不收，又怕伤了郡丞情面，枉费了其一片好意；一旦收下，又怕别人效仿送礼之风，如此下去，不好控制。他灵机一动，将鱼收下了，但既没有吃掉，也没有转送给别人，而是将那条鱼挂在庭院当中。

郡丞看到羊续将鱼收下，不久后又送鱼来。羊续便将上次挂在庭院里的鱼拿给郡丞看，郡丞看到干鱼后，只得将这次送来的鲜鱼又拿了回去。别的官员见羊续如此清廉，也就不再向他行贿送礼。

羊续在外为官，妻子带着儿子千里迢迢从老家赶到他的住处，他却闭门不纳。妻子无奈，只好带着儿子又返回老家。不是羊续太过于绝情，而是他既不贪污受贿，又常用自己的俸禄帮助贫困的人，致使自己的住处只有一条布被和一件破衣，数斛麦粮仅能勉强维持自己温饱。后来他向儿子解释道："我自己的生活如此艰难，又拿什么养活你的母亲呢？"

羊续临死时留下遗言，丧事从简，不受任何财物。朝廷下诏书称赞羊续的美德，特从府库中拨出治丧钱，赐给羊续家。

【职场之道】

耐得住寂寞的人，必然在金钱等外在诱惑面前不为所动，也只有这样，才能保持自制自励，脚踏实地，不急不躁，进而取得更大的成功，获得人们的更大认可。

居里夫人一生崇尚科学，多年潜心进行实验研究。经过近四年的努力，她发现了放射性新元素——镭，居里夫人因这一成果而被授予诺贝尔物理学奖，成为世界上第一个获得该奖项的女科学家。

获得巨大成功的居里夫人，被无数光环包围，来自法国、波兰、德国等地的聘书、荣誉接踵而来。她完全可以申请专利，从而坐拥巨额报酬，享受富足安逸的生活，至少不必每天辛辛苦苦地做实验、搞研究了。

然而居里夫人并没有那样做，令所有人都想不到的是，她将提炼镭的方法公布于众。为了躲避繁忙的社交活动和频繁的记者采访，她像逃难者一样化了妆藏到偏僻的乡村，继续进行着日复一日的实验研究工作。在她的不懈努力中，又发现了放射性元素钋，并因这一新成果，而再次登上诺贝尔奖的领奖台。

一位女科学家在不到十年时间里，两次获得世界科学的最高奖，这在世界科学史上创下了新的纪录。同时也让人们明白了一个道理，无论什么时候，无论取得再大的成功，也要保持清醒的头脑，千万不能倒在成功的脚下。

【商战博弈】

当面对利益的取舍时，最能考验一个人的品德。一个成功的经商者，其信誉是靠日常的经累获得。

美国最受欢迎的保险公司名叫伊特纳火灾保险公司，人们之所以都愿意到这个公司投保，是因为当初公司负责人摩根的一次不寻常举动，才成就了公司的诚信品牌。

伊特纳火灾保险公司刚开始运营时，还是一个名不见经传的小公司，没有多少人来投保，公司运营惨淡。为了收录股东，公司打出了无本金入股的招牌，摩根当时正处于想创业却苦于没有资金的阶段，就在股东名册上签了名。

在开始的时候，没有投保人发生火灾，各个股东只想着怎样拉客户赚钱。不久，真的有一个投保人发生了火灾，而且这个投保人的资产数额较大，如果真要赔偿的话，伊特纳保险公司就面临着破产，每个股东只能从自己的腰包里往外拿钱。面对这种情况，所有的股东都开始着手准备退出公司。

摩根因为只做了不长时间的股东，也没有赚到多少钱，但他想，这个投保人发生了意外，如果保险公司不负责任，那么这个人将承受更大的损失；而且，如果不赔偿的话，保险公司的信誉必将受到影响。

摩根东挪西借，卖了自己的房子和汽车，将赔偿承担下来。其他股东退出后，摩根又买下了所有股权。很快，摩根的这一做法不胫而走，伊特纳火灾保险公司一改之前少有人问津的困境，公司门前排起了长队，人们纷纷争着到这里投保；有的人甚至将保险从大公司撤出来，专门到这个信誉度非常高的小公司投保。

摩根的事业由此得到快速发展，不仅还清了所有的债务，而且跻身于大保险公司的行列，时至今日，摩根家族的名字在美国家喻户晓。成就摩根事业的，不仅是一场火灾，而是比金钱更有价值的信誉。

二、比利益更重要的是贤名

【经典回味】

众逐[①]利而富[②]寡[③]，贤让功而名高。

【注释】①逐：追求。②富：财富。③寡：少。

【译文】很多人都去追求利益，但富贵的人反而很少；贤德之人将功劳让别人，他的名望反而却提升了。

【为官之道】

在功名面前，许多人正是受不了诱惑而产生了争功之心，更因争功心切而招致祸端。对于有着过人智慧的能臣，对功名反而看得极淡，却正因此而保全了自身，赢得了美名。

曹操的谋士荀攸，得到曹操的格外器重。曹操赞其为谦虚君子、完善贤人，任以尚书令之高官重任。

作为曹操的重要谋士，荀攸为曹操多次献上奇谋妙策，史家将其与张良、陈平并论，荀攸之所以能在群雄并起的三国乱世闻名天下，不只是因其奇才，更因其从不争权夺利的优秀品德。他在参与谋划军机时，智慧过人，总能在关键时刻助曹操一臂之力，在迎战敌军时，也是奋勇当先，不计个人生死。但在与同僚相处中，却表现得不露锋芒、不争高下，将更多的表现机会让给别人，而将自己的卓著功勋刻意隐瞒，从未在别人面前表露自己的功劳。

曹操狡诈多疑，却独对荀攸高度评价。荀攸与曹操共处二十年，关系融洽，从来不见有人到曹操处进谗言加害于他。当荀攸在出征途中去世时，曹操痛哭流涕，可见荀攸在曹操心中的分量和其不同平凡的人格魅力。

【职场之道】

一个在事业上取得成功的人，即使自己不去夸耀，也会获得别人的赞誉；越是将名誉看得淡泊的人，反而越能获得人们更多的尊重。

同是从事宇航员这一职业，奥尔德林是随同阿姆斯特朗登上月球的人，阿姆斯特朗因是世界上第一个登上月球的人类而广为人知，而奥尔德林却鲜有人知。

当时，两个宇航员返回地球后，人们为其举办了隆重的庆功会。庆功会上，有一个记者向奥尔德林提出一个很尖锐的问题："作为阿姆斯特朗的同行者，他成为登上月球上的第一人，你是否有点遗憾？"这个让众人听起来非常尴尬的问题，奥尔德林是这样回答的："各位，千万别忘了，回到地球时，我可是最先迈出太空的！我是从别的星球上来到地球的第一个人。"风趣幽默的回答让大家都笑了，大家在欢愉的笑声中，给了他最

热烈的掌声。

奥尔德林真诚地分享朋友间的快乐，不在乎“第一人”的荣誉，这种精神令人敬佩。

【商战博弈】

正如患难见真情一样，在别人都去追逐利益而不顾情义之时，才能显示出重义轻利之人的难得。有着长远目光的企业领导者，个人信誉胜过一切，哪怕牺牲自己的利益，也不会随波逐流而违背自己的做人做事原则。

海星集团总裁荣海，从刚创业时的5个人3万元资金，发展到现在，资产已逾10亿，产业涉及计算机、饮品、超市等多个领域，被誉为西部奇迹。良好的个人信誉品牌，助他在事业上取得了成功。

当年，当他的事业刚刚有所起色时，公司的三个副手却背地里已酝酿好了瓜分公司的计划。因为荣海在创建公司时曾说过，海星是大家的，大家都有份儿。现在，他要为这句话付出代价。尽管当初创立海星时，完全都是荣海一个人投资的，三个副手没有投资一分钱，但荣海还是履行了自己的诺言。

就这样，海星几年来积累的几百万元被瓜分一空，留给荣海的，只是海星这块牌子和一些旧机器，而且大部分客户也被带走了。当荣海带着选择留下来跟着他继续干的人们去吃饭时，他动情地说：“你们选择留下来，是对我最大的信任，我一定不辜负大伙儿的期望，一定闯出一片天地来！”

正是有了全公司齐心协力的努力，海星渐渐恢复了元气。荣海通过坚持不懈的努力，拿下了美国康柏微机这一重大项目，这成为海星崛起的重要转折点。随着合作的深入，康柏微机被荣海的诚信打动，使海星拿到了康柏在整个中国的代理权。通过这一时期的资本积累，海星在各地的分公司也得到迅速发展。

通过不正当的手段，也许会获得短期的利润，但在许多人都在金钱中迷失时，不能忘记，比金钱更重要的是一个人的诚信，名誉是多少钱都买不来的。

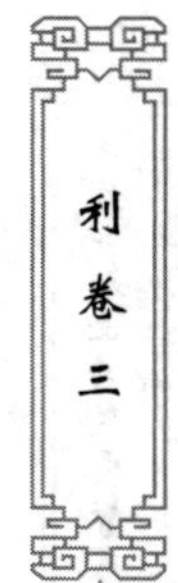

三、利大伤身，利小惠人

【经典回味】

利大伤身，利小惠[1]人，择之宜慎[2]也。

【注释】①惠：惠泽。②慎：谨慎。

【译文】巨大的利益容易伤害自身，小的利益能给自己带来实惠，选择它们应慎之又慎。

【为官之道】

在常人眼中的大名大利，在明智的人看来却潜藏着危险。只有面对金钱、地位等巨大利益时保持清醒的头脑，才能做出正确的判断。

王翦为秦国统一大计南征北战，成为秦王嬴政的得力大将；但同时随其战功愈著，王翦亦时刻担心秦王对自己的猜疑愈重会惹来杀身之祸，时时想尽办法化解秦王的疑心。

王翦带领几十万秦军大举进攻燕国，燕国在强大攻势下节节败退，秦军一举大破燕国，燕国的太子在战斗中被杀死，燕国的国王弃国而逃。秦王听到王翦大胜的喜讯，一拨又一拨地派人赶赴前线，对王翦进行厚赏财物，对其官职一升再升。

身处战场的王翦，被大家的道贺声包围着，但王翦却露出了担心焦虑的神情。他的心腹手下询问原因，王翦解释道："秦王这个人很绝情，用得着你时大加封赏，一旦用不着了必然会想办法把你除掉。如今我手握秦国全部兵力，多疑的秦王必定是担心我谋反，分明是借使者前来封赏之机来探看我的心思。"王翦凯旋回国后，第一件事就是马上向秦王递交军权，自己归家养老，秦王于是放下心来。

在攻打楚国的战争中，王翦同样保持着清醒的头脑。王翦带领着数十万军队向楚国进发，刚走了不远，自己又连忙策马返回面见秦王，向秦王讨要田产，秦王爽快地答应赐予他一万亩良田；又走了一段，王翦又派人去找秦王，为自己索要豪华的宅院，秦王再次恩准；没等要宅院的人回来，王翦又派人赶往王宫，请求秦王赐给他一处打猎的地方，秦王嬴政笑着答应了。

跟随王翦的几个将领对他的小气做法报以窃笑，而王翦语重心长地教

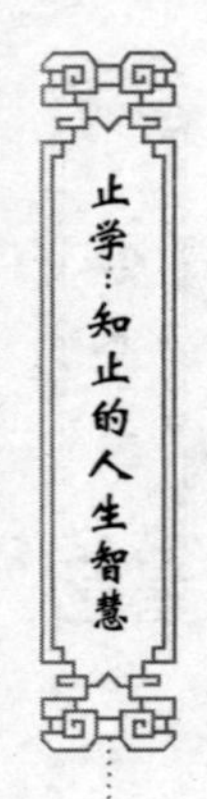

导儿子为官之道："秦国的全部军事力量都在我手中，为了消除秦王对我的疑心，我只能装作心无大志的样子，只盯着眼前的田产房屋小利，让秦王觉得我没有半点儿谋反夺权的野心。我不断地要田要房，秦王才会彻底对我放心。"

王翦再次在攻楚大战中获胜，回国后还是像上一次一样把军权交给秦王，不再参与任何国家大事。秦王果然如前所说，赐给他房屋田产。后来，还将王翦的儿子大加封赏，让他的子孙世袭爵位。

【职场之道】

能够在一个领域取得成就或获得人们赞誉的人，常常在专心致志的做事中而忽略了名利本身。只有内心淡泊，才能对工作全心全意地付出和负责，也才能取得更多更大的成就。

世界知名导演卡梅隆，其执导的《泰坦尼克号》《魔鬼终结者》等影片曾轰动一时，这些获得大奖与口碑的大片，都是投资上亿。人们说，卡梅隆是个很会帮助别人赚钱的导演，同时，但大多数人不知道的是，他也是个很舍得放弃自己钞票的人。

为了能导演自己写的剧本《魔鬼终结者》，卡梅隆连同《魔鬼终结者续集》一起，以只有1美元的价格卖给了他的制片人。到了拍摄《真实的谎言》时，由于需要追加近4000万美元的拍摄资金，卡梅隆又一次放弃了自己本该获得的佣金。到了拍摄《泰坦尼克号》时，投入的资金已达到了天文数字，当制片方提出要缩减预算时，卡梅隆毫不犹豫地放弃了自己导演加制片的报酬近1000万美元，并放弃了日后的分红。因此，尽管《泰坦尼克号》在当时创下了电影史上的票房纪录，但作为导演的卡梅隆，在这部电影中的收益，仅仅是不到100万美元的剧本费。

不得不说，卡梅隆是个对财富看得很淡的人；试想，如果他将心思都用在追求自己的利益上了，哪里还有更多的心思用在电影本身上？说不定这些精彩的影片将无缘与世界观众见面了。很多东西，越是刻意地去追求，它离我们就会越远；相反，越是看淡了名利，越是离成功更近。

【商战博弈】

在创业过程中，很多人存在碰运气的心理，一旦过于贪心，被眼前的巨大利益迷失了判断，就会遭受巨大损失。

香港证券领域中有家公司名叫百富勤，曾经在本领域中数一数二，但在短暂的辉煌过后，该证券行就在亚洲金融风暴中消亡。

20世纪80年代的股市危机过后，股票投资领域没有一家像样的证券公司，百富勤公司就是在这个时候成立的。百富勤充分利用当时的经济环境，及时敏锐地捕捉市场商机，以出手快、看得准、赚得狠的做事风格，不放过任何一笔可以获取利润的交易，在短短几年内，就由一个资产仅有3亿港元的小经纪行发展到总资产200多亿元的跨国集团公司，被称为股市神话。

百富勤涉足的领域实在太广了，而且辐射的地域也不断扩张，它的眼光，全部盯在了短平快的高收益交易中，这种企业发展策略，虽然在短时间内收到了非常明显的效果，但长此以往，其弊端也日益显现。

一般情况下，回报率越高的项目，其风险性相应越高，百富勤在忙于迅猛扩张的发展之路，渐渐放松了谨慎意识，在亚洲市场的投资中，将近6亿美元巨资投到了印度尼西亚和韩国，在总投资额中占到了相当大的比重。市场瞬息万变，印尼和韩国的货币突然急速贬值，导致百富勤在这两个国家的投资遭受重创，因为巨大的经济负债，百富勤无法正常运行，不得不接受倒闭的命运。

一些企业在快速扩张中，常常忽略了自身的承受能力，在实力还不充沛的情况下，想碰运气大捞一把，必然会因决策失误面造成毁灭性的风险降临。

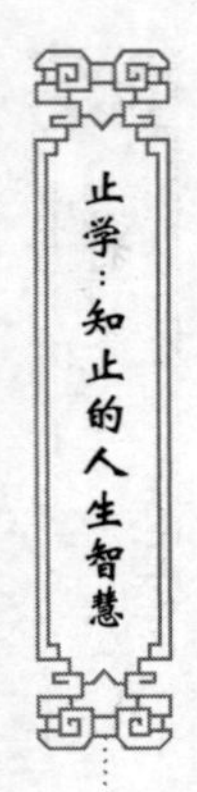

四、人贵在明智有节

【经典回味】

天贵于恒①，人贵于明②，动之有戒③也。

【注释】①恒：有规律。②明：明智。③戒：戒规。

【译文】天道贵在有其规律，人贵在明智有节，行动要遵守戒规。

【为官之道】

与人交往过程中，要时刻注意控制自己的情绪，一味图一时之快而出言严厉，必然会招致怨恨。这就是不能明确判断外界形势的表现，也是缺乏深思远谋的不明智行为。

唐朝的杨炎，与卢杞同为当朝宰相。因卢杞除了善于揣度皇上心意外别无所长，所以杨炎很看不起他，而且表现得太过明显。

唐朝有一项规定，达到宰相级别的，不仅处理公务在一个地方，而且用膳也在一处。杨炎非常讨厌卢杞，就不与他在一处用膳，总是以别的理由另寻用膳之处。有奸佞之徒趁此机会大做文章，故意偷偷找到卢杞打小报告："杨炎这是明摆着嫌弃您啊，分明是不把您放在眼里。"卢杞本来就是小心眼儿，听到别人的煽风点火更加气得不得了，总想找机会狠狠报复杨炎。

卢杞刻意搜罗杨炎平常工作中的失误，然后常常到皇帝那里说杨炎的坏话。杨炎被皇帝指责后，更是直接找卢杞去理论，两个宰相斗得不可开交，到了水火不容的地步。卢杞凭借溜须拍马的伎俩，在皇上面前有着比杨炎更多的话语权，后来终于让他等来了报复杨炎的机会。

皇上想派担任淮西节度使的李希烈前往平定叛军，杨炎进谏说："不可派李希烈去。李希烈凶狠无情，他没有功劳尚敢傲视朝廷不守法度，倘若平叛有功，以后就更不好控制了。"然而皇上已下定决心，不采纳杨炎

的建议；不会察言观色的杨炎一再反对，惹得皇上更加生气。

李希烈率军出发后，恰逢一连好几天雨下个不停，造成行进速度非常缓慢。皇上召卢杞进宫，想听听他的看法，卢杞为了陷害杨炎，故意说道："李希烈之所以走走停停，就是因为受杨炎的影响，李将军担心杨炎在皇上身边一直说他的坏话。皇上为了安抚李将军，可以假意免除杨炎官职，等李将军平定叛乱后再将杨宰相官复原职。"

皇上在卢杞蛊惑下，立即撤去杨炎的官职。卢杞借此机会，马上到处网罗编造杨炎的各种罪状，又在皇上面前强烈要求重治杨炎之罪，可怜经常与卢杞正面冲突的杨炎，被一贬再贬，最终又被皇上下令自杀。

【职场之道】

不经历奋斗与收获，就不能更清晰地看清自己的人生方向，在未来的世界里，那种以自我为中心、自我满足、自以为是的人，注定不能适应社会。

杨澜曾因主持中央台的一档综艺类节目而被大众熟知，以其卓越的表现在全国各类主持赛事中屡屡获奖。在她获得首届"金话筒奖"的时候，也是主持生涯走向辉煌的年纪，她竟然做出了一个令中央电视台和全国观众都非常吃惊的决定——不再做主持，去往国外学习深造。

杨澜谈起缘由时说："虽然今天的主持事业看起来非常成功，但随着年龄增长，必然会失去原有的优势。如果一个人不时刻充实自己，前程注定是短暂的。"在美国深造完回国后，杨澜又在凤凰卫视开始了新的挑战，担纲推出了一栏新节目《杨澜工作室》，很快，《杨澜工作室》就以出色的制作水平享誉全球，得到了外地华人的普遍好评。在凤凰卫视创新探索期间，杨澜在此领域的眼界更加广阔，更多的鲜花与掌声包围着她，同时，她也继续探寻着更远的发展之路。

就在她的事业再次到达巅峰时，她再次做出一个突然的决定，向凤凰卫视递交辞呈，在万众瞩目的舞台上消失。杨澜对此的解释是："与事业的成功相比，家庭的幸福更加重要。"

没过多久，总是让人捉摸不透的杨澜，又一次在人生道路上做出了新选择，宣布和丈夫一起买下了良记集团，经过重组后开启了文化创业之路。她在新闻发布会上，对于电视市场的未来前景做了雄心勃勃的描

述。后来，当阳光卫视创办失败后，杨澜又一次将职业目标调整到传媒人士上，她与国内多家一流电视台合作，主持《杨澜视线》《杨澜访谈录》《天下女人》等节目，并多次参与北京奥运会等重大活动，不断追求更高更远更灿烂的目标。

【商战博弈】

没有一种行业能够长盛不衰，当面对发展困境的时候，就要学会将自己归零，只有果断放弃才能赢得更远的未来。尽管舍弃从前熟悉的领域是艰难的，可是如果死守着一个没有发展的领域，只会浪费更多的时间与机遇。

阜康钱庄的负责人对胡雪岩非常信任，临死之前，将钱庄托付给了胡雪岩。因为当时的社会环境，钱庄业务日渐冷落，所以胡雪岩接手后，一边维持着钱庄运行，一边谋划着做其他买卖的打算。

当时，正是清政府与太平天国对抗最激烈的时候，双方都在加紧筹备粮食，所以粮食市场非常有潜力。胡雪岩马上将大量资金投入到粮食买卖中，并很快取得了较大的收益。正当他对选对了投资方向而高兴不已时，清政府忽然改变了粮食收购渠道，不再固定较大的粮商作为供应渠道，而是在军队驻扎的地方就近买粮，胡雪岩的粮食买卖直接受到了此国策的冲击，造成了大量积压。

朋友获悉这一情况后，前往胡雪岩的住所，想去开导开导他，让他不要太发愁。没想到的是，一见到胡雪岩，胡雪岩就兴致勃勃地和他谈起了正准备投资的生丝买卖。当朋友为胡雪岩的粮食投资生意出谋划策并劝他不要着急时，胡雪岩云淡风轻地一笑："我并没有再对粮食买卖耗费太多精力，已经准备从这个领域撤出了，把经营策略完全放在生丝上了。"

在胡雪岩看来，一个领域的买卖遭遇挫折的时候，千万不能认死理跑到黑；而是要适时调整思路，试着换个方向去努力，才能获得新的成功。

五、常人所见之利非真正的“利”

【经典回味】

众见其利①者，非利也。

【注释】①利：利益。

【译文】许多人都能看见的利益，就不是利益了。

【为官之道】

目光长远之人，能够看到一般人所不能意识到的潜在危机或潜在利益，所以能做出超出常人的正确判断，从而能够把握住更大的机遇。

因为刘备的军队在火战赤壁一役中也出了不少力，所以，战事结束后，长期苦于没有立足之地的刘备，前往东吴，想把荆州借过来作为自己的根据地。

刘备一提出这个要求，立即遭到了东吴大多数人的普遍拒绝，大家都认为刘备此人心藏大志，而且身边还有许多贤臣良将尽心效力，一旦让他有了根据地，他一定会在很短的时间内扩充力量，必然会逐渐成为东吴的另一大对抗力量。很多人向孙权建议，不如趁刘备只身前来的机会，把他软禁起来，用美女消磨他的意志，然后挟制他，攻占他的地方。

东吴群臣中只有一个人的观点与众不同，建议借予刘备，此人便是鲁肃。鲁肃的观点是：目前曹操仍是力量最大的敌人，东吴刚占领荆州，民心不稳，把荆州借给刘备，正好可以让他安抚民心，为东吴抵挡曹操，又给曹操多树一敌。孙权力排众议，采纳了鲁肃建议。

谋图东山再起的曹操，在听闻刘备借荆州获得成功时，脸色大变，以至于笔落于地而不自知，鲁肃的策略之正确由此可见。借予荆州此举像是东吴吃了很大的亏，但起到了一石二鸟之效——牵制了曹军，巩固了盟友。正是鲁肃这一长远战略，才促成了之后的三分天下之全国大势。

【职场之道】

过于贪图眼前的安逸，往往会将美好的时光白白耗费，凡是在社会上有所建树之人，都有过内心痛苦的抉择与艰苦环境的历练。不被眼前的利益迷惑，才能迎来人生中更大的成功。

美国曾有一家杂志对全世界年轻富豪进行排名，网易公司的年轻总裁丁磊名列前二十名，并在当年登上中国内地年轻富豪榜首位。他之所以取得这样的成就，与不安于过朝九晚五的打工生活有直接关系。

丁磊大学读的是物理专业，毕业时，他做了人生中第一个不同寻常的决定，放弃读研深造的机会，回到老家宁波电信局，因为电信局为他喜爱的计算机领域提供了平台。在电信局工作期间，他了解到Internet之后第一次使用便发现了“Yahoo!”，这个体验让他感觉十分新奇，并且一个想法在心中渐渐成形，那就是在信息服务业务上开拓市场。他向电信局建议，却迟迟等不到结果。

他思虑再三，做出了又一个在当时看来离经叛道的决定，放弃电信局这个铁饭碗，去广州闯荡。经过面试的屡屡碰壁和生活的拮据，他深深体会到了生存之艰难，最后才进入到外企工作。这份工作让他的生活有了不小的改善，换作常人，或许会安于现状沾沾自喜，但对于丁磊来说，整日的数据库整理和程序调试让他觉得过于平淡，而且这也与他来广州的初衷相背。

为了拓宽自己的视野、丰富自己的知识，他再次做出一个重要决定，辞掉了这份外表光鲜的高薪工作。此时的他又一次萌发了要开发Internet相关业务的想法，他为了一边学习巩固相关技术，一边积累资金，同时又找到了一份新的工作，成为广州一家ISP的总经理技术助理。在这里，他终于在感兴趣的BBS领域有了突破，在忙碌而艰苦的工作中，内心不断充实的他看到了Internet的前景。

经过前期的历练与知识积淀后，1997年，丁磊终于成立了对IT界影响深远的公司——网易。“人生是个积累的过程，你总会跌倒，即使跌倒了，你也要懂得抓一把沙子在手里。”丁磊对当初一次次跳槽时经历的困难如此简单地总结，阐释着有小舍才有大得的职场智慧。

【商战博弈】

一个经商者是否具有远大的目标，是否具有三思而后行的谨慎思维，往往决定了其是否能取得巨大成功。对于优秀的商人来说，远见告诉其可能会得到什么东西，远见召唤其去行动。

第二次世界大战终于停止，多国经过共同议定，准备联合建立一个国际争端的组织，命名其为联合国。为了方便各国往来，联合国总部的首选地应是交通便捷、商业繁荣的地带；然而，不论在哪个商业繁荣的地区，购买地皮、建筑楼房等都要有大量的资金支持，作为新成立的组织，当然是拿不出这一笔钱的。

正在联合国总部为资金问题为难之际，洛克菲勒家族伸出了无私援手，非常痛快地拿出近1000万美元，在纽约最繁华的地段买下一块土地，无条件地捐赠给联合国。人们不禁很惊讶，不明白洛克菲勒家族出这么高的价钱买土地免费赠送给联合国能有什么好处。

可是他们并不知道，当洛克菲勒家族花大价钱买下土地捐赠给联合国的时候，也同时以极低的价格买下了与这块土地相邻的全部土地。等到联合国大楼建起来后，四周的地价立即成倍飙升，洛克菲勒家族当时以极低价格买下的土地，此时又以极高的价格被抢购一空。此时，没有人能计算出洛克菲勒家族凭借毗邻联合国的土地赚得了多少个1000万。

这就是有着长远目光的大企业家手笔，当他迈出了第一步时，普通人不会知道他的方向在哪里。等到他快速前进的步伐已经接近成功终点时，人们才恍然大悟，可是事情已经瓜熟蒂落了。

六、坏事并非有百害而无一利

【经典回味】

众见其害①者，或②利也。

【注释】①害：不利。②或：有的。

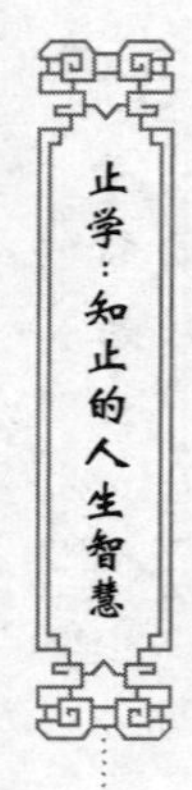

【译文】许多人都看到的不利方面，有的却是有利的。

【为官之道】

福与祸相依，有时看似是上天的不公平待遇，却恰恰在其中蕴含了幸运的机遇。

开启“文景之治”的汉文帝刘恒，能够登上皇帝之位，其中经历非常曲折。

汉文帝的母亲只是一个小国的宫女，刘邦有次见到后很喜欢，就把她领了回来，封为侍姬。她虽然得到刘邦的宠幸生下了男婴，但随后再未得到刘邦的宠爱。她的地位在后宫中非常卑微，这种生活环境也影响了她的儿子刘恒，养成了刘恒谨慎从事的性格。

刘邦驾崩，吕后马上对刘邦生前宠爱有加的后宫诸人展开大肆杀戮，没有一个人逃过杀身之祸，为了巩固吕氏政权，很多刘姓子孙也难以幸免。汉文帝的母亲因为当年被刘邦冷落，以至于人们都忽略了她的存在，她才得以顺利地带着儿子远去代地生活，从而侥幸逃离了政治纷争，恰好帮刘恒躲过了吕后的迫害。

当年忠心于刘邦的一批开国元老，静等着消灭吕氏势力的最佳时机。等到吕后死后，马上将吕氏余孽进行彻底铲除，同时物色着新的皇上人选。经过一致商定，大家都认为性格慈善的刘恒最合适。

就这样，在刘邦那么多儿子中曾经最没有希望当皇上的刘恒，反而成为这场政治纷争中的最大赢家。

【职场之道】

在善于思考、勇于创新的人眼中，这个世界上没有真正的错误，只有被忽略的智慧。只有在常规的工作中不断发现不寻常的亮点，才能让自己的职业生涯永远充满光明。

在世界电影领域，有一位剪辑大师名叫迪蒂·爱伦，在她的职业生涯中，由她创造的多项技术手法得到全球普遍好评，许多技术至今还在各国广泛使用。其中最著名的便是“错位剪辑手法”。

爱伦初涉电影领域时，在美国一个电影厂一边打工干些零活，一边跟着当时非常有名的剪辑师学艺。有一次，老师带着她一起参与电影《江湖浪子》的剪辑，因为爱伦此前从来没有受过专业系统的教育和培训，所以老师只让她负责一些微不足道的零碎事情。爱伦兢兢业业地努力工作，甚至在别人都已下班回家了的时候，她还在剪辑室里埋头干活。

老师看到她如此热爱学习，深受感动，就将一个很短的电影片段交给她处理，让她有了第一次锻炼机会。然而爱伦却没有很好地完成这个小任务，她的工作失误非常不应该，在专业剪辑师看来太幼稚了：影片中的声音与画面严重错位，在观影人看来，第二个画面出现时，画外音还是第一个画面时的声音。

她的老师带着失望的表情，严厉地对她说："马上把这些低级错误修改好！"惭愧的爱伦开始一点点地修改。猛然间，她眼前一亮，产生了一种对原有剪辑技法进行创新的冲动。在这个念头的驱动下，当她再次观看这个小短片时，竟因声音与画面的错位而产生了一种不一样的观影感受。她想，如果将这种新技术应用到整个影片中，必然开启一种新的观影体验。她一夜未睡，没有按照老师的要求改正原有错误，反而把这种错位技法应用到长达数分钟的影片片段中。

第二天，当大家看了爱伦剪辑的影片片段后，包括导演和剪辑师在内的所有人都被这种效果惊呆了。导演立即决定由爱伦全权负责，把这种剪辑手法运用到整部影片中去。影片上映后，这种错位技法果然在观影者中引发广泛好评，许多大电影厂也纷纷效仿。

在接下来一部接一部影片的磨炼探索中，爱伦在电影剪辑方面的突出才能得到更大程度的发挥，渐渐成为全球知名的剪辑大师，似明星般闪耀在世界电影的舞台。

【商战博弈】

在多数人认为是赔钱生意时，只要敢于打破常规适当变通，有时会有意想不到的惊喜降临。

在美国商界奇才尤伯罗斯受政府委托接手第二十三届奥运会之前，前几届奥运会主办国都在承办过程中负担了巨大的财政赤字，加拿大亏损10亿美元，莫斯科奥运会总支出达90亿美元。

尤伯罗斯接过这个烫手山芋后才发现，奥运会承办方连办公地点都没有，更别说通信器材、办公人员了，这需要他白手起家。尤伯罗斯决定破釜沉舟，他以1000万美元的价格将个人的旅游公司股份售出，打破原有奥

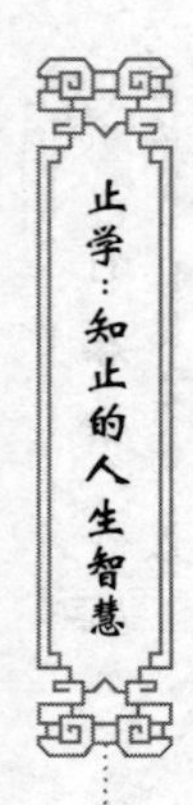

运会的运作方式，将其商业化。

为了最大限度节约开支，尤伯罗斯先做出声明，自己不要一分钱工资，号召社会上的志愿者加入到奥运会筹备工作中。在解决场馆问题上，他与当地的体育场联系，并把当地的三所大学宿舍用作奥运村，仅此项措施就节约了10亿美元。他还首创了奥运圣火接力跑活动，当奥运会在希腊点燃圣火后，准备在美国本土进行全长达3万里的圣火接力，全程圣火传递权以每里1500美元出售。尤伯罗斯还将商业视线投向赞助商，对他们做出硬性规定，只有赞助一定数额以上的企业，才能在奥运场馆内打广告，仅此一项就赢利达1亿美元。

最大的收益来自独家电视转播权转让，尤伯罗斯对多个电视台的转播权进行公开招标，最终美国广播公司出价2亿多美元拔得头筹。尤伯约翰还将广播电台的转播权进行出售，开创了历届奥运会的新模式，三大广播公司为奥运会提供了近1亿美元的收益。他还与商场共同推出了奥运会文化创意产品，又赚了一大笔。

在尤伯罗斯的市场运作下，原本每届都赔钱的奥运会，此次获得收益近3亿美元。在奥运会结束时，当时的国际奥委会主席的萨马兰奇向尤伯罗斯颁发了一枚特别的金牌，社会媒体盛赞此为“有着最大含金量的一枚金牌”。

七、利益能够驱使小人却不能驱使君子

【经典回味】

君子重义轻利，小人嗜[1]利远[2]信，利御[3]小人而莫[4]御君子矣。

【注释】①嗜：痴迷，贪恋。②远：远离，背离。③御：驱使。

【译文】君子看重道义而轻视利益，小人却贪恋利益而远离信誉，利益能驱使小人却不能改变君子的行为。

【为官之道】

人的欲望是无止境的，如果对于一己私欲不加控制，就很容易被眼前的名利所迷惑。君子却能沉得住气、能经得住诱惑，使自己的声誉性命得以保全，更能成就大事。

曾国藩剿灭太平军之后，功名事业达到制高点，御封太子少保，被皇上任命管理江浙四大省的军机事务，又封一等毅勇侯、武英殿大学士，加太子太傅，赏双眼花翎，任两江总督。

曾国藩可谓一人之下万人之上，被朝廷上下誉为砥柱之臣，于是就有人鼓动他趁手握重权自立为王。一次大胜归来后，有个官场同僚写了一联庆贺，联中有“王侯无种，帝王有真”字样，曾国藩一见大惊，马上撕烂，对同僚严厉训责。曾国藩寿辰时大宴宾客，有个朋友喝醉后，在书房内写下了“东南半壁无主，我公其有意乎”几个字，也是劝曾国藩拥兵自立为王，令曾国藩惶惶变色，马上揉烂宣纸。左宗棠也曾写过“神所凭依，将在德矣；鼎之轻重，似可问焉”以劝曾国藩，曾国藩则将“似”改成“未”以表心迹，表明自己的低调为人。

极度冷静的曾国藩，为了让朝廷彻底相信他无称帝的野心，主动削弱自身军事力量，裁撤自己的权力之本——湘军。短短两三年间，裁军数量达到近十万人，而且裁军的重点是其弟的军队，到最后曾国藩统领的军事力量只有区区不足三千人。

正是因为曾国藩不轻易为名利动心，所以上能得到帝王的信任，下得到了百姓的拥护，高官厚禄，得以终老。

【职场之道】

在追求梦想的道路上，应时刻不忘自己的初心，无论遇到什么样的困难和诱惑都不应有所改变。如果在困难和诱惑面前迷失了自己，那样的人生反而更加曲折。

著名影星凯特·温斯莱特，虽然年纪轻轻，却5次获得奥斯卡奖提名，从1995年获得第一次提名，到2009年接得桂冠，时间跨度达14年。

当她第一次获得提名后不久，就有众多好莱坞导演与她接洽，希望她能够接拍商业影片，片酬价码都数以千万计。在众人的极力劝说下，她挑剔地看着一个个充满商业味道的剧本，经过一段时间的考虑后，她说了一

句令人震惊的话："我不想做好莱坞商业片中的碎片，我真正想当的是一名演员，而不是所谓的超级明星。"

她坚持着自己的精神信仰，将近在眼前的金钱声名置之不顾，从繁星闪耀的好莱坞隐身退去。全身心地投入到自己真心喜爱的影片中去，她从未担心自己的观众是多是少，不懈地追求着电影表演中的本心，用自己的内在精神塑造着一个又一个或大或小的角色。她执着的脚步，在世界各地行走，为自己的表演能力时时充电。

上天不会辜负执着追逐梦想的人，当温斯莱特就要被观众忘记时，她又以一部堪称经典的电影华丽出场，并以在电影中的出色表演，站上了奥斯卡的领奖台。也许在外人眼中，她的表演之路伴随着太多坎坷，但在她自己看来，她的前进之路，始终有远方的理想为伴，正是这种对理想的坚持，才会在面对任何诱惑时不改初心。不在诱惑中迷失自己，才能在追逐梦想的道路上勇往直前。

【商战博弈】

贪婪是很多人无法解开的心结，贪婪带来太多的心理负担，比如负疚、忧惧等负面情绪。往往是什么都不愿放弃的人，结果什么也没有得到；反而是那些懂得放弃的人，才能摆脱利益所带来的烦恼，欣赏到人生另一番美妙风景。

谢英福年轻时就开始到南洋闯荡，从一个只有不到十块钱的穷小子，成为华裔巨富。当他事业成功后，并没有成为金钱的奴隶，他用自己的成功回报社会。

马来西亚国内有个国营大工厂，因为经营不善造成巨额亏空，资金亏空近2亿。为了能让工厂起死回生，马来西亚的领导人亲自同谢英福商量，问他是否能当工厂负责人，以使工厂恢复正常运行，谢英福毫不犹豫地接过了这副重担。这在很多人眼中简直不可思议，都认为谢英福犯了大糊涂，像这个亏空如此巨大的工厂，仅靠一堆落后的设备、一帮散沙似的职工，想要实现赢利比登天还难。

虽然外人说三道四，但谢英福没有任何后悔，他诚挚地说："我年轻时到达这片土地，从身上不到十块钱走到了今天，是这片土地给予我名利。如今这片土地需要我的帮助，即便不能挽救这个工厂，那也只不过相当于

丢了当初的不到十块钱。”

本该颐养天年的谢英福，离开了宽敞舒适的豪宅大屋，开始吃住在环境艰苦的工厂，他象征性的工资是马来西亚币1元。一年，两年，到了第三年，这家国有企业的赢利越来越多，已经超过了1亿，凭借出色的管理，谢英福令一家濒临倒闭的企业成为东南亚地区的行业巨头。当谢英福再次被成功的光环包围时，只不过淡然一笑说：“我认为又重新捡到了当初的不到十元钱。”

谢英福放着大把的钱不赚，而是时刻想着如何回报社会，也许在外人眼中是愚蠢的，其实是大智大勇大善，最终成为大家。

八、追求利益要有度

【经典回味】

利无尽[①]处，命有尽时，不怠[②]可焉。

【注释】①尽：穷尽。②怠：懈怠。

【译文】利益没有穷尽的地方，生命却有终了的时候，不懈怠就可以了。

【为官之道】

面对各种各样的诱惑，我们应当控制住自己那些不合理的欲望，学会适当放弃不应得的利益，不存非分之想，不贪得无厌，这才是明智的做法。

鲁国大臣公仪休特别爱吃鱼，在他升任宰相后，鲁国各地官员纷纷争着给他送鱼。可是公仪休吩咐管事，不管是谁送来的，一律不准收下。

公仪休的弟弟看到各地官员送来的鱼都被退了回去，对哥哥小题大做的做法很是不解：“你不是最喜欢吃鱼吗？现在有这么多官员将鱼送上门来你却不接受，只不过是几条鱼而已，收下也不是什么大不了的事啊？”

公仪休答道：“正因为我爱吃鱼，才不收下他们送来的鱼。他们不

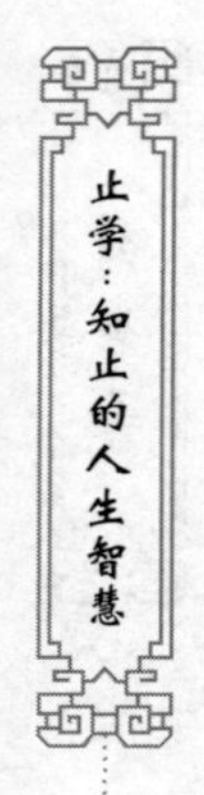

是真的喜欢我才送鱼来，而是喜欢我手中的权力，希望我用权力去偏袒他们，为他们办事。吃了人家的鱼，就要给送鱼的人办事，执法必然有不公正的地方；不公正的事做多了，天长日久哪能瞒得住人？轻则宰相之职被撤，重则招致杀身之祸，到那时我不管多想吃鱼，哪里还有命吃鱼？现在我不接受他们的鱼，公公正正地做事，尽职尽责地为官，靠自己的俸禄完全可以满足吃鱼之欲，这才是长久之道啊！”

有不死心的官员，偷偷将一些鱼送到公仪休家中，公仪休一看无法退回，就把鱼挂到家门口，直到几天后鱼变得臭不可闻才扔掉。自此以后，再也没有人敢给他送鱼或向他行贿。公仪休因廉政守法得以保身终老并流传后世。

【职场之道】

谁都想成为某个领域的佼佼者，谁都想成为别人眼中的成功人士，但所有外在的荣誉、地位、金钱都是以身体为资本，如果以付出健康甚至生命为代价，再多的名利也失去了意义。

高鹏是一家广告公司的创意设计，他的女朋友是同一家公司的文案，两个人在工作中配合默契，成为公司里人人称羡的佳偶良缘。

但随着时间的推移，一年一年过去了，同事们却迟迟等不来两人的结婚喜帖。并不是他们的感情出现了问题，而是高鹏的职位越来越高，工作越来越繁重，以至于根本腾不出时间来结婚。女朋友有时陪着他加班，看着他一支烟接着一支烟抽冥思苦想的样子非常心疼，而高鹏总是安慰她说，只要再拼一阵子就好，等存够了钱，就可以自己创业不那么累了。

不久，女朋友怀孕的消息，给高鹏带来了惊喜，也让他终于下了结婚的决定。老板送给他们10万元礼金，说是给高鹏的创业基金，从此变成了同行，大家要互相帮忙。高鹏也爽快地答应老板，要在婚前完成最后一批广告设计。

为了尽快将设计赶完，高鹏几乎是每天都加班到凌晨三四点才回家，迷迷糊糊睡到中午，又回公司继续加班。这种状态连续将近一星期，他终于完成了所有设计，交接了所有业务。而此时距他们的婚礼时间只剩下不到20小时。女朋友劝高鹏什么都不用管，先好好睡一觉，养足精神。

然而，让所有人想不到的是，高鹏这一睡就永远没有醒来。一个正值大好年华的青年，就这样因为长期的过度劳累而猝死，喜庆的婚礼变成了悲痛的葬礼。

职场的成就感是用生命来保障的，一个连健康都无法保障的人，是很难在职业奋斗中体味到快乐和幸福的。

【商战博弈】

企业在发展过程中，当经济价值达到一定程度后，就不应无限度地将追求经济利益作为企业的最终目标。作为企业领导者来说，应将社会价值放到比金钱更重要的位置。

勒纳在继承了莱思勒石油公司的巨额资产后，并没有像其他新任总裁那样对公司进行大规模扩张，也没有一味地想着如何赚取更多的利润，而是将公司资产做起了“减法”。

勒纳对公司的资产进行全面盘点后，留出一部分作为家庭所需，再拿出部分资金维持公司的日常运营，做好预算后，还剩下7000万美元。勒纳又从7000万元中拿出3000万元，为家乡建起了一所大学，其余4000万元全部捐给了社会福利基金会。

许多人对勒纳的做法感到无法理解。勒纳说：“对我而言，即便有再多的钱也没有更大的意义，只要够吃喝用度就可以了。减去资金，也代表着减去了生命的负担。”

在人们的印象中，勒纳永远都是精神饱满，乐观积极。当一场海啸令公司损失了1亿美元时，勒纳却依然能在董事会上谈笑风生，他说：“虽然我失去了1亿美元，但我还是比很多人富有，我有什么理由悲伤呢？”

看淡了金钱利益的勒纳，以这种善做人生减法的态度，快乐地走完了近90年的人生旅途。在他的墓碑刻着这样一行字：“看淡利益，做人生的减法，是获得长久幸福的秘诀。”

九、人要学会心存畏惧

【经典回味】

利无独据[1]，运有兴衰，存畏警[2]焉。

【注释】①据：占有。②警：警醒。

【译文】利益不能独自占据，时运有好有坏，心存畏惧就能警醒了。

【为官之道】

身处再高的官位，也不可能永远地占据，官位越高，就越应该低调为人，才更能赢得别人的尊重。

东汉明帝时期，皇后马氏不仅容颜端庄秀丽，而且具有非常出色的治国理政之才。每当皇上为一些重要国事为难时，她总会发表非常有见地的思路，为皇上解除忧愁，令皇上大为赞赏。同时，她时刻不忘自己年少时的艰难，身处高位却时刻保持着低调做人的言行。

明帝驾崩后，汉章帝继承皇位，马皇后成为皇太后，为了用明帝曾经的言行来教育现在的汉章帝，她开始撰写明帝的起居注。皇太后有个亲哥哥，曾负责皇上的健康及用药，按道理可以在起居注中予以记载，但皇太后只字未写。章帝知道后，劝说皇太后："舅舅的辛苦付出大家都有目共睹，受了这么多年的累，哪怕是在书中提上一句，也让他有所慰藉啊。"皇太后还是没有同意："都是应尽之责，没有必要大肆宣扬表功。"

她从不凭借自己的地位为亲戚谋私利，反而对亲戚们平日里的言行要求严苛。她曾向京城官吏们表示："如有马家亲戚违犯法令，必须从严惩治，如果不称职就罢他们的官。"汉章帝即位不久，想给几个舅父升官封爵，一些拍马屁的大臣也怂恿年轻的皇帝这样做，皇太后坚决不同意，她说："从汉高祖建国时就立下规矩，没有立下大功的，就不能封其爵位。没有任何功劳就封赏舅父们，就是违背祖训。"年轻的章帝听后深受感

动，开始鼓励舅父们通过建功立业来获封侯爵。后来，他的一个舅父在几次领兵作战中立下战功，才被任命为车骑大将军。

马太后在许多类似情形下都表现出超人的气度，也表明了其具有心存敬畏警醒的远虑深思。

【职场之道】

工作生活中，总有很多突如其来的变故，对待这些不可预知的外在变化，职场人士要有一颗感知忧患的警醒之心。

当全球范围内的经济危机爆发后，没有一家企业能够幸免，日立公司也不例外。面对公司日益艰难的处境，高层经过慎密商讨后，做出了一项惊人的人事管理决策。

公司宣布，暂停60%职工的工作，并让职工马上离开公司，安心在家中等待复岗通知。在家待岗期间，由公司按照少于原工资2%~3%的标准提供补助。此政策一宣布，好多职工表示不理解，认为这对缓解公司的经济困境并无太大的作用。后来才明白，那些待岗在家的职工虽然也能拿到工资，但在无形中增加了自我忧患意识。

随后，公司又将这一管理决策在中层、高层中实行，在提供补助的标准上进行了更大比例的压缩。同时，在通知复岗人员上班时，又将上班时间推迟了二十天，促使员工一进入公司便产生了职业危机感和责任紧迫感。

在这种待岗策略推行一段时间后，公司的工作氛围变得与之前完全不同，从普通职工到中层高层，大家都全力以赴地投入到工作中，为公司早日走出困境而团结一心地努力。这种策略的成功还表现在公司利润上，因为公司上下集体忧患意识的加强，不到一年的时间，获得的利润较同期增长一倍，达到近400亿元。

【商战博弈】

市场本就是机遇与挑战并存，只有把握好机遇，从消费者角度考虑问题，谨慎经营，心存敬畏，才能一步步走向成功。

创立了腾讯这一互联网巨头的马化腾，并不像其他成功者一样“明知山有虎，偏向虎山行”，而是谨慎思考，谋定而后动。

马化腾在经营管理中，总是对自己的选择与决定进行反复自问：“自己对这个行业是否真的了解掌握？用户如果不使用自己公司开发的新功能

到底有何损失？即将开发的新产品与同行比好在哪里？”

马化腾大学毕业时，IT行业还未兴起，在反复考虑过自己的网络专长和兴趣后，他开始了公司的初期运营；腾讯公司在运行过程中，他依旧不断地提醒自己，要充分利用自己的专长和热爱自己所从事的领域，并且他还把这种经营理念传达到公司员工。正是他的这种以牢固掌握技术为核心的理念，专注于技术的开发和提升质量，才使他在中国IT界有了一席之地；找准专攻，无疑是减少市场风险的一种有效方式。

当国内寻呼通信行业正在走下坡路时，腾讯新开发的QQ注册量却与日俱增，马化腾没有盲目拓展QQ业务，而是反复询问自己怎样才能保持竞争优势，后来他采取了比较保守的多面开花战术：其一，丝毫不放弃原有业务的利润追求；其二，从用户需求出发，开发QQ新业务；其三，在社会各界寻求风险投资的支持。

这种谨慎的态度，将腾讯开发新项目的风险降到了最低，事实证明这一策略是完全正确的——不久之后，由于腾讯开发的OICQ聊天软件被控诉，腾讯进入了一段低迷期，但同时QQ却被越来越多的网民所了解和使用。马化腾在充分验证QQ的市场前景后，才决定集资开发QQ，将其在更大范围内推广。

腾讯对市场局势的把控和不断反省的谨慎经营态度，使其最终站在了众多网络服务公司的前列。

辩卷四

物朴乃存，器工招损。言拙意隐，辞尽锋出。

识不逾人者，莫言断也。势不及人者，休言讳也。力不胜人者，勿言强也。

王者不辩，辩则少威焉。智者讷言，讷则惑敌焉。勇者无语，语则怯行焉。

忠臣不表其功，窃功者必奸也。君子堪隐人恶，谤贤者固小人矣。

一、朴实无华，方能长久

【经典回味】

物朴[①]乃存，器工[②]招[③]损。

【注释】①朴：朴实无华。②工：精致。③招：招致。

【译文】简朴的物品能保存长久，越是精美的器具越容易被损坏。

【为官之道】

越是将心思放在阴谋诡计上面的人，越容易自食恶果，那些待人以诚、做人简单的人，反而会赢得别人的长久信任，获得更多的福报。

西汉时的卫绾，因善于驾马而当了郎官侍奉文帝，后来因多次立下功劳被连连升官。卫绾虽无超人才能，但忠厚谨严超过一般大臣。

景帝还没有继承皇位时，曾招呼侍奉父皇的几个人一起饮酒，卫绾恰逢身体不适而未到，太子心中有些不高兴。文帝临死时嘱咐景帝："卫绾是忠厚人，你可要好好待他。"景帝虽然还是有些责怪卫绾，但没说出来；卫绾心里感动不已，工作更加谨慎而勤勉。

景帝去巡猎，带着卫绾一同前往，在路上景帝问卫绾："我有一次召集大家喝酒，你为什么没去呢？"卫绾赶紧说："臣死罪。当时我真的是生病了，真的是。"景帝看他一脸真诚，才真正原谅了他，赐给他宝剑作为奖赏。

皇上赐予宝剑，换作别人一定是高兴地接受，而卫绾却拒绝说："先皇已经赐给我很多把了，我何德何能，绝不敢再接受皇上赐予的宝剑了。"景帝说："很多人都喜欢宝剑，你多了可以用来交换和买卖啊，难道父皇赐予你的宝剑一直留到了现在？"卫绾说："都在。"几把宝剑拿来后，景帝仔细一看，竟然都未磨损一丝一毫，于是对卫绾的一片忠心大为赞赏。

卫绾对别人也是宽厚诚恳，在一起共事的人工作有失误时，都是由卫绾顶罪承担；而卫绾得到皇上奖赏时，却常常让给别人。皇帝因其廉朴公正忠厚诚实而封其为河间王太傅，后又升建陵侯、太子太傅、丞相，不仅给他的赏赐特别多，而且委其辅佐少主的重任。

【职场之道】

要想在任何一个领域取得令人瞩目的成绩，没有任何捷径，只能靠心无旁骛地刻苦努力，用看似笨到极点的办法，反而能将那些自以为聪明的人远远超越。

获得诺贝尔奖的科学家约翰·戈登，小时候被小学校长断言“这种笨孩子选择生物真是天大的笑话”，可是，正是这句话激励着戈登，让戈登登上了自然科学的最高峰。

戈登从小就表现出对生物学和生理学的特殊爱好，但并未显示出太高的天赋，甚至与同龄人相比还有些愚钝。戈登每次考试总是拖全班的后腿，因而老师非常不喜欢他，更因为他的那些奇思怪想特别多，让老师对他倍加反感，戈登为此很自卑。

有一回，戈登追着很有学问的校长，问了一个看似没有意义的问题：“校长，为什么手在人身体上的时候可以任意活动，一旦砍下来就一点儿也动不了呢?”校长回答说：“长在身体上的手能靠神经的作用接受大脑的命令，砍下来的手当然没办法接受命令了。”戈登还是不理解：“但受精卵离开了身体为什么可以活动？还能继续长大。根据这个原理，砍下来的手不是也应该可以继续动吗？”校长无言以对，只好对他大声斥责：“你真是蠢死了，这明明是大家都知道的人体现象，你怎么就是不明白!”校长后来知道戈登对生物学和生理学感兴趣，对他大泼冷水：“假如你选择了生物或生理作为以后专业的话，靠你这样低的智商，一辈子也不会有所建树！”

到牛津大学读书后，戈登的成绩依旧平平，许多同学已经发表或撰写出了一些有分量的论文，而戈登却一直悄无声息。他一直在默默无闻地

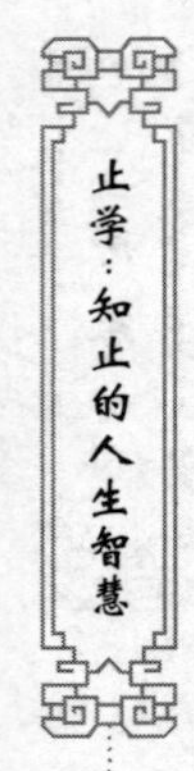

研究“手砍掉了为什么不能生长”的问题。这个看似简单的问题，需要大量的生理学理论作基础。戈登不断地做实验，一遍遍地研究，却长期没有进展。

每当戈登忍不住想要放弃时，就会想起那个校长打击他说的话，此时在戈登的身体里就会涌出一股执拗坚强的力量。靠着这种力量的支撑，他坦然面对研究过程中的种种困难，失败对于他来说反而成了加快前进的动力。他付出了比其他同学多得多的汗水与心血，终于用实实在在的实验成果证明，成熟的体细胞在脱离身体后，完全能够转换为多功能干细胞。

戈登将他的实验成果写成论文发表后，立即在世界范围内引起轰动，在他的成果公布之前，世界上所有科学家都认为成熟细胞转换为干细胞是完全不可能的。根据戈登的科学成果推论，他也有力地解答了当年他向校长提出的“手被砍掉后还能继续生长”的疑问。

戈登的这一观点一直到数年后才被学界认同，并以他的理论为指导，研制成功了首只克隆羊。戈登的学术价值还体现在医学上，为许多疑难杂症提供了更大的康复希望。

潜心做学问的人，在常人眼中往往是又笨又傻的人，但正是有了这种肯下笨功夫、痴迷钻研的精神，才会登上常人无法企及的高度。

【商战博弈】

无论在哪个领域，消费者所考虑的第一个因素无非是质量；在保证质量的前提下，价格越低者竞争力越强，也就是人们常说的物美价廉。如果企业家能长久地坚持这种简单至极的经营策略，其企业生命注定会长期延续下去。

比亚迪的老总王传福，长期专注于高性价比电池研究，终于使自己的企业成为在国内首屈一指、在世界名列前茅的充电电池制造商。

创业之初，王传福和电池领域别的企业过度依赖先进设备不同，没有斥巨资购买国外机器，坚持自主开发研制产品，凭借过硬的技术和为商的诚信，严格控制质量，坚决不因降低成本而放松对质量的要求。经过日夜奋战，仅仅半年时间，台湾一家大公司就被王传福送来的比亚迪电池的高

性价比折服，当年就将原本给三洋的订单改到了王传福名下。

品质是最好的敲门砖，在很短的时间内，比亚迪就从一个默默无名的小公司发展成为一个年销售额近亿的中型公司。为了找到高性价比产品与低设备投入的平衡点，王传福发明了半自动化生产与人工制作相结合的生产制造模式，不仅省下了几千万元的生产线投入，而且充分发挥了半自动化生产安全可靠又灵活的优势，将实用技术和工艺精准地融入到产品的整个生产过程中，极大地提高了准确率，在很大程度上避免了全自动机械加工出错后大规模召回产生的巨额损失问题。

王传福在经营中所坚持的高性价比的简单理念，让比亚迪在技术生产上将客户需求与感受放在首位。客户不管提出什么样的规格要求，比亚迪都能根据客户需求来设计私人定制方案，完成一站式服务。他的所有成就的取得，离不开其诚实可信的企业形象。

二、祸从口出，说话要选对时机

【经典回味】

言拙①意隐，辞②尽锋出。

【注释】①拙：讷言，嘴笨。②辞：言语。

【译文】拙于言辞才能隐藏真意，话语说尽锋芒就毕露了。

【为官之道】

有些人，确实有一定才华，当他们取得了一点儿成就，听到别人的几句夸赞，就被冲昏了头脑，不懂得谦卑，必然要为自己恃才傲物的狂妄言行承担苦果。

三国时的祢衡，还在弱冠之年，就显示出不凡的才华，写出的文章字字珠玑，与人畅谈高论时无人能够驳倒他。

祢衡在许都结识了孔融后，孔融好心好意地把他引荐给曹操，期盼祢衡能在三国争雄中一展才华。恃才傲物的祢衡，半点儿也不领孔融的情，即便曹操派人上门相邀时，祢衡也借口自己有病而不肯应召。非但不去，还对上门召请的曹操使者破口大骂，令曹操大为生气，但曹操还是有些度量，并未因此而杀他。

后来，祢衡虽然应召在曹操手下做事，但其狂傲不羁的性情还是未加收敛。曹操曾大摆酒席招待贵客，诏令祢衡击打战鼓以助酒兴，谁也没有料到，祢衡竟然借此机会在众宾客面前脱得赤条条，并演奏了一曲《渔阳三挝》讽骂曹操。曹操一气之下，将祢衡送到了荆州牧刘表那里。

刘表早闻祢衡才气大名，对他格外厚待，所有重要文件都由他参议定夺，可以说信任有加。但祢衡还是不能改正自己目空一切、言辞刻薄的缺点。祢衡外出办事，恰巧有一个文书异常紧急，刘表等不及祢衡回来，就召集其他文员共同起草，众人冥思苦想写好文稿后，祢衡刚好回来。祢衡拿起文稿用眼一瞄，就毫不留情地斥责写得太臭，并当场撕得稀烂丢在地上，招致了同僚的愤恨。后来又变本加厉，对刘表也不放在眼里，说起话来隐含讥刺。

刘表无奈之下，就向江夏的黄祖写了一封信，让祢衡到那里去安身。祢衡刚到黄祖手下时，再次得到了黄祖的爱赏；但时间一长，祢衡的狂妄之态再次显露。黄祖与众人进行欢庆酒宴时，祢衡毫无顾忌地随口乱骂，令客人十分扫兴。黄祖实在看不过去，严肃劝诫他，他反而对黄祖出言不逊："老家伙，你给我闭嘴！"黄祖一怒之下，派人拉下去杖责；祢衡的嘴里还是不闲着，骂声更大。黄祖气得发抖，立即将其问斩。时年祢衡仅二十六岁。

【职场之道】

在人与人之间的交往中，要注意交谈的技巧，言辞不能过于锋芒毕露。如果将自己陷于无休止无意义的争论中，不但为自己树立了敌人，而且对自己的人生毫无助益。

有一次，小说家卡尔参加了一次文化学术界的宴会。宴席中，坐在卡尔旁边的一位先生讲了一段幽默笑话，并引用了一句话，意思是“上天决定了事情的最后结果”。

这位先生说这句话出自《圣经》，但很明显他错了。卡尔知道这句话的正确出处，于是面带不屑地严肃纠正他：“这句话出自莎士比亚的名作。”或许是因为有很多人在场，卡尔的当场纠正让这位先生很没面子；也可能是真的不知道这句话的正确出处，所以，这位先生当即非常自信地反唇相讥：“什么？这句话不可能出自莎士比亚的名作！绝对不可能！我确定就是出自《圣经》！”

此时，卡尔的老朋友福兰科就坐在同一张桌子前，他研究莎士比亚著作多年。于是，已经争论得面红耳赤的两个人，都同意向福兰科请教。福兰科在桌下踢了卡尔一下，然后说：“这位先生说得没错，这句话就是出自《圣经》。”

宴会结束后，卡尔在路上质问福兰科：“你明明知道那句话出自莎士比亚的名作，为什么故意迁就那个人？”

福兰科笑着说：“我当然知道那句话不是出自《圣经》，但你在许多人面前直接指出他的错误，必然导致他的面子上过不去。你再继续坚持证明他错了，只能让他更加难堪。我们是宴会上的客人，为什么不能给他留点儿面子呢？我们应该避免这些毫无意义的争论。”

在一些毫无意义的争论中，即便在争论中获胜，也失去了对方的好感，可谓得不偿失。

【商战博弈】

不止是在兵法上有“兵不厌诈”一说，在商海中同样会遇到虚虚实实的计谋较量，也许就是因为一句话，就将自己引入了别人的圈套，让别人取得了主动权。

日本有个企业家名叫纪山应太郎，他曾在世界富豪榜中位居前茅。纪山应太郎就是善用兵不厌诈计谋的高手，常常利用别人的一句话而大做文章。

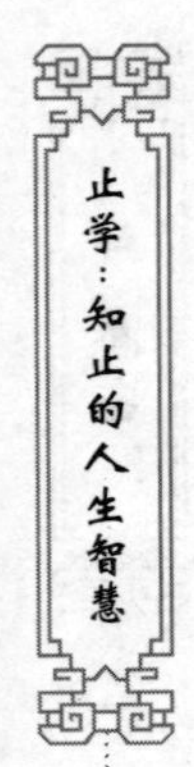

多年前，纪山应太郎看好了一块商业地皮，想用来修建高尔夫球场，但这块地皮因为地理位置优越，不仅市价高达2亿，而且竞争者很多，如果相互加价，价格肯定会相应抬高。怎样才能得到这块地，而且价格不至于过高呢？

纪山应太郎找到了土地所有者的经纪人，向他说明了买地的意向。经纪人一听，马上想到要狠狠地赚这个大富翁一笔，就故意把价格抬得很高："这块地皮的地理位置如此优越，等着抢购的主顾有好几个，但你要是能出价5亿的话，我会把其他主顾拒绝，只卖给你一个人。""5亿日元吗？"纪山应太郎故意露出惊喜的表情，"看起来很便宜，我确定买下了。"

经纪人马上跑回去告诉这块地皮的持有人，持有人一时间也难以相信竟会卖到如此高价。经纪人在持有人的授意下，又向其他几个想买这块地的几个主顾转达了拒绝的意思："你们不用再参与竞争了，纪山应太郎已出价5亿元购买这块地。"所有想购买这块地的人，听说大富翁纪山应太郎出价如此之高，都纷纷退出了竞争。

可是纪山应太郎再也没有来找经纪人，经纪人只好主动去他家里询问原因，但纪山应太郎找各种理由不见他。后来对经纪人说，买地的事再考虑考虑。经纪人越来越着急，苦苦请求纪山应太郎快点做决定。

纪山应太郎还是不紧不慢，看到时机差不多了才说："我迟早肯定要买的，但是你说说这块地的价格是多少吧？""你难道忘了说要出5亿了吗？"经纪人提醒道。"这不是你说的地价吗？你以为我不知道那块地值不了那么多吗？我说不贵时，明明是讽刺你太漫天要价了，你却把笑话当成真事！"

经纪人这才发现已中了纪山应太郎的圈套，但是自己一时口快，早已回绝了其他竞争者，如果纪山应太郎不买就无人来购买了。现在后悔已晚，进退维谷之际，他只得照实向纪山应太郎说道："地价确实只值2亿日元，你就按这个数目付款如何？"纪山应太郎回答说："真是笑话，如果按这个价格付款，我就不需要犹豫了。"已经没有退路的经纪人，经过与纪山应太郎的一番讨价还价，最终以1.5亿日元成交。

在商业谈判过程中，有的人由于被别人给出的巨大利益诱惑冲昏了头脑，过早地说出拒绝更多合作者的话，让自己没有了退路，白白失去了主动权。

三、人要甘于示弱，也要取长补短

【经典回味】

识不逾[①]人者，莫言断[②]也。势不及[③]人者，休言讳也。力不胜[④]人者，勿言强也。

【注释】①逾：超过。②断：断言，下结论。③及：达到。④胜：胜过。

【译文】见识不能超过别人时，不要轻易下结论。势力比不上别人时，不要讲忌讳的话。力量不能胜过别人时，不要说勉强的话。

【为官之道】

有才能是好事，但如果自恃有才能而不知天外有天，必然会表现出傲气或狂妄之态。自以为是的人，自然很难得到别人的认可与重用。

明朝有位京官名叫马绍良，此人满腹经纶，但有个最大的缺点就是高傲自负。

有一次，皇上宣他上殿赏诗，马绍良不知此诗是皇上所作，只见其中有“明月上杆叫，黄犬宿花蕊”字样，就不假思索地评论道：“此诗不通。明月怎能上杆叫，黄犬怎能宿在小小的花蕊里呢？”说罢拿过皇上的朱砂笔，“唰唰唰”几笔，将诗改成“明月上杆照，黄犬宿花荫”。

皇上看后微微一笑，遂将马绍良官降三级，贬到漳州任太守。马绍良觉得很晦气，带着家眷离京赴任。这天，他正走到福建南部的一条山路上，突然发现路边花蕊中有条黄茸茸、胖乎乎的小虫子，诧异地问当地人这是什么虫子。当地人告诉他，它叫黄犬虫，喜欢钻花蕊。到了晚上，马

绍良住进一家客栈，窗外传来一阵阵悦耳的鸟叫声。马绍良问店主人窗外鸣叫的鸟儿唤作何名，店主人告诉他，此为月亮鸟，这种鸟只有月上中天才开始叫。

马绍良至此才恍然大悟，想起了皇上让他看的那首诗，也明白了皇上劝他悔改的一片苦心。自此以后，马绍良谨慎为官，改正了自以为是的狂傲之态。

【职场之道】

每个人都希望自己得到别人的认可，如果能在认可别人的同时，承认自己的不足，自然会赢得别人的好感。示弱不是一味地显示自己的无能，而是为了体现对别人的更多尊重。

柯尔是向服装设计师推销草图的推销员，一连数月，他每周都去拜访一位著名的服装设计师。虽然这位设计师每次见面都很热情地与他打招呼，但从未买过他推销的图纸，在分手时总是那句话："柯尔，我看我们是做不成这笔生意的。"

无数的失败后，柯尔总结经验，想出了一个办法。他了解到那位设计师比较自负，别人设计的东西他大多看不上眼，于是柯尔故意拿了几张尚未完成的设计草图来到设计师的办公室。

柯尔很谦逊地说："这里有几张我们尚未完成的草图，如果您愿意的话，能否帮我个小忙？能否请您告诉我，我们应该怎样把它们完成，才能对您更有用处呢？"设计师很仔细地看了看图纸，发现设计人的创意很特别，就说："把这些图纸放在这里让我看看吧。"

几天过去了，柯尔再次来到设计师办公室，设计师对那些图纸提出了一些建议。柯尔很认真地用笔记下来，然后回去按设计师的意思很快就把图纸完成了。设计师这次非常满意，全部接受了。

通过这种策略，柯尔的推销工作非常顺利，买主在他这里订购了许多图纸，都非常满意，因为这相当于他们自己设计的。柯尔自然也在其中得到了丰厚的利润回报。

【商战博弈】

作为企业领导者，最可怕的是他们看不到自己的短处。认清自己的不足，学习竞争对手的长处，不仅是一种态度，更是一种思路，也是一种赢得市场的策略。

世界著名的仑那德奶制品公司，非常注意分析对手的优点，一旦发现有可借鉴之处，就立即应用到自己企业中。

公司总经理仑那德经常挑选一个与自己公司经营方式类似的竞争对手作为访问对象。去访问时，他会带上十多名下属一同前往。当总经理带领这些中层干部出发时，就意味着一个临时的“点子俱乐部”成立了。这些中层干部，在完成访问后，将接受仑那德对他们的挑战：自己企业与竞争对手相比，不足之处在哪里？在竞争对手的经营管理中受到了什么启发？对本公司的不足之处有什么改正建议？

通过这种特殊的培训教育方式，使仑那德奶制品公司的中层干部成为零售业务和竞争分析方面的专家，让他们都能为公司发展提供新的思路。仑那德说：“我们应当尽量找出竞争对手比我们干得好的事情，只有取长补短，才能使我们不断改进自己的工作。”

正是由于公司领导者能保持对自己企业的清醒认识，时刻注意学习竞争对手的长处，才能使该公司在短短几年间，就成为世界知名的奶制品集团。

四、王者不辩，争辩会损害威严

【经典回味】

王者不辩[①]，辩则少威焉。

【注释】①辩：争辩。

【译文】王者不会同人争辩，争辩会减少他的威严。

【为官之道】

只图逞口舌之利者，暴露了其气度狭窄，注定难成大事。

商纣王本来是个文武双全之人，《史记》记载他天资聪慧，思辨敏捷，身强力壮，能与猛兽格斗，能倒拉九头牛，还能手托房梁，更换房柱。

在登上帝位后，他开始自高自大起来，认为自己无所不知，无所不晓，经常在大臣们面前自吹自擂，将诡辩之才全用在了拒绝善言劝谏上，一旦决策失误，不但不承认错误，还能以看似理由充分的言辞文过饰非。

有的忠直耿介之臣眼看商纣王越来越不像话，冒着被处死的危险直言上谏，商纣王总是以一番歪理邪说去应答，以其无人可敌的才思，去掩盖自己荒淫无耻的事实。商纣王愈加暴虐无道，商朝元老联名告诫他要顺应天意改邪归正，不然商的统治就要终结了。纣王则狂笑着回答说："我生为天子，这就是上天的安排；我就代表上天的意志！"将劝谏的人辩驳得哑口无言。

他的能言善辩，最终导致众叛亲离，那些忠臣在他的暴政下死的死逃的逃。最后，当沉湎于享乐中的纣王得知周武王的军队已发起进攻时，终于难逃身死国灭的结局，商朝就这样在他的手中灭亡了。

【职场之道】

越是工作出色之人，越容易被别人嫉妒，甚至会遭遇到别人的无端攻击。此时，与其情绪激动地与人争辩，不如多一些宽广与包容，则更能彰显自己的能力与形象。

张菲是一家公司的设计员，她非常不满意领导对她的态度。明明自己有多么好的创意与独到见解，但总是得不到领导的赏识；而她同部门的同事钱刚，则备受领导器重，经常承担一些重要项目。为此，张菲认为是钱刚影响了自己在公司的发展，所以视钱刚为眼中钉，一见到他就气不打一处来。

有一天，张菲实在是压抑不住心中的怒火，跑到钱刚面前说："都是因为你，为什么你总是这么打压我？要不是因为你，我肯定会得到领导的重视，步步高升。就是你的原因，才让我没有施展才华的机会！"

面对张菲突如其来的攻击，钱刚强忍着心中的怒气，缓缓地说："我不知道你为什么这么说，但我扪心自问没有做任何对不起你的事，如果你觉得我哪里做错了，我向你道歉。"张菲原以为钱刚面对自己的指责会大发脾气，而钱刚的态度却出乎她的意料。其他同事看在眼里，都劝张菲，有的人甚至批评她的无礼。

这时的钱刚，在张菲成为众矢之的时并没有落井下石，反而对同事们解释说："没关系的，张菲最近压力太大了，有些事是我做得不够到位，不能全怪她。"钱刚的一番话，把张菲的怒气完全消散了，也赢得了其他同事的赞叹。在钱刚的帮助下，张菲从此摆正心态，与钱刚冰释前嫌，二人被公司誉为"黄金搭档"。

钱刚的聪明之处，在于能够宽容别人的无端挑衅，从而能够赢得其他同事的赞誉。

【商战博弈】

办大事的人，总有自己的坚持，一旦认为自己要做的事情是正确的，就会大胆地去做，从不理睬别人的质疑与反对。坚持下去的他们，大多都得到了别人的认可与称赞。商场犹如战场，领导者尤其需要这种属于王者的魄力，无视别人的轻视和嘲笑，带领企业走向巅峰。

牛仔衣的设计者思特劳斯，因其独特的设计理念曾经被很多人认为是疯子。

少年时代的思特劳斯，因为妈妈是个裁缝，所以他受此影响喜欢上了时装设计。他从小的梦想，就是成为一名出色的时装设计师。思特劳斯常常将妈妈裁剪后的下脚料偷来，东拼西凑地做成各种各样的小人衣服，因为那些下脚料是妈妈用来做鞋垫的，所以思特劳斯总是会遭到爸爸的责备。

就在思特劳斯苦于没有设计服装所用面料的时候，他看到爸爸从自己家凉棚上撤下来一块废棚布，不禁大为惊喜，马上捡回来做成了一件衣服。当思特劳斯穿着用废棚布做成的衣服走在大街上时，所有看到他的人都认为他是疯子，甚至就连他的妈妈都觉得思特劳斯实在有点过分。

思特劳斯对服装设计的痴迷最终打动了妈妈，妈妈鼓励他去向时装大师戴卫斯请教。刚满18岁的思特劳斯带着自己设计的粗布衣服来到了戴卫斯的时装设计公司。当戴卫斯的学生们看到思特劳斯设计的衣服时，都因为从来没有看到过如此粗俗的衣服而忍不住笑了起来。但幸运的是，戴卫斯还是将思特劳斯留了下来。

在戴卫斯的鼓励与帮助下，思特劳斯开始大量设计粗布衣服。可在当时，这些打破人们传统观念的设计风格，很难获得市场的认可，思特劳斯设计的衣服最终都积压在了仓库里。甚至连戴卫斯都开始怀疑自己当初对思特劳斯抱有很大希望是个错误。

但思特劳斯坚信自己的衣服会受到人们欢迎。他想，在这个地方不行，在别的地方未必不行。当思特劳斯设计的粗布衣服运到非洲国家时，因为这种粗布衣服价格低廉、耐磨，居然大受劳工们的欢迎，衣服很快就销售一空。看到希望的思特劳斯，又将那些粗布衣服做成了适合旅行者穿的款式，因为衣服布料中产生的沧桑感和洒脱，所以也得到了旅行爱好者的热烈追捧。

随后，思特劳斯又设计出更多款式，一时间，大街上都争着穿起了思特劳斯设计的这种服装。如今，这种被称为牛仔衣的服装，已风靡全球。

思特劳斯的自信，源于其高超的技术与精到的眼光。如果相信自己是正确的，就不要向别人争辩，被人们误解只是暂时的，只要执着地坚持下去，总有一天会用实际行动改变人们的看法。

五、智慧之人，往往不善言辞

【经典回味】

智者讷①言，讷则惑②敌焉。

【注释】①讷：迟钝。②惑：迷惑。

【译文】有智慧的人言语迟钝，言语迟钝可以迷惑敌人。

【为官之道】

深谋远虑的智者，不会夸夸其谈，只会用外人不会理解的低调风格去践行自己的目标。

汉惠帝时期，开国元老萧何死后，曹参接任相国之位。曹参在提拔基层官员时，专门偏爱不善言辞、稳重厚道之人，而对那些巧于言辞、一门心思托人说情贿赂谋求官职的人，一律斥责赶走。

曹参时常在月夜时闲酌美酒，对政事没有表现出过多的在意。有的官员见曹参整日无所事事，想进言劝谏，曹参总是让他们品尝美酒，让他们无法开口说话，直到把他们灌醉。曹参看到别人有小的过失，也替他们隐瞒遮盖，所以宫廷内平安无事。

曹参之子在皇帝身边做事，惠帝对曹参的儿子说："你找机会劝劝你父亲，高帝临去时将国家大事托付于他，而他身为相国怎么不考虑国家大事呢？但不要说是我告诉你的。"曹参之子回家后，把惠帝的话变作自己的想法劝父亲，没想到父亲发怒鞭笞儿子，并说："你的职责是侍奉好皇帝，国家大事不是你应该议论的。"

第二天，惠帝指责曹参惩罚儿子，曹参自称有罪，并解释说："以您现在的才思韬略与文治武功，与您的父皇比起来，谁的作为更大呢？"惠帝说："父皇当然比我要大得多！"曹参说："那您再看看我的才能，与上一任相国相比，谁的能力更强呢？"惠帝如实说："上一任相国好像要强些。"曹参说："您看，前人已经凭借文治武功令全国安居乐业，国家如今法度严谨，我们所能做的，只需依照前人所规就可以了。"惠帝这才恍然大悟。

正如曹参所言，在他任职期间，因为对已有的良好社会制度没有太多干扰，百姓因此得到休养生息，国力也因此大增。

【职场之道】

在前进道路上，会出现各种想象不到的难题，当不知道如何处理的时候，与其纠结于哪一种解决方案更正确，不如先不发表观点，让事情顺其

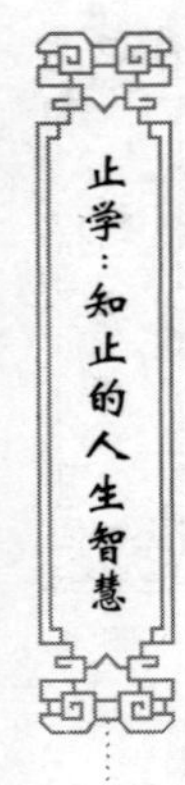

自然地发展。这样看似迟钝的反应，并不是躲避问题，而是在等待中发现转机。

戈洛佩斯在建筑领域世界闻名，他在设计迪士尼乐园的园内小路时，没有过早地提交设计路径方案，却最终收获了世界最佳设计的荣誉。

迪士尼乐园这一大型游乐场，按照戈洛佩斯的设计进行了为期三年的建设，当工程建设接近尾声时，戈洛佩斯接到了施工负责人的电话。施工负责人询问戈洛佩斯之前反复更改的园内连接小路到底定稿没有，如果定了稿，就要马上施工，以确保按计划日期竣工并对外开放。戈洛佩斯在建筑领域遇到过许多设计瓶颈，但都无一例外地完美解决，在全世界范围内到处都有他的知名佳作。然而，在建筑领域中看似最不起眼的一条小路，却让戈洛佩斯画出了近百张图纸还是不满意。接到催促电话，他心里更加焦躁。

放下电话，戈洛佩斯去参加一个会议，在去往会场的路上，经过一片葡萄种植区，他发现种植葡萄的人们都把摘下来的葡萄装进篮子里，站在公路两边摆摊出售。他们大声招徕着顾客，但越是这样，越没有人去买。当戈洛佩斯向前走了一段路后，发现那里停满了摘葡萄的汽车。仔细一看才知道，这片葡萄园的卖法和别人不同，采取的是无人售卖的办法。想买葡萄的人，只需在门口的小盒里放进5元钱，就能自己进园随意摘取，直到摘满一篮子为止。

经过了解，这片葡萄种植区的主人是一位上了年岁行动不便的老人，因为在收获的季节没办法走到路边去售卖，无奈之下采取了这种卖法。起初她还担心这种办法是否能卖出葡萄，却没想到在这绵延上百公里的葡萄产区，总是她的葡萄最先卖完。老太太这种给人自由、任其选择的做法，使戈洛佩斯深受启发。

戈洛佩斯开完会，立即拨通施工负责人的电话："在园内的所有空白地带，都种上小草，马上开园营业。"很快，绿草覆盖了园内的所有空白地带，当游客从草地上走过的时候，草地就自然被踩出了痕迹。这些踩出来的小路由于没有经过刻意的设计，反而更加体现出自然的情趣。

随后，戈洛佩斯马上让人在这些踩出的痕迹上铺上石子。世界建筑设计大会上，由戈洛佩斯设计的迪士尼园内的小路，被评为世界最佳设计。在静待中，让最好的策略自动展现在眼前，这就是戈洛佩斯的高明之处。

【商战博弈】

获得别人的好感或认同，不必刻意地自夸，越是表现得低调而内敛，越是能体现出一个人的修养与能力。

美国商人希尔在推销自己的杂志时，并没有像其他推销人员那样不厌其烦地采取口水战术，他采取了欲擒故纵的战略。

他先是靠着往日的信誉，在名牌服装店制作了几套昂贵的西服，而当时他的口袋里只有几美元的零钱。之后的每一天上班时间，希尔都会先在家刻意修饰自己一番，再一身风光地出门，循着提前了解好的路线，制造与一个出版领域的大老板恰巧相遇的机会。遇到这个大老板后，希尔就装作漫不经心地和他问候一下，有时也会随口谈上几句。

希尔制造的这种假象，不到十天就见效了。这个大老板被希尔外表所表现出的风光唬住了，没等希尔和他打招呼，他就很主动地向希尔套近乎，并详细地了解希尔在哪个行业做事。这正是希尔所盼望发生的情况，但此时他也没有表现出特别迫切的表情，只是看起来无所谓的样子，和这个大老板说："我刚刚规划设计了一本新的杂志，正准备出版发行。"大老板说："正好，我就是干这种出版发行业务的，如果你愿意的话，我想和你合作。"

这个大老板马上将希尔请到自己的公司，和他进行了合作细节的商议。希尔还是保持着欲擒故纵的态度，在大老板的反复劝说下，希尔才装作很勉强地答应和他签合约。最后决定，由大老板负责提供给希尔运行资本，不收取一分钱的利息。就这样，希尔靠着这种没费多少口舌的特殊说服力，说服了出版商，使自己的杂志得以顺利发行。

六、勇者无语，多言会妨碍行动

【经典回味】

勇者无语，语则怯[①]行焉。

【注释】①怯：害怕。

【译文】勇猛之人没有过多言语，言语过多反而容易畏缩不前。

【为官之道】

勇猛之人常常将自己生死置之度外，虽然不能发表长篇大论，但总能在关键时刻挺身而出，这种气势有时甚至能力挽狂澜。

刘邦带领军队杀进关内后，想按照之前“谁先攻取秦都，谁就能够称王”的盟约，在咸阳自立为王。这就引起项羽的不满，准备与刘邦的军队大战。刘邦自知军事力量远远不及对方，为了缓和矛盾，决定在张良的陪同下带着不足两百人前往鸿门向项羽赔罪，樊哙也在随行队伍中。

项羽设下酒席与刘邦畅饮，等酒喝得差不多时，项羽营中的范增定下计谋，故意让项庄在众人酒桌前表演剑舞，借此机会杀死刘邦。营门外的樊哙知道后，当即手持盾牌冲进营帐，门口的士兵想挡住他，樊哙也不多言语，直接用盾牌将门口士兵撞倒在地。进入营帐后一言不发，朝西守立，瞪视着项羽，一脸怒气，头发都竖立着。

项羽见此人气势逼人，忍不住向张良问道：“这员大将叫什么名字？”张良答道：“他叫樊哙。”项羽吩咐手下人：“赐给这位将军美酒与熟肉。”樊哙依旧话不多说，将碗中之酒大口喝干，拔出腰下宝剑，切下猪腿上的肉大口吃下，一会儿工夫就吃光了。

项羽问：“将军尚能再来一大碗酒否？”樊哙当面斥喝项羽道：“我堂堂男子汉在战场上杀敌时从不怕死，还怕这区区一碗酒。倒是大王所作所为不像是男子汉的样子，原本是我家主公先攻入了秦都，并在咸阳等待大王；但现在大王到了之后，不但不谢谢我家主公，反而用阴谋算计，这岂是君子所为？”樊哙短短几句话，句句都像尖刀般锐不可当，令项羽听后没有半句可反驳之语。

刘邦借此机会，推说自己去帐外方便，并将樊哙一同带了出来。然后刘邦赶紧翻身上马，在樊哙的护卫下，找了一条偏僻山路，飞快地返回到自己驻地，得以保住了性命。

在关键时刻，假如樊哙不曾硬冲进去为刘邦护卫，刘邦很有可能就丢了性命，又何谈之后的一统天下？后来，刘邦封樊哙为舞阳侯。

【职场之道】

在奋斗道路上，总会有一些黑暗的经历。永不放弃的理想，它们就像黑暗中的一束光芒。勇者必能紧紧抓住这束光芒，他们少言寡语，有时甚至会显得木讷，但却会在黑暗中积蓄力量，一步步走向人生的辉煌。

著名主持人孟非，父母只是平凡的城市上班族。他当年没考上大学，就去建筑工地搬砖运石料，还到印刷厂当过印刷工。

在印刷厂打工时，每天除了吃饭的时间，只能休息四五个小时。工作忙时，一秒钟要在机器上拿下近一百多张报纸，思想稍有松懈，下一流程就要停滞，就会遭到一顿训斥。就是这样的劳动强度，每个月工资还不到三十元。他在日记中难过地写道：“我不能一辈子待在这里，要想换个好工作，就得有知识。从头做起，一切都不太晚！”

他通过报名函授班的方式提升自己，在辛苦打工的同时，一点儿也不耽误函授课程。他的睡觉时间也就更少了，为了抵抗一阵阵袭来的睡意，大冬天他一遍遍地用凉水洗脸洗头。他玩命地努力，功夫不负有心人，最终如愿以偿地取得了一所知名大学的专业文凭。

此时有一家电视台发布了招聘公告，一直招不到人，主要是招录后的人员身份不是正式工。但孟非不管别人的议论，果断地报了名，并因出色的表现被顺利录用。他把所有精力都放在如何做好节目上，所有片子，都是自己写稿、自己剪辑甚至自己配音，常常是一晚上不睡觉。但他不怕

累，每当看到做好的片子，他的心情就很愉悦。

日复一日的加班加点，体力透支的孟非开始脱发，有时一抓就掉一大把，所有人都说这对做节目的人来说是一场灾难。无奈之下，他干脆把头发都剃去，但依然不改他的微笑。出乎意料的是，剃成光头的孟非，竟然有了一种独特气质，电视台负责人正愁新开的栏目找不到主持人，一眼就相中了他。

孟非担任该栏目的主持人后，收视率连连上升，竟然比同一时段播出的央视黄金节目的收视率还高！同时，该节目的广告收入竟然高达5000万元。之后，孟非获评全国十大名牌主持，在十个名牌主持中，只有他不是专业出身，另外九人都是中央台的名主持。

孟非的经历证明，不管出身如何，勇敢地付诸行动，就一定有收获。当成功的事实摆在面前时，大家都看得到，根本用不着自己多言语。

【商战博弈】

冒险似乎是成功者必备的因素，面对未知的世界，他们疯狂而睿智，没有太多的豪言壮语与犹豫徘徊，用一个个大胆的实际行动，开辟出属于自己的一片新疆域。

孙正义以擅长风投而知名，他总是为那些在事业最低谷时不放弃努力的人提供投资帮助。孙正义有两个重要的投资，是五六分钟就做下的决定，一个是对雅虎3.55亿美元的投资，一个是对阿里巴巴3500万美元的投资，成为投资界的佳话。

当孙正义看准了互联网产业，准备找合适的企业做几笔大的投资时，首先选中的是还没有一分钱利润的雅虎公司，他给雅虎公司的第一笔投资就是200万美元。不长时间，孙正义与雅虎公司负责人杨致远在一场饭局上见面，只是经过了不到十分钟的谈话，他突然表示要给雅虎再投资1亿多美元，换取雅虎公司33%的股份；当时的杨致远听到孙正义这种提议，简直难以置信。因为作为一个刚刚起步的新公司，他自己都不知道雅虎公司的未来如何。

在接下来的几个月里，孙正义兑现了诺言，将1亿多美元支付给了雅虎公司，后续又投入大量资金，累计达到3.55亿美元。孙正义说："他在杨致远眼中看到了满满的激情，他相信雅虎公司有了资本支持，肯定会得到更大空间的发展，他的投资也一定会得到回报。"果然如他所料，雅虎公司在得到资金支持后迅猛发展，短短三四年，孙正义所拥有雅虎公司的股份市值就达到了近百亿美元。

孙正义看中阿里巴巴并准备投入资金时，也只是与阿里巴巴的老板马云交谈了不到十分钟，就做出了3500万美元的重大投资决定。连马云都觉得与孙正义的这次会面是创业以来最不可思议的场景，没想到这笔投资来得如此轻松。孙正义集团收到的每一批资金投入申报就有近1000家公司，在审批过程中，这些公司仅有10%会得到同意投入的答复。马云完全没有想到孙正义会在这么短的时间内做出投资决定，后来马云评价孙正义，说他的心思令人看不透，在交谈中没有一句废话，决断迅速，能按自己的想法很快付诸行动。

有些人认为孙正义能在雅虎和阿里巴巴的投资中获利，只是因为运气好，事实上，更多的是源于其背后隐藏的睿智。对信息时代特征远见卓识的洞察力，让孙正义的战略眼光远远超出了一般人。更重要的是，他对自己的预判非常自信，并且能坚持践行自己的规划，这是他一步步获得丰厚利润的关键所在。

七、君子不会把功劳挂在嘴边

【经典回味】

忠臣不表[1]其功，窃[2]功者必奸也。

【注释】①表：表白。②窃：争夺。

【译文】忠臣不会刻意表白自己的功劳，千方百计窃夺别人的功劳的

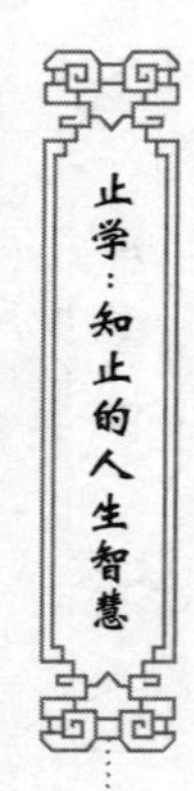

人必定是奸臣。

【为官之道】

面对功劳与荣耀，有些人难免会贪婪地揽到自己身上，也有些人在别人取得成功时，去刻意表白自己曾经对别人的恩惠，但也有人从不以自己的功劳夸耀于人。

唐朝的娄师德率兵与吐蕃作战，八战八捷，受到皇帝格外器重，任相职八年中多有建树。

一同共事的狄仁杰起初对娄师德的许多做法非常看不惯，比如，因为武则天的执政策略较为强硬，而娄师德为了不得罪皇帝，常常在一些事情上曲意奉迎，这实际上是在恶劣政治环境中以屈求伸的策略。娄师德并未因政见不同而排挤刚直不阿的狄仁杰，反而屡次向武则天举荐，极力建议将狄仁杰擢为宰相。

当狄仁杰终于就任宰相时，娄师德从未张扬自己举荐之功，所以狄仁杰毫不知情。狄仁杰任宰相后，耻于与娄师德同列，几次将娄师德拒出京师，而娄师德并不计较，一切如常。

武则天发现这一问题后，问狄仁杰："娄师德这个人贤良吗？"狄仁杰答道："当将军还算称职，贤良与否就不知道了。"武则天又问："他能知人善任吗？"狄仁杰又答："我们曾为同僚，没听说他知人善任。"武则天说："我提任你为宰相，就是娄师德举荐的，他确实能识人用人啊！"又拿出娄师德之前举荐狄仁杰的奏书。

狄仁杰一见此奏书，顿觉羞惭难当。经过这一事件后，他彻底改变了对娄师德的印象，并将娄师德作为自己学习的榜样，胸怀气度较之从前有了很大不同，后来终成一代贤相。

【职场之道】

评价职场人才的标准，能力固然重要，但更应看重其品行。那些将心思放在如何抢功推过的职场手段，也许会获得眼前的利益，但从个人职业生涯的长远发展来说，还是那些注重实干、低调行事的职工更能得到领导的认可。只有用自己的实际能力说话，才能让别人心服口服，才能实现个

人职业生涯的蜕变升华。

周华在一家公司干了多年，从一名普普通通的销售人员逐渐成为公司的顶梁柱。他现在是公司销售部门的经理，他所带领的销售团队，几乎每年都是公司的销售冠军！

看到周华多年来对公司的忠诚及对公司做出的巨大贡献，在一次绩效考核之后，总经理和人力资源部门商议要将他提升为公司的副总，负责管理公司的所有营销工作。当总经理就此事找到他进行谈话时，没想到他竟然拒绝了这次提升。“这是一次多么难得的晋升机会啊，”总经理十分不理解他的想法，然后又耐下心来开导他说，“而且能够进入公司的高级管理层，这对你来说也是一次历练，可以在销售之外的其他方面进一步提升自己、完善自己。”看到他仍然是一副坚决拒绝的模样，总经理忍不住又劝他：“我也知道你家里的负担一直比较重，在经济上压力不小，而升为公司副总以后，你的薪金会提高一倍，更何况年底还有更为丰厚的奖金可拿，你果真愿意放弃这些吗？”

听到总经理推心置腹的劝说，周华十分感激，不过他仍然表示希望公司收回提升他为副总的决定。看到总经理充满疑惑和无奈的神情，他说道：“我并非不想升到人人艳羡的副总职位，也并非不愿意得到更高的薪酬，更不是就想在部门经理的位置上了此终生、不思进取。我知道公司考虑提拔我是因为我对公司的忠诚、在销售领域内做出的一些成绩以及其他一些因素。但是，我更知道，虽然在销售领域内我表现得如鱼得水，而且对销售团队的管理也算称职，可是一旦让我统一管理公司的所有营销工作，那我就会感到捉襟见肘了。我认为，从实际能力上来说，一直负责市场研发和品牌宣传的王经理更适合公司副总的职位。”

后来，周华举荐的那位王经理果然当上了公司的副总，而且还干得有声有色。而不过于表白自己功劳的周华，虽然继续从事着销售管理工作，但已不再是一名销售经理，成为负责总公司培养销售团队的一名副总，在这一更高的职位上，他干得更加得心应手，也得到了公司总经理的愈加器重与认可。

【商战博弈】

任何荣誉与成绩，都属于过去，有抱负有追求的人，绝不会沉醉于过去的功劳簿上孤芳自赏、向世人炫耀邀功，而是能忘记过去从零开始。

诺贝尔因在炸药研制方面的巨大成就而世界闻名，他在科学领域的成绩令人瞩目，在商界的传奇亦令人赞叹。

当年，诺贝尔工业集团中的重要一环——法国炸药总公司，因涉嫌卷入一个关系法国国家利益的事件而遭到政府审查，将要支付一笔巨额罚金，除此之外，该公司还因总经理巴布的投机行为承受了经济亏损，更由于巴布的猝死，导致人们纷纷抢先将该公司的甘油抛出，公司濒临破产。

此时，诺贝尔面临着两个选择：以他的财力和声望，即使他的公司破产，他还能安安稳稳地度过晚年，甚至已经有公司向他发出邀请，请他去做一个收入尚可的工程师；而如果他试图挽回败局，必将投入巨大的资金，一旦失败则意味着倾家荡产，这么多年的荣耀将毁于一旦，何况他已年近六十，身体和精神状况都很糟。

但是，诺贝尔做出了令众人大吃一惊的决定，他要冒着断送毕生事业和财产的危险，在这生死存亡的时刻作最后一搏，不到最后关头决不轻言失败。首先，他改组了公司的组织管理机构，将渎职职员全部解雇，在一片空白的基础上，选拔了一批忠诚、能干的人，使公司呈现出一派全新气象。

接着，由于那些犹豫不决的股东们对公司的整顿不予重视，尚处于观望徘徊状态，诺贝尔只得四处奔波，筹集了一笔巨额基金，冒着极大风险买下大部分的股份，然后将那些行动不力的股东一一清洗掉。在诺贝尔对公司内部进行整顿的同时，法院又来对他进行纠缠，要公司缴纳一笔巨额罚金。为了改组董事会，诺贝尔筹集巨款购买了大部分的股份，这笔资金成了诺贝尔一个巨大的包袱，法院此时进行讹诈，无异于雪上加霜。那些被清洗掉的股东也同以前的对手们勾结在一起，对诺贝尔反戈一击，内忧外患一时全部压在诺贝尔身上。

诺贝尔以令人难以置信的精神力量抵抗着来自各方面的压力，一边在

公司管理中谋求突破，一边应对着法院的刁难，丝毫没有让步。他始终相信，只要坚持下去，稳住自己的阵营，时机一到，他的公司就可以东山再起了。

果然如诺贝尔所料，此后不久，经过细致的调查取证，一些政府要员的罪行被公布，诺贝尔的公司也最终被洗清罪名，除了有关人员被处分外，公司的名誉得以恢复。于是公司的生产和销售开始恢复，诺贝尔筹集来的那笔救命钱也得以逐步收回，他的工业集团得以依然蓬勃发展。

成绩只属于过去，面对突如其来的压力，只要甘于舍弃一切名誉，从零开始，在努力中勇于前行，往往能迎来转机。

八、君子不揭人之短

【经典回味】

君子堪①隐②人恶，谤贤者固③小人矣。

【注释】①堪：能够。②隐：隐瞒。③固：本来。

【译文】君子能够替别人隐瞒不足之处，诽谤贤德之士的人一定是小人。

【为官之道】

有人借贬低别人来抬高自己，实际是非常愚蠢的行为，一旦被人看破，往往是偷鸡不成反蚀一把米。这是小人行径，君子是不揭人之短的。

唐玄宗时期的姚崇，在用人方面公正无私，辅佐唐玄宗成就了“开元之治”。

魏知古原为黄门侍郎，姚崇爱其才能，积极向玄宗举荐，于是魏知古被提升为宰相，与姚崇同列。后来魏知古任吏部尚书，恰巧姚崇两个儿子在魏知古的管辖范围内，两个儿子想凭借父亲与魏知古的旧关系得到升

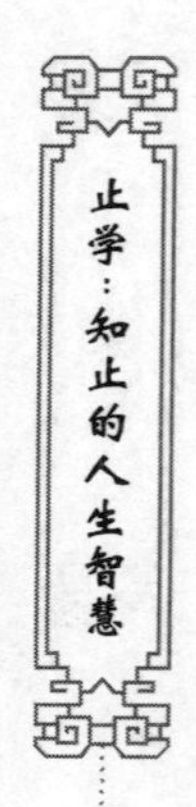

迁，就向魏知古送礼。魏知古不但不买账，还如实向玄宗报告了此事。

于是，玄宗召见姚崇，问道："爱卿膝下有几子？才学如何？现在在哪里任职？"姚崇料想必是劣子出了问题，就说："二子都在东都任职，他们性格有些急于求成，不太稳重，必定是找魏知古说情，认为魏知古会感念当年举荐之情，能够快些提拔他们。"玄宗听到姚崇不包庇儿子如实回答很高兴，赞赏姚崇不徇私情，有些鄙薄魏知古的行事，想将他降职。

姚崇获悉后忙劝阻说："因二子扰乱法纪，皇上能免于责罚他们我已感万幸；如果再因我而降了魏知古的官职，天下人必定认为皇上对我讲私情，皇上的执政形象必受影响。"玄宗见姚崇从国家政治出发极力劝说，于是答应了他的要求。

姚崇之举可谓高明至极，如果自己在皇帝将要降魏知古之职时落井下石，玄宗也必然会认为他同魏知古一样是背后说人坏话之辈。他在保全别人职位的同时，更保全了自己的形象。

【职场之道】

在日常交往中，要指正别人的缺点时一定要注意方式方法，如果习惯于"直话直说"，当众指出，往往会好心办了坏事。换一种语言方式，才能让别人更易接受。

世界著名的歌剧大师焦阿基诺·罗希尼，创作出一系列脍炙人口的歌剧，将陷入低谷的意大利歌剧推向了新的高峰。罗希尼对自己的创作非常严肃认真，非常注意独创性，对那些模仿抄袭行为深恶痛绝，当发现向他请教的年轻人有类似抄袭行为时，他常常委婉地劝诫，以避免年轻人下不来台。

有一次，一个自命不凡的年轻作曲家，特意请罗希尼去欣赏自己的新作。罗希尼坐在前排，兴致勃勃地听着，开始听得很入迷，继而有些不安，脸上的不快越来越明显。作曲家继续按照章节忘情地演奏着，而罗希尼边听边不时地把帽子摘下来又戴上，过一会儿，又把帽子摘下来，又戴上，就这样来回反复不止。

那位发现罗希尼异常举动的作曲家，终于忍不住停下了自我感觉良好的演奏，问罗希尼："是这里的演出条件不好，太热了吗？"罗希尼否定了他的猜测："不是的。我有一见熟人就摘下帽子的习惯，在阁下的曲子里，我不断地碰到熟人，不得不频频地摘帽打招呼了。"这个作曲家这才恍然大悟，原来罗希尼怕自己难堪，不直接说出自己抄袭别人作品的做法，而是用"碰到熟人"比喻自己的抄袭行为。被罗希尼识破底细的作曲家，先前的高傲一下子便无影无踪了。

还有一次，一个朋友给罗希尼写信，信中说："我有一个侄子是音乐家，他不知道怎样给他作的歌剧写序曲，您曾写过那么多歌剧序曲，是不是可以给出出主意？"

罗希尼同样也没有直接说出朋友侄子的缺点，而是用自己的亲身经历委婉地劝诫："我写《奥赛罗》的序曲时，是被剧院老板锁在那不勒斯的一家旅馆的小屋内，屋内有一大碗水煮面条，连根绿菜都没有。这个头最秃、心最狠的老板威胁说：'如果不把序曲的最后一个音符写完，甭想活着出去。'让您的侄子试试这个法子，先别让他尝到鹅肝大馅饼的迷人香味，他也许就能很快创作出来了。"言外之意，是朋友侄子过于沉湎在安逸的环境中，缺乏吃苦耐劳、坚忍不拔的创作激情。

罗希尼时刻考虑别人的感受，以委婉的形式使对方更容易接受，从而赢得了人们的更多尊重。

【商战博弈】

企业与企业之间不只是存在竞争关系，更不应妄图通过贬低别人而达到抬高自己的目的，更多的时候，应考虑如何实现共赢。当给竞争对手留有余地时，也为自己的发展留下了更大空间。

约翰逊黑人化妆品制造公司在全美大名鼎鼎，其创始人约翰逊最初只是一个推销员，当他的小公司成立后，通过"借力"的推销方式实现了公司的做大做强。

当初，约翰逊在有了几年化妆品的推销经验和运营资本后，开始创立属于自己的小企业。当然，他的企业规模无法与本国那些知名化妆品大企

业相比。善于思考的约翰逊没有同那些知名公司展开正面竞争，而是想方设法开发一种现有化妆品企业没有的独特的物美价廉的新产品。

约翰逊经过调查市场，发现针对黑人皮肤特点的专用化妆品是空白领域。于是他专门投入精力进行试验研究，根据黑人的油性皮肤，终于试制成功了一种能改善黑人皮肤质感的水粉式护肤化妆品。

但如何让消费者接受新产品的问题随之而来。约翰逊的公司是小本生意，资金周转不开，“先用后买”的销售策略不能实施，利用广告展开广泛攻势也不行，因为公司太小，没有名气，消费者很难相信其效果；同时大力宣传会引起其他化妆品大公司的警觉，而约翰逊的小公司是经不起大公司的轻轻一击的。

当陷入宣传困境时，约翰逊忽然想到了“借力”的办法，他没有通过直接指出市场上已有化妆品的缺点而夸耀自己产品的优点，反而替那些知名化妆品做起了宣传，在宣传名牌化妆品的同时，顺便介绍自己的产品。如此一来，反倒突出了自己的产品。

约翰逊在广告语中说道：“在选择化妆品时，请您认准知名品牌。当您在使用那些名牌化妆品之后，再涂一层约翰逊公司新生产的水粉护肤霜，将会收到想象不到的效果。”由于明着吹捧那些大企业生产的化妆品，大企业的戒心和敌意荡然无存，又由于把自己的产品说得那么神秘，从而勾起了人们天生的好奇心。

顾客在用一些名牌化妆品时，抱着试试看的心理，捎带着也买了约翰逊化妆品，想象不到的效果果然出现，脸上不再黏糊糊了，皮肤滑爽了。由此，约翰逊化妆品逐渐成为黑人妇女生活中不可缺少的用品。

随着新型护肤品销量的一路攀升，约翰逊抓住了这一有利机会迅速拓展销售覆盖面。为了强化约翰逊化妆品在黑人化妆品市场上的地位，他同时还加速了产品开发，连续推出了能够改善黑人头发干燥、缺乏亮度的“黑发润丝精”“卷发喷雾剂”等一系列产品。经过几年的努力，约翰逊的产品销售量超过了其他各大化妆品公司，稳坐美国黑人化妆品市场的头把交椅。

誉卷五

好誉者多辱也。誉满主惊，名高众之所忌焉。

誉存其伪，谄者以誉欺人。名不由己，明者言不自赞。贪巧之功，天不佑也。

赏誉勿轻，轻者誉贱，贱则无功也。受誉知辞，辞则德显，显则释疑也。上下无争，誉之不废焉。

人无誉堪存，誉非正当灭。求誉不得，或为福也。

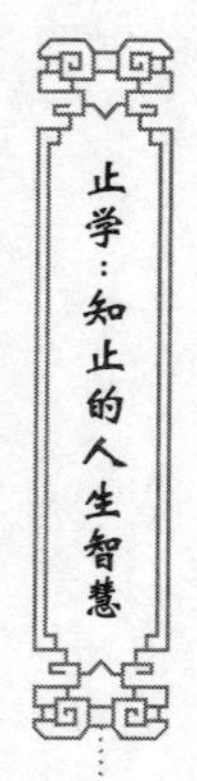

一、荣耀太多，上级就会恐慌

【经典回味】

好誉者多辱也。誉满[1]主[2]惊，名高众之所忌[3]焉。

【注释】①满：过多。②主：君主，领导。③忌：忌恨。

【译文】过于追求名利者，反而容易遭受更多的羞辱。荣誉太多就会引起君主的惊恐，名望过高就会成为众人忌恨的目标。

【为官之道】

历史上有很多功成名就的朝廷重臣，长期身居高位招致君王猜忌而不自知，最终惹来杀身之祸。

吕不韦帮助秦国太子子楚当了皇帝后，因其无法超越的赫赫奇功，被提升为当朝丞相，并官拜文信侯，他的封地达到十万户。庄襄王死后，太子嬴政即位，又尊奉吕不韦为相国，称他为仲父，一时权倾朝野。

吕不韦还召集了许多学识非凡之人，对他们厚禄重赏，集众人之力编成了《吕氏春秋》，令吕不韦名闻天下。随着秦始皇嬴政渐渐长大，有了自己的主见；而吕不韦却忽视了秦始皇的心理变化，仍然把持着朝政，导致君臣关系矛盾一天天激化。

后来，秦始皇终于找到个理由，革除了吕不韦的官职，令其回到自己的河南封地。吕不韦回到封地后，秦始皇看到前去问候吕不韦的各国宾客络绎不绝，担心其日后发动叛乱，于是派人送去了几句话："如今你对这个国家有什么值得夸耀的大功？却享受着如此多的俸禄？明明和当今皇上没有父子之实，却敢称仲父？你们全家应马上被贬去蜀地！"

吕不韦听到这些话后，明白了秦始皇这是在一步步逼迫自己，与其日后被杀，还不如自行了断，于是就喝下毒酒自杀了。

【职场之道】

当一个人获得突出成绩时，迎接他的不只是鲜花的掌声，还有因嫉妒而产生的打压排挤，唯有咬牙顶住外在的各种压力，才能在负重前进中走向一个又一个辉煌。

美国著名记者迈克，因为工作出色而招致上司的责难，但迈克忍辱负重，终于成就了自己的一番新闻事业。

迈克由于工作出色，被领导分配的任务也相对较多，不只是白天要出去采访，晚上回来后，还要播报黄金档新闻。按说他的事业应该一帆风顺，但却遇到了一个心胸狭隘的顶头上司——新闻部主任。

在一次会议中，新闻部主任当场下达了一个通知：迈克不准播黄金档，改播深夜时段的直播新闻。大家都难以置信，迈克更是无法接受，但他在表面上没有露出怨色，非常坦然地接受了工作调整。

从此，迈克每天一下班就跑去进修，并在10点多赶回公司，预备夜间新闻的播报工作。他把每一篇新闻稿都详细过目，充分消化，丝毫没有因为夜间新闻不重要而有任何松懈。渐渐地，夜间新闻的收视率提高了，观众好评不断，最后惊动了总裁。

总裁下令，由迈克播黄金时段的新闻。于是，迈克被新闻部主任“请”回了黄金时段，并在不久后获选为全国最受欢迎的电视记者。心有不甘的新闻部主任，终于想出了修理迈克的办法，他故意当众宣布：“虽然迈克是学财经的，但是由他采访财经新闻容易产生弊端，以后改跑其他战线。”

当时迈克在财经领域已经有较高的知名度，新闻部主任这一招釜底抽薪，明明是要阻止他的事业发展。迈克极力克制着气愤，他明白，自己一旦冲动，就有可能让主任的阴谋得逞了，所以他选择了继续接受岗位调整。这一天，总裁找到新闻部主任，下达命令：“明日有一位重要的企业家来我们这里，你通知迈克来陪同。”新闻部主任应付道：“迈克现在已调离财经部门了。”“不在财经部门也得来，他是这方面的专家。”

从此，公司要对大企业家进行采访时，总裁首先会想到迈克。渐渐地，观众甚至同事，都一致认为：迈克现在是大牌了，只要有重要人物来都由他出面。而每一位接受过迈克采访的人，都以此为荣。没有被迈克采

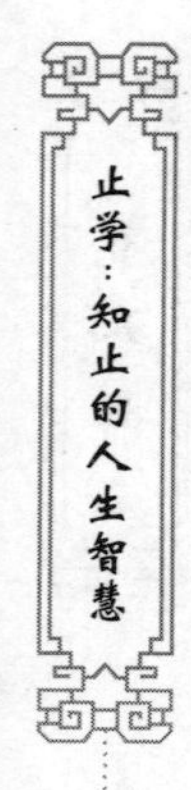

访的人，则有了怨言。

“我宣布，今后财经部门的所有重要采访都由迈克负责。”总裁终于下了令。迈克被“请”回了财经部门。两年后，原来的新闻部主任调职坐冷板凳，新的主任上台，正是迈克。

当自己的能力与声望还不足以与上级博弈时，只能选择默默忍受，积蓄力量，当自己的力量足够强大时，面对别人的打压也能坦然面对。

【商战博弈】

身为企业领导，既希望下属能出色地完成自己布置的任务，为自己不断创造更大价值，却又担心下属过于出色，影响到自己的地位。当下属创造的价值大大超过了领导的度量，就会造成领导的恐慌，导致上下级之间的关系紧张乃至破裂。

迈克·里齐是美国商界的传奇人物，其拥有的财富甚至超过了比尔·盖茨，里齐后来在事业中的巨大成功，与菲利浦·索罗门公司的总裁杰尔森不能容人有直接关系。

里齐从菲利浦·索罗门公司的一个低级小职员做起，凭借其才智敏捷、能言善道，很快得到总裁杰尔森的赏识，特意为里齐提供锻炼机会。很快，里齐就在商海中如鱼得水，为菲利浦·索罗门公司拿下了很多大订单，为公司创造了很高的利润。特别是里齐在国际石油供需形势突变中的投资建议，更是体现了他卓越的商业头脑。

杰尔森公司涉及的所有业务中，石油贸易是公司利润的主要来源。在国际石油供需形势突变时，因为石油输出国组织同西方石油公司签订了协定，提高了原油价格和石油开采税率，并开始对西方石油公司实行国有化。在这种大形势下，公司总裁杰尔森认为石油生意将会越来越难做，不如趁早放弃。此时里齐站了出来，力劝总裁不但不能放弃石油市场，反而要把这块“蛋糕”做大。

里齐提出了自己的独特观点：公司与中东各石油辅出国已建立了多年的合作关系，这种比其他同行企业更广更牢固的人脉资源，是最有价值的资源。如果能靠老关系买到石油，再以高价销售到西方各国，获得的利润也是巨大的。况且，像菲利浦·索罗门这样的知名企业，即便是在这一个石油项目上输了，也输得起。

在里齐的一再坚持下，公司总裁同意了他的提议，并破格提拔他为菲利浦·索罗门公司驻中东的负责人，专门负责石油生意。里齐马上行动，赶赴伊朗，借助原来的生意伙伴，找到了该国的石油商人，并凭借自己出色的谈判能力，很快就为菲利浦·索罗门公司签订了一笔巨额生意。也正是凭借里齐带来的这一笔巨额利润，菲利浦·索罗门公司一跃而成为世界上最大一家石油商。

而此时，杰尔森犯了一个错误，致使他的公司蒙受了巨大损失。按照老规矩，里齐在这笔交易中应得100万美元的奖金，但杰尔森觉得这个数目太大了，不想兑现诺言，迟迟不付。里齐十分看重这笔奖金，并希望马上拿到手，于是他给正在度假的杰尔森打电话催发奖金。杰尔森找各种理由推脱，后来两人在电话里不欢而散。次日上午，里齐就赶到杰尔森度假的地方继续催要，杰尔森更加生气。

里齐一看已无希望，不再争执。出门后，马上拨通了一个石油商的电话，将一笔生意揽到自己名下，轻松净赚100万美元。就是用这笔钱，里齐办起了一家公司，利用过去的关系，成交了一笔又一笔大生意，很快就成为菲利浦·索罗门公司的强大对手，弄得菲利浦·索罗门公司只有招架之功，没有还手之力。

直到此时，杰尔森才深感懊悔，但一切都已无法挽回。

二、名誉是小人诓骗的诱饵

【经典回味】

誉[1]存其伪[2]，谄者以誉欺人。

【注释】①誉：荣誉，赞誉。②伪：虚假。

【译文】赞誉有时存在虚假，阿谀奉承者常以虚假赞誉欺骗世人。

【为官之道】

选人用人也需要有高超的辨别能力，稍有不慎，就会被善于欺世盗名

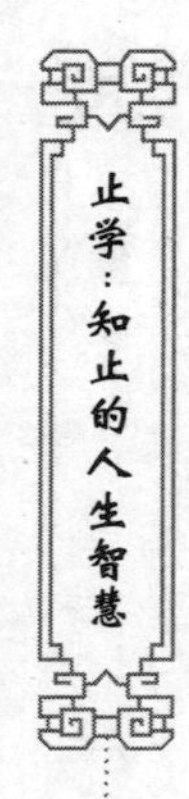

的小人钻了空子。

北宋时的蔡京，其人阴险狡诈，城府极深，特别擅长看皇上的脸色而屡进谗言，从而得到皇上的恩宠。期间，因公报私仇残害忠良，在正直朝臣的一致弹劾下，宋徽宗不得不将他降职到杭州。

被贬的蔡京一刻也没有放松对朝廷动向的观察，寻找机会以求再回京任职。有一次，皇帝宠信的宦官童贯奉旨到江浙一带搜罗书画珍品，蔡京得知后，不仅亲自前去迎接，还时刻陪在左右游山玩水，不分昼夜寻欢作乐，还向童贯献画献宝，谄媚奉迎，将童贯笼络得感激万分；童贯回宫后，在皇帝面前百般夸赞蔡京，说得皇帝顿生召蔡京回京之心。

同时，蔡京还重金收买了一个备受皇后、太学博士等人宠信的道士，这个叫作徐知常的道士经常出入皇宫，在皇宫内到处吹嘘蔡京是个有气量的相才。在徐知常和童贯一唱一和的宣传下，宫廷上下人人赞誉蔡京，使得昏君宋徽宗认定蔡京是个治国安邦的大才，于是很快将蔡京召回，提任为右丞相，将朝廷大权交付于他。

蔡京了解到皇上想通过改革现有律法而立威，就故意在皇上面前装出一副大力拥护变法的姿态，为了迎合皇上的好大喜功心理，干了不少劳民伤财的坏事，加剧了社会矛盾；蔡京清楚宋徽宗贪图淫逸，便百般搜罗奇货、美女逢迎。他用种种见不得人的手段，令宋徽宗愈加昏庸，从而加速了北宋的灭亡。

【职场之道】

在面对别人的赞誉时，不能被那些好话冲昏了头脑，以免被别有用心的人所利用。当自己对虚名不在乎时，自然就让别人没有了可乘之机。

意大利有位著名作家，他的出身极为穷苦，靠着自己顽强的努力，终于使自己的作品逐渐得到社会认可，各大出版社纷纷向他约稿，他的稿酬收入也渐渐多了起来，但他自己一直以来对名利看得很淡。

好景不长，这位作家生了一场大病，已到了生命垂危的时刻。消息传开，许多敏感的小报记者纷纷扮作文学爱好者前去探望，他们的目的，是想探知到作者的遗嘱，然后在自己的小报上发表。

这些小报记者装扮成文学爱好者，在作家病床前对其作品大加赞誉，对作家个人表现出由衷的崇拜，一脸敬意地对作家说："老先生，您的那种百折不回、刻苦自励的精神真使我们敬佩无比。您对我们这些青年文学爱好者有何嘱托与期望呢？我们特别想知道您的成功秘诀，以作为我们的一生指引。"

作家听了这些溢美之词，并没有表现出特别的欣喜，只是微微抬起头向他们看了看，仍旧一言不发。在小报记者的再三恳求下，作家沉思了一会儿，对他们说："成功的秘诀吗？有，请看《马太福音》十六章二十六节。"说完后就又闭口不语了。

记者们如获至宝，找到那节后一看，上面写的是："任何身外的名利，比起生命来都不重要。"

【商战博弈】

面对利益的诱惑，要仔细甄别那些看似好心的给予。一些不法商家为了赚取丰富的利润，往往以哄骗手段取悦于人。

曾有一名家庭贫困的学生，在高考中以优异成绩被名牌大学录取，但却为大学学费一筹莫展。

正在这名学生为难之时，一家生产健脑口服液的企业主动找到了他。企业负责人先是对学生的勤奋好学精神大肆夸赞了一番，并预言该学生今后的前途一定不可限量。在一番夸奖过后，企业负责人提出了愿意资助两万元学费，前提是，该学生要帮企业做一条广告，就说是服用了该企业生产的健脑口服液，才会头脑敏捷，从而一举夺魁的。

做一条几分钟的广告，便可获得如此丰厚的报酬，何乐而不为呢？可是这名学生却没有答应。他说："我家很穷，上中学的学杂费都是父母东拼西凑的，我从来没有喝过口服液，也根本喝不起，是老师的辛勤教诲和自己的刻苦用功，才取得今天的成绩。如果我违心做了这条广告，今后在社会上还怎么做人？"

企业负责人听了学生掷地有声的话，不禁也惭愧无比。最后企业负责人决定，即便学生不做广告，也将为他提供大学期间的所有学费。

三、聪明人不会自己夸誉自己

【经典回味】

名[1]不由己，明者言不自赞。贪巧[2]之功，天不佑[3]也。

【注释】①名：名誉，赞誉。②巧：投机取巧。③佑：保护。

【译文】名誉不是靠自己去宣传的，聪明的人不会自己夸赞自己。靠投机取巧得到的功绩，上天也不会保佑。

【为官之道】

为政一方，不仅仅要做到“公”“廉”，还必须做到“勤”，即尽心民事，勤政爱民。心中想着百姓的勤政之官，百姓自然对其赞扬有加，其个人也必定名垂青史。

西汉名臣召信臣，他的为官之道，不是在衙门里指手画脚发号施令，而是不辞劳苦地奔走于民间，百姓对其感恩戴德，尊称其为“召父”。

召信臣经常到田野里劝导农民耕种，时常住宿在乡间村野。他知道促进农业生产，水利灌溉很重要，因而巡视郡中各处，勘察水源，组织农民开通沟渠，修建水门闸堰，不断增加灌溉面积。老百姓因此而受益，收成年年增加，家中皆有积余。

他还为老百姓制定了“均水约束”，刻在石碑上，竖在田边，防止因争水引发民间纠纷。他禁止在嫁娶送终中铺张浪费，倡导节俭，官吏子弟如有喜好游乐、不努力耕作的，就加以训斥、罢免，严重者加以法办。在召信臣的治理下，全郡百姓无不努力耕作，盗贼狱讼事件日益减少甚至不再发生，不仅得到全郡百姓的拥护，还得到朝廷的多次奖赐。召信臣和东汉光武帝时的南阳太守杜涛一起被百姓称为“前有召父，后有杜母”，这便是我国古代“父母官”的由来。

召信臣去世后，每年的祭祀日，九江郡太守都会率领官员前往信臣冢行礼奉祠，南阳郡也专门建立了召信臣祠，年年祭祀。

【职场之道】

一个人在某个领域的名声和成绩被世人所知，绝对不是靠自吹自擂；修养越高的人，越是不注重外在的虚名，唯有如此，才能在事业中不断取得更大的成绩。

季羡林先生著作等身，精通十二国语言，是深受众人敬仰的大师。他不仅在学术上取得了非凡的成就，而且不图虚名，三辞“国学大师”“学界泰斗”“国宝”三项桂冠，始终踏踏实实做学问。

季羡林先生在谈到“国学大师”这一赞誉时说：“环顾左右，朋友中国学基础胜于我者大有人在，在这样的情况下，我又怎担得起‘国学大师’尊号，我连‘国学小师’都不够,遑论‘国学大师’！”

在一次会议上，北京市的一位领导突然称季羡林先生为“国宝”，让季羡林先生惊愕无比，他说：“是不是因为中国只有一个季羡林，所以我就成为‘宝’。但中国的赵一钱二孙三等等也都只有一个，难道中国能有13亿‘国宝’吗？”

在季羡林先生看来，学术是老老实实的东西，不能掺半点儿假，更不能沽名钓誉。通过个人努力或集体努力得到的成果，必然是实事求是的，这样做才算是有学术良心。

聪明之人从来不夸耀自己，但世人的眼睛是雪亮的，心里是亮堂的，总能记得住他们。

【商战博弈】

想要打造商界的优秀品牌，光靠表面的宣传远远不够，而是需要踏踏实实做事，一步一个脚印，辛勤付出才能换来消费者发自内心的认可。

王永庆可谓台湾巨富，他第一桶金的获得，完全是靠细心周到的创新服务。一个小小的米店，也能让王永庆在台湾有非常高的信誉度与知名度。

当时只有两百元本钱的王永庆，在嘉义一条偏僻的巷子里租了一个小店面卖米。地方不大的嘉义，已有30多家米店，王永庆的米店规模、位置

等各方面都处于弱势，所以生意都是冷冷清清。

当时大米加工技术比较落后，出售的大米常常掺杂着小石子、沙粒。通过观察，王永庆发现人们在做饭前都要将米淘洗好几遍，还要将混杂在里面的杂物拣出来，很是花费精力。受此启发，他和两个弟弟一起动手，一点一点地将米里的杂物拣出来，然后再卖。这让王永庆的米店有了很大的竞争力，那些家庭主妇们都说王永庆卖的米不用淘洗，非常方便，米店的生意日渐红火。

王永庆并没有就此满足，他接着实行了送米上门的销售策略，每次送米时，如果米缸里有陈米，他就将陈米倒出来，把米缸擦干净，再把新米倒进去，然后把陈米放回上层，使陈米不至于存放过久而变质；他还详细地记下米缸大小、人口数等，据此估计这户人家下次买米的大概时间。到时候不等顾客去店面，他就主动将相应数量的米送到顾客家中。

王永庆如此细心周到的服务，在嘉义渐渐有了名气，米店的生意更加红火了。随着资金积累得越来越多，他的事业也越做越大，直至问鼎台湾首富。

四、轻易得来的荣誉显不出价值

【经典回味】

赏誉①勿轻②，轻则誉贱，贱则无功③也。

【注释】①誉：名誉。②轻：轻易，随意。③功：价值，意义。

【译文】封赏名誉不能过于随便，过于随便则会显得名誉轻贱，名誉轻贱也就失去了价值。

【为官之道】

名誉与地位是证明人才能力的重要形式，也是领导者吸引人才凝聚人心的重要手段，所以要将封功论赏格外重视起来，让良臣贤将获得最大的认同感。

韩信起初在项羽手下做事，项羽任他为郎中。韩信数次提出良计，项羽都没有采用，也始终没有对韩信委以重任。汉王刘邦入蜀时，韩信归附汉王，后被任以小官，汉王也未发现其有何才能。

汉军在一次作战中，许多将领在行军中途离去，韩信因长期不受刘邦重视，也准备一起离开。萧何深知韩信才能，忙去追赶，汉王以为萧何也要离去，等萧何回来问清缘由后责怪道："逃跑的将领那么多，你不去追，反而去追韩信这样一个无名小官。"萧何说："汉王如果只想在汉中称王，就没有地方用得上韩信；但如果想要争夺天下，除了韩信，就再也找不到能和你商量大事之人。"

汉王说："既然你如此举荐，我就提任他为将领。"萧何说："这样也是大材小用了，他还是不能为此动心。"汉王说："那就封为大将。我现在马上召见他，下达任命。"萧何阻止道："您从前任命大将时不讲礼节，就像呼唤小孩子似的，这也是韩信选择离开的原因之一。您如果一定想任用他，就选择吉日，先行斋戒，设置高坛，举行隆重的仪式才行。"汉王同意。

韩信在接受拜将仪式后不久，即展现出无人能及的军事才能，在与楚军对战中连连取胜，直至垓下全歼楚军，天下莫敢与之相争，为建立西汉大业立下卓越战功。

【职场之道】

靠委曲求全、阿谀奉承不能获得别人的认可，靠真正的实力与魄力争得的荣誉才有分量。只有具备不同寻常的能力，才能获得不同寻常的荣誉；也只有经过重重考验获得的来之不易的荣誉，也才能显出其不同寻常的价值。

某公司总经理向刚刚聘用的一批员工宣布了一条纪律：谁也不要走进十楼那个没挂门牌的房间。原因总经理并没有说，此后，真的没人违反他的这条禁令。

几个月后，公司又新聘了一批员工，总经理再次向新职工告知了这条禁令。这时，一个年轻人小声嘀咕了一句："为什么？"总经理并没有因为这个新人的不礼貌而恼怒，只是满脸严肃地答道："没有原因。"

此后的几天，那个年轻人始终在思考着总经理为什么做出如此规定，其他员工则劝他只管干好自己的那份工作，别的不用瞎操心，听总经理的话总是不会错的。可是那个年轻人还是不死心，他非要把事情弄个水落石出不可，于是他决定冒险去十楼一探究竟。

他到了十楼的那个房间，敲了半天门没人回应。他还是不甘心，将门轻推了一下，没想到门是虚掩的，并没有上锁。房间里只有一张桌子，桌上摆了一个纸牌，上面写着一行字："请把此牌送给总经理"。

年轻人拿着这个已落满灰尘的纸牌，似乎明白了怎么回事。当他把纸牌交到总经理手里时，总经理脸上带着期待已久的欣喜，向年轻人宣布了一个意想不到的任命："从现在起，你被任命为销售部经理助理。"

在后来的日子里，那个年轻人果然不负总经理的厚望，勇于开拓进取，把销售部的工作搞得有声有色，不久后，又被提升为销售部经理。

如果当初不是通过这种方法对人才进行甄选，而是直接任命某个人，也许就不会像那个年轻人那样对得来不易的职位如此看重，也就没有后面取得的成就了。来之不易的赞誉，能激励人们取得更大的成就。

【商战博弈】

如果我们把自己所处的环境、自己不能左右的局面，看成是上天对我们的一种考验，那么经过重重努力获得成功后，我们更能体会到成功的喜悦。

日本独立公司的总裁木下纪子，其创业的道路充满艰辛。

木下纪子曾经管理着两个室内装修公司，在当地小有名气。正当事业风生水起的时候，她突然中风，导致半身瘫痪，连吃饭穿衣都难以自理。她努力使自己从极度的痛苦中摆脱出来，反复问自己："难道这辈子就以这样的状态活下去吗？我一定要振作起来！"

木下纪子想到，穿衣服虽然是件小事，可对一个残疾人来说是那么

难，难道就不能设计出一种残疾人容易穿的衣服吗？这个念头冒出来后，她兴奋不已，忘记了自己的痛苦。

根据自己的设想再加之以往的管理经验，她办起了世界上第一家专门为伤残人设计和生产服装的公司，取名“独立公司”。木下纪子按残疾人的身体和心理特点，设计出适合他们穿着的服装，使得公司一开张就生意兴隆，一个季度的销售产值就达到5万多美元。独立公司还得到了日本政府的大力支持，并得到了外国友人的帮助，与美国一家企业组成了合资公司。

木下纪子在事业成功时说道：“尽管我们的身体残疾，但我们的精神并没有残疾，我想让人们看到，残疾人只要不放弃努力，同样会收获更大的经济财富与精神财富，这些来之不易的财富，在不同寻常的努力中，显得愈加珍贵。”

五、接受荣誉时要懂得辞让

【经典回味】

受①誉知辞②，辞则德显，显则释③疑也。上下无争，誉之不废④焉。

【注释】①受：接受。②辞：辞让。③释：消除。④废：消失。

【译文】面对名誉时应知辞让，辞让方显出美德，美德彰显才能消除怀疑。上下级之间没有争名夺利之举，美德就永不会消失。

【为官之道】

历史上，杰出的将领大都具有居功不傲、严己宽人的优秀品质。春秋时期，三将让功的佳话正体现了克己让功做法对一个国家强盛的重要作用。

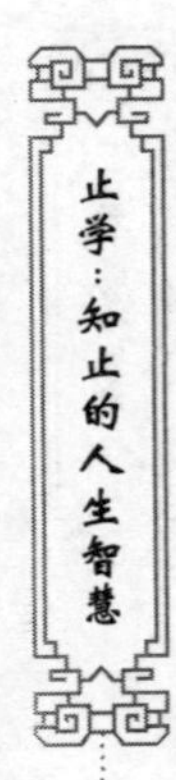

春秋时，齐国大举进攻鲁、卫两国，两国眼看就要被打败，紧急时刻向晋国寻求帮助。晋国任命郄克为元帅、士燮和栾书分别为统领上军、下军。战争开始后，郄克身为主帅冲锋在前，被敌箭伤到流血不止，仍未停止进攻；士燮和栾书亦奋勇杀敌，在将士们齐心协力的努力下，终于大败齐军，齐国献宝求和，归还了鲁、卫两国的土地。

晋军旗开得胜，大部队浩浩荡荡回到本国，国人纷纷站在城门两侧欢迎。人们没有发现士燮的身影，再仔细一看，原来他和最后面的普通士兵走在一起。他的家人非常不解，他说："今日得胜之师归来，先进去的人必将成为万众瞩目的焦点，我先进去岂不是代帅受名，因此我不走在前面。"

郄克觐见主公，主公称赞他说："这次大获全胜，你是功劳最大的人啊！"郄克立刻答道："这要归功于君主平日训导、将士们的努力，我的功劳微不足道。"

当士燮觐见主公，主公也说："此战能胜，你起到了最大的作用劳啊!"士燮也谦虚地说："这是克指挥有方，士兵们勇敢作战，我哪有什么功劳呢？"

晋国的这三位杰出人物，在战争取得胜利后互相推让功劳，自己一点儿也贪功自大，这种优秀的做人风格，一直为后世兵家所推崇。

【职场之道】

克己忍让，是君子的优秀品德，尤其是面对利益诱惑的时候，更能考验一个人的品德修养。

达尔文创作完成了《物种起源》这一巨作，准备向全世界公开。就在这时，另一位科学家华莱士邮来了一封信，请达尔文为自己写的一篇论文进行审定。

达尔文在看了华莱士的稿子后，为难起来，因为华莱士在论文中提出的研究结论与自己的《物种起源》一书实在是太接近了。达尔文陷入了长时间的痛苦思考，怎么办呢？如果帮华莱士发表这篇论文，自己用时二十多年的写作成果算是白费了。可是他又不能不让人家发表，作为一个绅士，怎么能够让自己的论文先发表呢？

达尔文征询好友们，让他们给他出出主意。好友们建议他赶紧写一篇提纲，把想要表达的思想都写出来，然后和这篇文章一块儿发表在英国皇家科学院的杂志上。

达尔文认为此方案可行，于是他找到华莱士，非常诚恳地问他是否同意。华莱士表示非常同意，而且他觉得能跟达尔文这位老前辈想到同样一个理论很荣幸。所以，虽然这本杂志发表了两篇差不多的论文，但并没有人提出异议，随后，达尔文的《物种起源》出版，立即成为当时的畅销书，达尔文名声大噪。

两位科学家，在一项重要的学术成果面前，一个虽不甘心，但仍然在询问了对方之后才发表观点，而另一位对此欣然接受毫不争抢，心甘情愿成为大师的追随者，成为科学史上的一段佳话。

【商战博弈】

无论是做企业还是做领导者，名利都不可独享，要懂得“财散人聚，财聚人散”的道理。只有懂得分享名利，才能有更多的收获。

卡尔森在接任北欧航联的负责人职务后，只用了两年的时间，就让公司从亏损近千万变为赢利7000万。卡尔森取得这样的成绩，最重要的一条改革措施就是“利润包干，有职有权”。

在此之前，北欧联航的上任负责人紧握大权，事事由其亲自把关。企业管理组织就像金字塔似的三角结构，最顶端是极少数掌握大权的高层主管，中间部分是数名中层，而低端则是人数较多、与市场联系也较紧密的基层员工。这种管理结构造成的直接弊端是效率极为低下，公司雇用一名普通员工，都要层层审批，直至最高负责人签字批准；公司要增加一名机械师，可能要花长达3个月的时间；客机维修部的主管，甚至连购买一辆卡车的财权都没有，也要由财务主管等逐级把关并经总经理亲自过目后许可。

卡尔森上任后，马上改革原有的权力过度向上集中的制度，全面实行分权治理制，把自己的所有权力逐级下放，将整个公司划分为好多规模不等的“利润包干中心”，使每个主管一条航线的经理是有职有权的独立企业经营者。只要能赢利，这些经理有权决定班机的时间、航次和航运的范围，不再需要向他逐级请示。

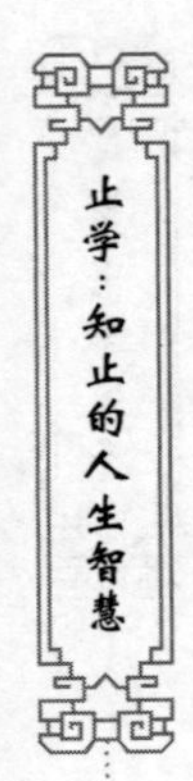

卡尔森还鼓励副经理们，如果能揽到赚钱的好项目，跨出北欧联航的圈子也行。在他的鼓励下，欧洲民航营业部绕过公司总部，自行将几架飞机租借了出去，获利颇丰。自感任务不足的技术部，也在他的鼓励下四处包揽修理业务。

通过充分放权，使公司上下所有人的积极性得以全面发挥，很多重复审批、效率低下、消极怠工等问题得到解决，而且全公司行政管理开支每年减少了2000多万美元。公司获得丰厚利润后，卡尔森为奖励全公司雇员，每人发一块金表。

卡尔森没有把个人名利看得那么重，而是将权力下放给下属，看似吃了大亏，实际上这种舍弃权力的做法换来的是更大的利益回报。

六、不正当的名誉会害死人

【经典回味】

人无誉堪①存，誉非正②当灭。

【注释】①堪：能够。②正：正当。

【译文】人没有荣誉也能够生活，但不是通过正当途径获得的荣誉却会让人毁灭。

【为官之道】

通过才能与努力获得荣耀无可厚非，但如果将荣耀看得太过重要，甚至为了达到目的不择手段，最终必然会自食苦果。

南朝江谧出身平民之家，为了实现荣华富贵的目标，他不断改换门庭，成为一个十足的政治投机商。

刘昱在位时，江谧在萧道成手下任职。当时江谧还没看出萧道成以后能成大气候，便想方设法离开他，调入京城讨好刘昱。后来刘昱日益昏暴，朝堂上下都在传言刘景素将替代刘昱，江谧又投奔刘景素，想谋求更

大的富贵；不料刘景素造反未成被杀，江谧上下活动逃过一劫。

他又重新投入萧道成门下，萧道成掌权后，他被任命为尚书左丞，逐渐成为萧道成的亲信，萧道成曾多次夸赞他。可是江谧依旧不满足于眼前的富贵，当萧道成死后，他因为自己未能成为顾命大臣而心生怨恨，竟然以生病为由不入宫吊唁。

齐武帝登基后，江谧因得不到升迁而怨气日重，在齐武帝患病之时，江谧偷偷找到豫章王萧嶷，极力鼓动其篡权夺位，并表示自己愿效犬马之劳。萧嶷严词拒绝了他，并向齐武帝揭发了他的罪状。

最终，为名利苦苦钻营的江谧没能等到爬上宰相高位，就被齐武帝斩首。

【职场之道】

一个人追求正当的名誉本无可厚非，但如果过于看重外表的荣誉，甚至不惜采取各种不正当的手段来获得荣誉，这种职业生涯注定不会长远。

张先生和李先生都是某地痴迷于作画的画家，他们都希望自己的画作水平能不断提高，在美术界取得不平凡的成绩。不过，两个人对自己画作的处理方式却迥然不同。

张先生对自己画完的每一幅画都是自我陶醉，进行精美装裱后，挂在客厅的显眼位置。每当圈中好友前来拜访，他都特意向好友大肆推荐自己的画作，好友出于情面，也会对画作大加赞美一番，这更增加了张先生的自我膨胀意识，总认为自己的画作已经到了相当高的水平。

李先生则不然，他每次创作完成一幅画后，都细细揣摩不足之处，哪怕发现很小的瑕疵之处，都会将辛辛苦苦画好的画转身扔进垃圾桶。所以，每当有朋友前来交流画技，他们总是纳闷看不到李先生的一幅完整画作，那是因为李先生已经将那些自认为不满意的画都扔弃了。朋友们每次看到的，只有李先生画板上未完成的作品。

转眼五年时间过去了，张先生靠着在这个城市里积聚的人脉，早就办起了个人画展，并通过拉拢各方面关系，卖了不少钱。张先生可谓是名利双收，而李先生还是连一幅完整的画都没画出来。

又过了五年的时间，张先生的画作因为千篇一律，看不出任何新意，渐渐在这座城市里销声匿迹了。而李先生的画直到此时才横空出世，一经

展出，就震惊了画坛，享誉国内外。急功近利的张先生只是获得了短暂的虚荣，而李先生却用长久的坚守使自己成了一个真正的大家。

【商战博弈】

为了吸引消费者，企业往往各出奇招大打“促销牌”，但如果过度追求只做表面文章，不靠真正的实力和诚信来求得企业发展，迟早会面临破产的结局。

有两个年轻人，一个叫里斯特，一个叫乔亚，他们的父亲都是服装经营商，为了拓展家族生意，两个年轻人决定去比利时开办服装分厂。

里斯特和乔亚各自向父亲借了1万美元，便一同出发了。里斯特想，必须比乔亚先到比利时，只有抢占了好的地段才有更大的胜利把握。于是他退掉火车票改乘了飞机；乔亚也将火车票退掉了，而是改乘了汽车。

里斯特很快在比利时最繁华的地带租好了厂房，并展开了强大的品牌宣传攻势，对自己的企业品牌冠以许多如“全国级”“世界级”等荣誉。在这种宣传氛围下，很多工人纷纷前来应聘，当地人也对里斯特生产的服装拭目以待。

而乔亚还在路上，他此时正在汽车里与人们聊天，观察人们身上穿着什么款式的衣服，问人们喜欢穿什么样的服装。辗转半个多月后，乔亚才到达比利时，然后在一个偏僻的郊区租了厂房。

出人意料的是，虽然里斯特在前期做足了宣传，但生产出来的服装却没有人买；而乔亚的服装却越卖越火。于是，里斯特花高价雇人去偷窃乔亚的秘方，很快他便发现乔亚的设计风格始终紧跟着当地人的穿衣习惯。里斯特很快就仿照乔亚的款式生产出大量服装，这才得到了当地人的认可。

后来，金融风暴突然来袭，里斯特和乔亚的工厂都受到了影响。里斯特一边低价处理积压品，一边疯狂裁员，许多员工被借故炒掉，工资也被无端克扣，一时怨声四起。乔亚在面临危机时，却与员工坦诚相对：员工愿意留下来共渡难关的，只领取少量生活费，公司渡过难关后双倍补齐工资；有想另谋出路的，领完当月的足额工资后即可离开，等公司壮大后还可回来。

乔亚的做法感动了员工，他们不但全部留了下来，而且还为公司捐出

了好几万美元。最终，乔亚与员工们咬牙熬过了那段艰难的日子。随着经济复苏，工厂的盈利不断攀升，而里斯特因实在支撑不下去而选择了打道回府。他看着乔亚的工厂越来越兴旺，心里充满了遗憾与失落。

七、塞翁失马，焉知非福

【经典回味】

求誉①不得，或②为福也。

【注释】①誉：荣誉，赞誉。②或：有时。

【译文】谋求荣誉而不能得到，有时也算得上是一种福气。

【为官之道】

将荣誉名利看得淡的人，会避免许多无谓的纷争，也就避过了许多无妄灾祸，同时，不与人争名夺利还能赢得人们的尊重。

北宋时有位宰相名叫吕蒙正，他因为从小生活艰难，深刻体会了底层人们的不易，所以即便做了很大的官，还是不改其宽容厚朴的人品，在朝廷上下赢得一致称赞。

吕蒙正幼时家庭非常贫寒，与母亲住在废弃的砖窑里，靠沿街要饭才得以生存。后来吕蒙正的官越当越大，还是有人拿他过去的低微身份做文章，当他被任命为副宰相第一天走马上任时，突然听到有人说："这个穷小子也当上了大官呀？"吕蒙正装着没听见，走了。

吕蒙正能忍，可他的朋友实在看不过去了，气得非要在官员中进行排查，看看这个人叫什么名字。吕蒙正则拦下了朋友，说道："如果知道他的姓名，一辈子都忘不掉了，还不如不知道的好。"当时的人都佩服他的度量。

吕蒙正之前的几任宰相，他们的后代一入仕做官，就被朝廷任命为特别高的官衔，这已经成为了惯例。到吕蒙正时，他上奏说："臣成为进士

后，只做了九品京官，现在我的儿子刚刚长大，就受到如此恩宠，可能会遭到阴间的惩罚。请皇上只让他当臣刚刚出仕时做的官。”从此后宰相的儿子只当九品官，这成了制度。

温仲舒少年时曾与吕蒙正一同读书，吕蒙正当了大官后，极力向皇上夸赞温仲舒的学识，于是皇上便重用了温仲舒。没想到的是，得到权势的温仲舒，为讨好皇上，却偷偷说吕蒙正的坏话，甚至在吕蒙正受到皇上怪罪时落井下石，人们都非常看不起他。

后来连皇上也看不过去了，当吕蒙正又真心实意地对温仲舒的为官实绩大加褒奖时，皇上不解地说："爱卿总是夸奖温仲舒，可温仲舒却常常把爱卿说得一钱不值啊！"吕蒙正笑着说："陛下把我安置在这个职位上，就是深知我能发现别人的才能，并能让他才当其任。至于别人怎么说我，这哪里是我职权之内所管的事呢？"皇上听后大笑不止，从此更加敬重他的为人。

【职场之道】

有时候，得不到荣耀并不算什么坏事，塞翁失马，焉知非福？延伸到职场中同样适用。有时候领导者放下身段，同职工共进退并不是什么丢面子的事情，反而能使职工获得最大限度的认同感与归属感，他们也必将全力以赴地去完成领导者的既定目标。

保罗·盖蒂以其在石油领域获得的巨大利润，多年在美国富豪榜中排名第一。他有一个最关键的管理特点，就是谦虚低调，凭此点，在美国几乎所有地方都有他的炼油厂。

盖蒂大部分时间都不是坐在办公室里发号施令，而是穿着满身油污的工作服，与工人们在野外一起工作、一起吃住，深得他的雇员们的信赖。有一次，一位其他企业的老练的油田工人出现在盖蒂的钻井场地，提出想在这里找一份工作。

盖蒂听说他原来在一家大公司工作，问他："那里的条件比我这里好多了，为什么非要到我这里来呢？"油田工人怒冲冲地说："我在那个钻井场已经干了5个月，只钻了1000米左右！"盖蒂笑了，问他："你认为要是由我来干，需要多少天才能钻这么深？"油田工人回答："10天！我敢打赌。这就是我为什么不愿在那边干的原因。”连其他企业的工人都如此信任他，可见他在底层工人中的平易近人程度。后来，这个工人成了盖蒂手下的骨干成员。

盖蒂坚持认为，员工与老板之间存在的紧密协作精神与相互信任是至关重要的，这种没有距离的关系，只有老板把自己也当成一名普通工人才能获得。有一次，盖蒂在加利福尼亚西尔滩油田租得一小块土地，而这一小块土地只能通过一条长100多米、宽1米左右的地面来接通补给路线，载运钻井装备的卡车根本开不进去。

同行们都劝他放弃，他没有去听同行的劝告，而是找到工人们，虚心听取他们的意见。工人们通过实地研究，向盖蒂提出了运用小型钻井设备和铺设窄轨铁路的办法，盖蒂马上采纳了他们的意见，并放心地委派他们去按该办法实施。在工人们的齐心努力下，不但很快打出了井，而且顺利地产出了油。

正是靠着这种谦虚实干的精神，盖蒂的石油事业迅速发展，到了1951年，他名下的石油公司资产就超过了8亿美元。

【商战博弈】

丢掉荣誉的盔甲，放低你高贵的姿态，成功大门或为你打开。

被称之为“上帝”的消费者，在许多商家眼中并非是真正的“上帝”，只是实施的一种营销战术。当企业不再将“视消费者为上帝”停留在口头上、表面上，而是真正放低姿态，将广大消费群体的消费需求作为企业运行的核心组成部分，这种企业才有可能立于不败之地。

在国内手机市场，小米可以说是独具魅力，它价格不高，硬件质量过硬，更值得称道的是，小米手机将关注用户、构建用户参与感作为首要管理措施，把小米团队做产品、做服务、做品牌、做销售的过程全部开放，让用户参与进来，以其低姿态培养了一大批铁杆小米发烧友，以此打响了小米品牌的知名度。

之所以有那么多顾客选择小米，很大的一个原因，是因为它在设计中体现的精益求精，比如它的操作系统。小米手机开发版坚持每周升级一次系统，稳定版也固定每月更新一次，这非常考验手机厂商的技术实力。所以，很多手机厂商很少会升级操作系统，他们认为升级操作系统根本没必

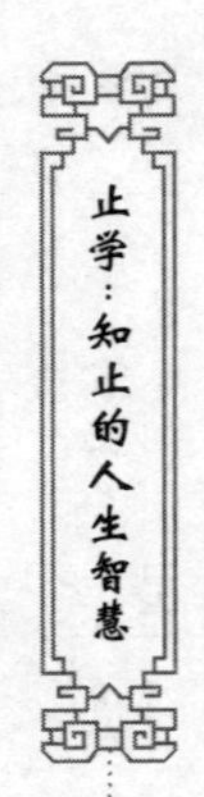

要，只有在操作系统出现漏洞，或者手机出现不停重启、死机、黑屏等严重问题时才有必要升级。但小米手机认为，手机将会替代PC成为大众最常用的终端，既然手机就是PC，为什么不能升级呢？

为了改善用户体验，这种频繁升级对小米研发团队提出了严峻的考验，每周重新设计一次开发版，意味着开发团队要在7天之内完成搜集用户需求、开发、测试、发布等一系列工作。为了解决开发过程中人才资源不足的问题，小米团队想到了一个两全齐美的办法，就是让广大的小米发烧友参与开发，并通过米聊论坛建成了一个“荣誉开发组”，从数万名发烧友中抽出一批活跃度相当高的用户，让他们和研发团队同步做测试。通过这种办法，研发团队在测试过程中能随时根据用户建议进行改进调整，更准确地把握住了用户需求。

小米的当家人雷军始终坚持这样一个理念：与其在广告投入过多资金，不如把钱用在产品和服务上，让用户主动夸你的产品，主动向身边人推荐。正是完全靠粉丝们的口碑效应，小米的这种销售模式改变了整个中国手机市场的格局。

情卷六

情滥无行，欲多失矩。其色如一，鬼神莫测。

上无度失威，下无忍莫立。上下知离，其位自安。君臣殊密，其臣反殃。小人之荣，情不可攀也。

情存疏也，近不过己，智者无痴焉。情难追也，逝者不返，明者无悔焉。

多情者多艰，寡情者少艰。情之不敛，运无幸耳。

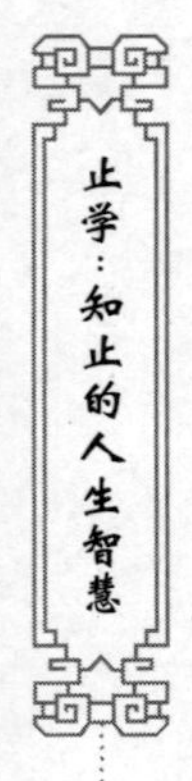

一、情欲过度就会丧失做人的法则

【经典回味】

情滥①无行，欲多失矩②。

【注释】①滥：不加控制。②矩：规矩，法则。

【译文】感情过度就会显得没有品行，欲望过多必然导致失去法则。

【为官之道】

历史上许多亡国身死之君，为了不断增长的一己私欲，被冲昏了头脑，事事不择手段，最终导致众叛亲离。

杨坚称帝后，将太子定为性格宽厚的杨勇，生性狡诈的杨广为了夺取太子之位，费尽心思讨好父亲杨坚，骗取信任，并暗中派人诬告杨勇图谋不轨。

杨坚将杨勇囚禁，重新立杨广为太子。但杨广生性多疑，一天不能登上皇位，一天就不踏实。在父亲病重期间，就写信给近侍大臣杨素探问父亲后事如何处理，探寻宫中是否有变；不料信件被误送到父亲杨坚手中，惹得父亲大怒。

杨广不思悔改，难掩其贪色本性，又趁父亲病重，对皇妃失礼；父亲杨坚知道后，急命近臣召杨广入宫，想要废其太子之位。杨广得知事情有变，立即行动，将父亲的近臣投入大狱，又包围父亲宫室，赶走服侍父亲的宫人，令亲信将自己的父亲杀死，又怕其兄杨勇日后争夺王位，也一同杀死。

杨广残杀骨肉、害死忠臣后，终于登上了皇帝宝座，其欲望愈加不可控制。为了满足自己骄奢淫逸的生活，他在全国各地大造离宫别院，年年出巡时所经的州县，五百里内都要贡奉，百姓苦不堪言。他还好大喜功，

在营建东都洛阳、开凿运河、修筑长城、三征高句丽等一系列巨大工程和长年征战中，征发劳役达到上千万，平均每户至少有一人服役。

在杨广的暴虐压迫下，全国各地纷纷暴发农民起义斗争，加之他残害忠良，令朝廷内外叛乱不止。杨广在位仅仅十余年，就被叛军杀死，结束了其奢靡无度的皇帝生涯；其父辛苦创建的隋朝，也迅即被唐朝所取代。

【职场之道】

要想在某一领域有所建树，就要有一种长期坚守的精神。只有在面对各种金钱、地位等诱惑时不为所动，才能心无旁骛地达到自己的人生目标。

高锟从20世纪50年代就进入了光导纤维的专业领域，用了整整50多年的时间进行研发其在通信中的应用，最终这一成果获得了诺贝尔奖。

高锟从小就痴迷科学，还在上小学时，就经常用零部件自己攒制收音设备等。由于学习成绩特别出色，考入著名的香港大学，但当时港大没有他感兴趣的电机工程专业，便辗转到英国伦敦大学就读。毕业后加入英国国际电话电报公司任工程师，同时攻读伦敦大学的博士学位。

正式进入通信行业后，高锟开始了一个在信息传输领域史无前例的开发项目，而他的研发小组不过三四个人。他的研发目标，就是要用玻璃制造比头发丝更细的光纤，取代铜导线作为长距离的通信线路。在高锟之前，玻璃光纤的实际价值也仅限于医疗中的胃窥镜等领域，因为光在玻璃光纤中传输，会快速衰减以至丧失殆尽，用于长距离通信根本不可能。

高锟经过大量数据的调查对比和分析思考，得出一个结论：只有最大限度降低光在光纤中的衰减，才能使玻璃代替铜成为可能。他通过无数次的实验证明，玻璃中的离子杂质对光的衰减起到决定作用，并研究出了最适合长距离传输的光的波长、或者说颜色。但是当时还没有厂家生产出可以达到高锟要求的那种“超纯净玻璃”，许多人都认为他的想法不切实际，甚至讥笑他是疯子。

高锟为了验证他的研究成果，开始在各地寻找合适的玻璃制造企业，并费尽口舌想要说通企业负责人开发超纯玻璃。后来，他发明了石英玻璃，制造出世界上第一根光导纤维，震惊了科学界。如今高锟发明的光导

纤维，即光纤，为人类连通了信息时代，全世界已铺设的光纤总长已能绕地球2万多圈，因他在这一领域的突出贡献，被誉为“光纤之父”。

与他取得的突出贡献相比，高锟的这一跨时代研究并未给他带来巨额的金钱回报，因为他的光纤研究属于一个公司，一个集体，他也从没申请过光纤技术的专利权。他曾说：“什么香港首富、全球首富，对我而言全无意义。我没有后悔将一生献给研究事业，对于不能带来财富也没有任何怨言，如果事事以金钱为重，那么就没有今天的光纤成果。”在他的话语中，体现出一种没有“杂质”的追求。

【商战博弈】

做到利益面前不动心是非常不易的，只有适当控制自己对于金钱的过度妄求，才能使自己不至于变为金钱的奴隶，才能不因暂时的贫富而左右自己的人生方向。

拥有加利福尼亚州15家连锁超市的商业巨子本·罗伯森，从年轻时就表现出对情绪的超常控制力。

罗伯森出身贫苦，靠在一家俱乐部打工维持生计，因为住的地方与工作单位相距甚远，当时他最大的愿望就是能拥有一辆自己的汽车，这样每天就能省下在路上将近一个小时的时间。可光靠他那点微薄的薪水只能是望车兴叹。

偶然一次，朋友劝他，既然买不起，那不妨试试自己的运气，买注彩票吧。罗伯森于是拿出10美元买了彩票，没想到竟然真的中了大奖，他马上用这笔钱买了汽车。从此，他每天就能开车上班了，公司里的人们无不对他投来艳羡的目光。他对自己的爱车也相当爱惜，总是将车里车外清洗得一尘不染。

但是天有不测风云，就在他习惯了开车上班的时候，有一天，他忽然发现爱车被偷了！他再次回到了急急地步行上班的日子。当同事朋友们知道后，都觉得气愤，也替他担心，担心他沉浸在丢车的阴影里一蹶不振。

可令大家奇怪的是，他并没有大家想象得那样找人抱怨或是找机会发泄一通。他居然和没事一样，按时上下班，努力工作，看不出任何情绪变

化，好像丢车这件事与他无关。大家觉得他可能患上了“丢车抑郁症”，于是私下里劝他：“不要太难过了，一辆车子，以后有机会还可以再买。”

不料他却对同事微微一笑：“我为什么要难过？如果你们当中有谁丢了10美元，会难过吗？”“当然不会，就当是少吃了一顿饭。”“那我也不会，我只不过是丢了10美元而已啊！”大家听后不禁豁然开朗，为他的豁达心胸而折服。

一些企业之所以不能做大做强，就是因为其眼光太过短浅，总是纠结于暂时的利益得失，一旦有一丝风吹草动、艰难挫折，就情绪低落、止步不前，从而陷入发展的困境中。

二、神色不变，心思不会外露

【经典回味】

其色[①]如一[②]，鬼神莫测[③]。

【注释】①色：神色，神态。②一：始终不变。③测：揣度。

【译文】神态言行沉稳，始终保持不变，哪怕是鬼神也看不出内心所思。

【为官之道】

身为长者或领导，要保持沉稳的心态，才能稳定大局，为追随者树立表率。

前秦苻坚率领百万大军前来攻打东晋，志在一举灭掉东晋；面对强敌，东晋朝堂一片惊恐，而负责军事的大都督谢安泰然自若，派谢石、谢玄、谢琰和桓伊等将领率兵八万前去抵御。

面对十倍于自己的敌人，谢玄总是感觉有些没底，出征之前特意去向

谢安询问战术。没想到谢安神情轻松地说："朝廷已另有安排。"之后便不再言语。随后，谢玄又派好友张玄再去请示。

其时谢安已坐着车在青山绿水间与亲朋好友聚会游玩，聚会完毕后，谢安才与张玄坐下来下棋为乐。谢安平常棋艺不及张玄，这一天张玄心慌，反而败给了谢安。下棋后，又登山游玩，到了晚上才返回，把谢石、谢玄等将领都召集起来，当面交代作战具体事宜。

在作战过程中，谢玄在分析敌军特点后，采取了奇兵突袭战术，首战取胜。随后，前秦与东晋决战于淝水，谢玄、谢琰和桓伊依靠谢安的高超战术和出色的现场指挥能力，以七万兵力战胜了前秦十五万大军，并斩杀敌军统帅苻融，创造了历史上有名的以少胜多经典战例。

前线大获全胜的消息很快传到了谢府，谢安随手拿起前线战报掠过一眼，又继续与来客对弈。客人忍不住询问信件内容，谢安淡淡地说："没什么，孩子们已经打败敌人了。"直到下完了整盘棋，送走客人，谢安才表露出内心的欣喜，高兴得进屋时把鞋底上的屐齿都碰断了。

【职场之道】

无论从事何种职业，都存在着竞争。能否战胜竞争对手，在能力相当的情况下，关键因素在于心理素质的高低。能成就事业者，往往具备较高的心理素质，不会让竞争对手看出底细。

在一场世界级拳王争霸赛中，三十三岁的阿里与另一拳坛猛将福雷泽正在进行第三次较量。因为阿里在前两次较量中一胜一负，所以这次较量的结果至关重要。在进行到第十四回合时，阿里已精疲力竭，濒临崩溃的边缘，这个时候一片羽毛落在他身上也能让他轰然倒地，他几乎再无丝毫力气迎战第十五回合了。

尽管阿里的状态已达到极限，但他拼命坚持着，在他的表情中仍表现出斗志昂扬的姿态。因为阿里心里清楚，对方和自己一样，也是耗尽了所有气力，比到这个地步，与其说在比气力，不如说在比毅力，就看谁能比对方多坚持一会儿了。他知道此时如果在精神上压倒对方，就有胜出的可能。

看到阿里坚毅的表情和誓不低头的气势，加之阿里双目如电的威慑，福雷泽不寒而栗，以为阿里仍存有体力。此时阿里的教练敏锐地发现福雷泽已有放弃的意思，他将此信息传达给阿里，更让阿里精神一振，更加顽强地坚持着。

果然，不一会儿，福雷泽因实在无力举起拳头，向阿里表示认输。裁判当即高举起阿里的手臂，宣布阿里获胜。这时，保住了拳王称号的阿里还未走到台中央便眼前漆黑，双腿无力地跪在了地上。福雷泽见此情景，如遭雷击，追悔莫及。

【商战博弈】

要成就非凡的事业，就要有非凡的胆识与胸怀。特别是作为企业的带头人，越是在面对企业生死存亡的关键时刻，越要保持沉着冷静的心态，千万不能有退缩服输的言行，只有这样才能带领企业走出困境。

有着“清洁能源之王”之称的李河君，带领汉能创造了国内首个民营企业承建水电站的神话，使汉能一战成名。而这一辉煌战绩的背后，离不开李河君不受外部环境影响的沉着冷静做事风格。

李河君靠借来的5万元资金起步，经过6年的拼搏，已积累起近亿元资本。随后，其创办的汉能渐渐发展成为中国最大的民营清洁能源发电公司。当李河君对水电站市场进行考察之后，决定实施金沙江水电项目，这是一个近乎异想天开的计划，因为那时民营资本进入百万级水电项目在中国史无前例，当时没人相信这是真的。他们都觉得李河君疯了，人们都不相信民企能干这个。面对外界的质疑，李河君没有去辩驳，而是按照他的既定计划推进项目，让许多同行都猜不透他的心思。

承建金安桥水电站所遇到的诸多困难，让李河君始料未及；与此项目差不多规模的葛洲坝水电站，曾经动用了5.5万人、历时16年才建成，对于一家民企而言，用十年建成金安桥水电站的难度可想而知。最大的挑战来自于巨额资金的压力，为了应对高峰时每天近千万元的投入，李河君将这些年来建设的效益好的优质电站一个一个地出售，连汉能多年积累的风险准备金也全部投了进去，但金安桥水电站项目却依旧像无底洞一样总也填不满，最后李河君甚至从汉能高管个人和家里借钱投进去。

在这种巨大压力下，李河君没有表现出任何的退缩与放弃，在商业合作伙伴、企业职工面前始终保持着高度的自信。正是他的坚持，才让企业上下得以军心稳定。当时，有一个分管金安桥项目的副总裁觉得汉能如此下去已无前途，选择了离开。公司里也有人建议将金安桥项目卖掉，这样就可以挣300亿元，但李河君觉得，如果卖掉，没法对支持汉能的人交代。而且，水电站一旦建成，就相当于印钞机，年年有几十亿现金流，只要挺过眼前的难关，就能为汉能带来巨大的回报。

在李河君的带领下，汉能耗时十年，累计投入200多亿，终于使金安桥水电站一期240万千瓦机组并网发电，每天的净现金流超过1000万元。同时，这一项目的成功，更为李河君带领的汉能赢得了高度的商业信誉品牌，为李河君在此后的薄膜太阳能等领域获得的更大成功奠定了资金基础与品牌保障。

三、没有度量的人终会一事无成

【经典回味】

上无度①失威，下无忍莫②立。

【注释】①度：度量。②莫：不能。

【译文】居高位者没有度量就失去了威仪，为臣者不能忍受屈辱则不能立身。

【为官之道】

很多时候，经历艰难痛苦只是上天对一个人能力的考验，如果经受一点点挫折打击就心灰意冷，就会错失人生机遇。

司马迁有个外孙，名叫杨恽，其素有才干，轻财好义，汉宣帝时被封平通侯。但杨恽的缺点是居功恃才，心胸狭窄。

杨恽常常当面揭举别人的隐私、失误，对所有看不惯之事都直言不讳，终于被太仆戴长乐抓住把柄，被戴长乐检举“以主上为戏(拿皇帝开玩笑)，语近悖逆”，汉宣帝立即将杨恽下狱，后予释放，贬为庶人。

杨恽被贬后，心中怨气极大，于是就借酒消愁。他常常喊来一帮酒友，彻夜痛饮，大唱大叫，以此种方式发泄对宣帝的不满；而且还和商人一起做买卖，赚了钱就添置家业，这在当时讲究身份的时代也属离经叛道，被人们议论纷纷。杨恽的朋友得知后，写信劝他不要气度如此狭窄，当谨慎自守以图再被起用。

杨恽接信后不但不反省，反而模仿其外公司马迁《报任安书》的口吻给朋友回信，在信中大发牢骚，对朋友的好心一点也不领情，甚至骂朋友媚俗贪婪。后来被人告发，汉宣帝看到此信后大怒，判以大逆不道罪，将杨恽腰斩。

【职场之道】

气度与韧性，对一个人一生的发展至关重要。一个人能成就惊天动地的事业，完全是因为他能承受得住大大小小的失败挫折的打击。失去了韧性的心灵，肯定也将失去一个个展示生命精彩的机会，失去人生中成功和辉煌的未来。

在日本，松下幸之助已被商界称为“经营之神”，他从很小的时候，就因家庭穷困而承担起生活的重担。

当松下觉得自己能自食其力时，他看到东京的一个商场招聘家电销售员，就去找商场经理应聘。当商场经理看到眼前这个衣着破烂、有些瘦弱的孩子时，根本没有聘用的打算，但不忍心让这个孩子太伤心，就随口说了一句：“我们现在不缺人手，你过两个月再来吧。”过了两个月，松下果然来了，商场经理又推辞说：“我们需要的是一个懂电器知识的人，你懂吗？”松下老实地说自己不懂。

被再次拒绝的松下，没有气馁，他相信自己通过努力一定会得到经理的聘用。他买了许多关于电器知识的书，看了两个月后，又来到这个商场，告诉那位经理：“我已经学会了许多电器知识，并且以后我还可以一

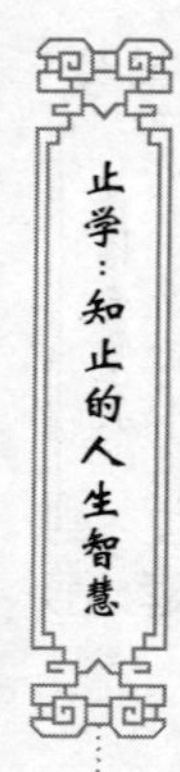

边工作一边学习。”那位经理再次拒绝了他：“出入我们公司的都是有绅士派头的人物，你看你这身脏兮兮的衣服，我们怎么能要你呢？”

松下依旧没有轻易放弃，他从商场出来后，立即将家中的全部钱都取出来，买了一身漂亮的制服，再次敲开经理办公室的门。这位经理真正被松下的精神所折服：“像你这样有韧劲的求职者，我是第一次遇到，就凭你的这种精神，我也不能不要你啊！”

后来，当松下靠着这种韧性创立了自己的公司并跻身全球名企之列时，有一次，公司准备面向社会聘任九名中层，报名者多达几百人。在一周的面试和考试中，松下发现一个叫神田三郎的年轻人非常优秀，给他留下了深刻印象，觉得他是不可多得的人才。然而，当拿到录用名单时，却没有发现神田三郎的名字，松下很纳闷，就派人复查考试情况，结果发现神田三郎的成绩总分名列第二，但因电脑统计错误导致神田三郎落选。

松下马上命令人事部门修正过失，通知这个人立即来公司报到。令松下想不到的是，人事部门很快就向他报告了一个坏消息：这个人看到自己被淘汰后，于当天晚上跳楼自杀了。听到这个消息，松下默然沉思了很久，身边的高层管理者们无不扼腕叹息失去了一个难得的人才。

可是松下却抬起头来对他们说：“你们不应该为他没有被录用而惋惜，而是应该庆幸公司没有把这样的人招进来，这样的一点挫折都不能接受，意志如此不坚强，度量如此狭小，是干不成大事的。我们的公司要发展，每个人都会遇到比落选更大的失败，如果在失败之后，没有东山再起的气度与胸怀，而是一死了之，这样的人你敢依靠吗？”

从一定意义上说，一个人精神中具有多么强的韧度，就决定了这个人取得多么大的成就。

【商战博弈】

通达权变，临变有制，这是大智之商的必备素养。很多成功的企业领导者，就是因为能够随机应变，具有承受大起大落的度量，所以才会带领企业走出困境。反观那些一事无成者，多是缺乏对失败打击的承受能力。

被称为塑胶大王的王永庆，在经历数次企业近乎破产的磨难后，终于使自己的企业不断强大起来。

当年，台湾想在塑胶行业打开工业突破口，于是专门选派出在此方面有专长的考察人员，到国外几个国家实地考察。考察人员回来后，觉得在台湾生产塑胶，根本没有办法与日本竞争，于是此事就此搁置。而王永庆虽然对塑胶还一窍不通，但他认为台湾各地都有烧碱厂家，可以为塑胶粉的生产提供丰富的氯气资源，台湾的塑胶市场前景必当不可限量。

王永庆说干就干，他到处寻求合作伙伴，共同集资开办了台湾首家塑胶公司，很快以每月100吨的速度投入生产，但当时台湾的月需求量只有20吨，造成了产品大量积压。股东们担心自己的投入打了水漂，相继要求退股。

王永庆不会那么轻易放弃，他拿出所有积蓄，将股东们的投资一一退还，开始独自经营。他曾试着想通过降低成本与售价的方式打开海内外市场，但昂贵的运输费用又无法承担。他经过深思熟虑后，又做出了一个惊人之举：再建一个塑胶加工厂，换句话说，就是把自己生产的塑胶“卖”给自己的塑胶加工厂，让自己成为一个市场，解决了产品积压的难题，他就这样独占了台湾的塑胶市场，没有人可以与他匹敌。

这一策略获得成功后，王永庆的思路也完全打开了，在之后的商海博弈中，他将塑胶产业与木材、化纤等行业相结合，开拓的市场更为广阔，先后建立了新茂木业有限公司、台湾化学纤维有限公司等，开始去生产新颖且利润大的特种工业品，当世界石油危机让台塑基础原料的供应中断时，他又非常果断地在海外投资建成全球最大的轻油裂解厂，让自己的台塑集团再也不会为基础原料的供应而担心。

正是他在事业低潮期表现出的惊人胆识和气魄，才让他的企业规模不断发展壮大。企业经营过程中，难免会遇到暂时的困难，首先应该冷静下来，进行深层次与高站位的思考，避免在失败时乱了阵脚，使潜在的机遇白白溜走。

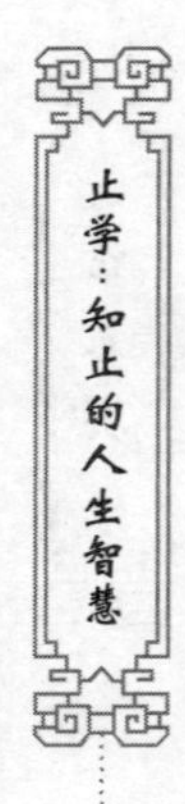

四、领导与下属的距离要拿捏适度

【经典回味】

上下知离[1]，其位自安。君臣殊[2]密[3]，其臣反殃。小人之荣，情不可攀也。

【注释】①离：距离。②殊：过分。③密：亲密。

【译文】上级与下级要知道保持一定的距离，才能在各自位置上安身保命。君主与臣子之间关系过于密切，反而会给臣子带来祸殃。小人荣贵了，不可以和他们攀附交情。

【为官之道】

上下之间注意保持距离，其身处之位自然得以安稳。自古以来，君臣相处必须符合礼仪规范，如果仅凭感情用事而忘记了伦常，君臣之间过于亲密，臣子反而遭受祸殃。

汉武帝时期，有个人名叫韩嫣，因为年少时陪侍武帝一同学习，因而得到武帝的格外宠幸。

汉武帝即位后不久，决定派兵攻打匈奴，恰巧韩嫣对匈奴的作战特点和用兵之道有过专门研究，从而更加得到皇上重用，官职做到了上大夫。与汉武帝的关系密切到同卧同起，慢慢地他开始自以为是起来。

有一次，有位同姓诸侯王前来拜见武帝，适逢武帝打猎。天子起程前，先派韩嫣乘坐副车，率领上百个骑士前去查看野兽行踪。这位诸侯远远望见，以为是天子，就跪伏在道旁迎候。韩嫣奔驰而过，对这位诸侯视而不见。

这位诸侯大怒之下，跑到皇太后处痛诉："我是一个王，却还不如一个小小的佞臣！我干脆归还封国，进宫来和韩嫣并列算了！"皇太后听后，也开始憎恶韩嫣。

随着韩嫣与皇上的关系益近，他可以随意进出嫔妃的住地。有人报告皇太后，说韩嫣跟嫔妃通奸，皇太后本就对韩嫣心存恨意，也未深究真假，大怒之下派使者赐韩嫣自杀。尽管汉武帝替他苦苦求情，皇太后就是不允，无奈的韩嫣只得自杀。

【职场之道】

每个人都希望别人按照自己的意图做事，但强迫别人做事往往只会起到反作用，尤其是下属在与领导相处过程中，更应注意使用圆通的办事策略。即便下级与上级走得再近，也不要给上级造成强迫自己做某事的感受。

伯格吉尼是美国著名歌星卡尼思的音乐经纪人。尽管成名后的卡尼思不可避免地带着一种孤高、傲慢的坏脾气，但伯格吉尼却始终能与他愉快地共事。

有一天晚上，卡尼思在朋友聚会上不小心吃到了一块辣椒，嗓子被辣到了。不巧的是，第二天有一场重要演出。这可急坏了伯格吉尼。所幸问题不是太严重，经过及时采取措施后，已没有大碍，应该不会影响演出。

到了演出当天下午三点，卡尼思突然给伯格吉尼打电话，说自己的嗓子又开始疼痛，无法进行晚上的演出。伯格吉尼接到电话后，急得不得了，立刻赶往卡尼思的住所，询问他的病情。尽管伯格吉尼心里十分着急，但他十分明智，绝口不提晚上演出的事，只是安慰卡尼思注意休息。

下午五点，伯格吉尼又来问询卡尼思的病情，看到卡尼思十分难受的样子，伯格吉尼强忍住内心的焦急，继续安慰着卡尼思。晚上七点时，伯格吉尼还是没有接到卡尼思病情好转的电话，于是他主动拨通了卡尼思的电话说："既然你的病情仍未好转，那就只好取消这次演出了，虽然这会使你少收入几千美元，但这比起你的荣誉来算不了什么，身体要紧。"

就在伯格吉尼驱车赶往剧院打算取消这次演出时，卡尼思终于打电话来，他说他愿意参加今天晚上的演出，是伯格吉尼的慰藉使他恢复了状态。

在与老板打交道的过程中，伯格吉尼没有直接说出自己的意思，而是顺着对方的意图替对方着想，不露痕迹地达到了目的。

【商战博弈】

在充满竞争的商业领域，没有永远的胜利者。勤奋的打工者，一夜之

间可以成为老板；不思进取的老板，也会变成打工者。老板与打工者之间如果不明确自身的定位，就不会意识到潜在的角色互换之结局。

世界著名的麦当劳快餐连锁店，其前身只是一个小餐馆，餐馆的老板是迈克唐那兄弟。科洛克原来在餐馆给迈克唐那兄弟打工，后来反而成为餐馆的主人，并使麦当劳成为世界品牌。

科洛克想自己开餐馆，却身无分文，他想到了一个办法。科洛克在做推销员时认识了迈克唐那兄弟，他决定先打入迈克唐那兄弟餐馆内部学习，以最终实现自己的目标。

科洛克借助原来的老交情，恳求迈氏兄弟留他在餐馆打工，同时深谙迈氏兄弟心理特点的科洛克，主动提出将自己做兼职推销工作的5%收入让利给老板。迈氏兄弟见有利可图，店里也正缺人手，很痛快地答应了他的请求。

科洛克为取得老板的信任，工作异常勤奋。他多次向迈氏兄弟提出改善经营环境、配制份饭、送饭上门等利于增加收入的建议，为店里招徕了不少顾客，餐馆的名气也越来越大，令老板非常满意。

因为科洛克表现出非常坦诚、谦虚谨慎的姿态，所以老板对他愈加百依百顺。以至于到了后来，虽然餐馆名义上仍是迈氏兄弟的，但经营管理、决策权完全掌握在科洛克手里，这一切正是科洛克通向最终目标的铺路石。可怜两位老板还蒙在鼓里，对此毫无戒心，甚至还暗自庆幸招聘到一个不可多得的人才。

科洛克在店里做到第六年时，感觉时机已经成熟，他暗自通过各种途径筹集到了一大笔贷款，开始与迈氏兄弟摊牌。因为科洛克熟知两位老板素来喜欢贪图眼前利益，他先是提出了一个较低的收购价格，两位老板坚决不答应，经过激烈的讨价还价，最终以270万美元成交。

科洛克入主餐馆后，经营管理更加出色，经过二十多年的苦心经营，总资产已超过数十亿美元。

五、该放手时就应放手

【经典回味】

情存疏[1]也，近不过[2]己，智者无痴[3]焉。情难追也，逝者不返，明[4]者无悔焉。

【注释】①疏：疏远。②过：超过。③痴：沉迷。④明：聪明。

【译文】感情有疏远的时候，最亲近的人莫过于自己，智者不会紧抓住曾经的情感不放手。情感难以追寻，过去了就不会回来，聪明人不会懊悔不已。

【为官之道】

很多人处于高官重位时，容易被虚名重利冲昏头脑，使自己的欲望难以控制，这是很危险的。应该正视那些已经属于过去的荣誉，将自己的高官权力看得越淡越好，唯有如此才能保全自己。

朱棣攻下应天，继承帝位，改号永乐，史称明成祖。在这次皇权易位中，姚广孝功推第一。所以，明成祖即位后，任命其为善大夫太子少师。皇帝平时与姚广孝交谈时，都是称呼“少师”，而不直呼其名，可见姚广孝在皇帝面前的受宠程度。

然而，当皇帝命姚广孝蓄发还俗得以享受富贵时，姚广孝坚辞皇帝好意。皇帝又赐予其一座豪宅和侍从宫人，姚广孝依然拒不接受。平时，姚广孝只居住在简陋的僧舍中，每次上朝时，穿戴好朝服，退朝后又马上穿上袈裟，从来不讲究华服珍肴，生活非常俭朴。

姚广孝终生不娶妻纳妾，不积蓄私人家产，虽身居高位，却自愿放弃所有权力，远离官场纷争。他唯一所致力的就是文化事业，曾监修《太祖实录》，与别人共修《永乐大典》。

正是他的淡泊名利，使得他能够以八十多岁的高龄得以善终。在他病重时，皇帝多次看视，问其有何心愿，他只提出了一个赦免建文帝主录僧的小小要求。在他死后，皇帝两日停止上朝，以示哀悼，以僧礼隆重安葬。

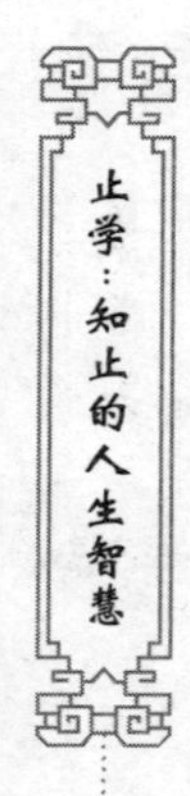

【职场之道】

在追求事业发展的道路上，注定充满了失败的痛苦与成功的荣光，任何时候都应该向前看，而不能沉浸在过去的后悔或自喜中。放下过去，才能赢得未来。

马克·吐温是世界知名的作家和演说家，在事业上取得了巨大成功。但在之前，他尝试过多个领域的发展，均以失败告终，好在他能果断放弃，从原来的失败中走了出来。

马克·吐温最早的理想，是成为一名商人。他先是看到了开发打字机的商机，马上到处筹措资金，在硬件设计、软件开发等方面投入了一大笔钱，但事业的发展并不像马克·吐温想象得那么简单，折腾了半天，不但没赚到一分钱，反而赔掉了5万美元。后来他又看到出版商因为发行他的作品而赚了大钱，心里很不服气，也想发这笔财，于是他也想方设法开办了一家出版公司；然而马克·吐温却忽略了一点，经商与写作毕竟是两个毫不相干的领域，他很快又陷入了经营困境。这次短暂的创业经历又以出版公司破产倒闭而告终，他自己也陷入了债务危机。

经历了两次非常沉痛的打击，马克·吐温终于认识到自己毫无商业才能，于是果断放弃了经商的念头。很快，他从经商的失败中走出来，开始在全国巡回演讲。走上讲台后，马克·吐温完全没有了商场中的狼狈，凭借风趣幽默、才思敏捷的风格，得到了听众的一致好评，马克·吐温渐渐发现了自己在这一领域的特长。

最终，马克·吐温靠辛勤的工作和出色的演讲，还清了所有债务，收获了事业的成功。

【商战博弈】

人生不如意事十之八九，遇到困难在所难免，切不可沉溺于困境中不能自拔，而应该尽快调整心态和情绪，采取积极的行动改变生活，要从心里明白，失去的东西再也追不回来。

老约翰·洛克菲勒在33岁时就赚到了第一桶金，获得100万的收益，43岁时，就已建立了世界上最庞大的石油帝国。然而，就在他53岁那年，却

得了一种罕见的消化系统疾病，不但头发不断脱落，连睫毛也没能幸免，最后只剩下几根稀疏的眉毛。情况最糟时，他只能依赖酸奶维持生命。

洛克菲勒的病情让他急剧衰老。他原来体格健壮，有着宽阔的肩膀，迈着有力的步伐，但在疾病折磨中他逐渐变得肩膀下垂，步履蹒跚。后来，他不得不听从医生的建议，提前退出商海，并坚持执行医生制定的三条原则：避免忧虑，在任何情况下不为任何事烦恼；放松心情，多在户外进行适当运动；注意饮食，每餐只吃七分饱。

洛克菲勒很快完成了自己的角色转变，不再过问自己企业的任何事务，严格遵守着医生制定的三条原则。他开始学打高尔夫球，从事园艺，与邻居聊天，玩牌，唱歌。

他走出了终日想着如何赚钱的生活，开始思考如何用钱去为人类造福，并从中得到莫大的快乐。在他的身体逐渐得以康复的同时，他为消灭全世界的疾病成立了洛克菲勒基金会，为人类的健康做出了贡献。

洛克菲勒在人生最难熬的时候，他放弃商海竞争的生活，选择了一条回报社会的幸福之路，最终战胜了疾病，活到了98岁高龄。

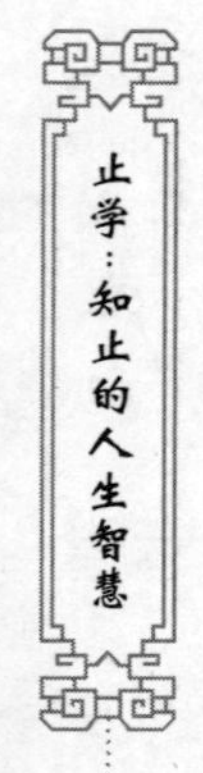

六、情感泛滥的人会活得很累

【经典回味】

多情者多艰，寡[①]情者少艰。情之不敛，运[②]无幸[③]耳。

【注释】①寡：少。②运：命运，运势。③幸：幸运，顺利。

【译文】过于注重情感的人经历得艰辛多，缺少情欲的人面对的困境少。情感不加收敛，命运就不会有好结果了。

【为官之道】

要成就大事，就要学会控制自己的感情，如果被糊涂的感情冲昏了头脑，难免会酿成大错。

具有强国富民之能的赵武灵王，在传位问题上，就是因为太过于感情用事，才导致了令赵国大伤元气的“沙丘之乱”。

赵武灵王在宠姬吴娃的挑唆下，废除了章的太子之位，将王位传给了吴娃所生的儿子何，他自己自称为“主父”。这样安排，是担心何年纪太小，不能很好地处理国家大事，自己帮助幼王稳定大局。

像赵武灵王这样轻易凭个人感情废立太子，本就容易引起祸乱，他自己不但没有意识到危机，反而又做出了一个更加糊涂的决定——主父又可怜章的处境，想把赵国分为两半，让章也称王，幸好因为大臣的反对而没有落实；于是就把章封在了安阳，号为安阳君，由田不礼为相，也为后来的祸乱埋下了隐患。

有一年，主父和何到沙丘游玩，住在两个宫中。章和田不礼乘机在都城谋图篡位，杀死了留守的相国。公子成和李兑帮助何平息叛乱，章败走沙丘，此时主父又犯了感情用事的大忌，将章收留在宫中。

公子成和李兑干脆斩草除根，带领重兵层层包围了主父的住处，不但将章和田不礼杀死，又怕主父日后找他们算账，就将主父久久围困直至其被饿死。最终，因为惠文王年少，公子成和李兑将赵国大权独揽。

赵武灵王的感情泛滥不仅使章和何深受其害，更令自己也未得善终。

【职场之道】

凡事别想太多，想太多则容易迷惑，迷惑则事不成。在工作中，如果做什么事都要在意别人的看法和目光，都要考虑会不会伤害了彼此之间的情感，就会失去自我，让自己总是处于失衡状态。

罗小艺应聘进了一家新公司，为了博得公司上下的好感，别人让她做什么，她就去尽心尽力地做什么，绝不偷懒耍滑。

春节到了，公司准备举办庆祝活动，经理派罗小艺等人去布置会场。活动中有一个公司成员互换礼物的环节，罗小艺打算把公司员工的名字都写在纸上，然后用抓阄的方法随机抽取礼物。

一起布置会场的老员工听说后，冲她嚷嚷道："抓阄的方式太老土了，赶快换个方式！"罗小艺受到指责，打消了原本的计划，改用拉红线的方式交换礼物。部门主管知道后，皱着眉说道："公司几百人，几百根红线到时候没准会弄得一团糟，赶快换种办法。"

被主管指责，更令罗小艺直冒冷汗。她又想到抛绣球的方式送礼物。经理知道后，摇头道："一个人抛一次绣球起码需要一分钟，几百人要抛到什么时候啊。还是用抓阄的方式吧，那样多简单。"

罗小艺被好几个人指责了一通，最终还是用了自己最开始的那个构思，自己白白费尽心思想出了那么多创意，却在同事和上级中没有得到半句奖励。如果她在一开始就能坚持自己心中的想法，就不会闹出那么多麻烦事了。

可见，一个人如果没有主见，过于看重别人的眼色，过于在乎别人的情感，是很难得到安宁的，活得必然很累。

【商战博弈】

面对的机遇太多，有太多的欲望，往往容易使人陷入选择的矛盾纠结中，反而无法做出正确的决断。商家在为消费者提供多种产品选择时，也

同样会使消费者在选择产品时劳心费力，与其让消费者陷入劳神累心的选择纠结，不如只提供唯一的一种质量过硬的产品，一枝独秀的效果，要胜过遍地开花。这样，商家不必劳心劳力却吃力不讨好，消费者也不用费尽心思精挑细拣，也算是一种双赢。

英国第一大百货公司马狮百货集团，将精力全部用于一种品牌的打造上，而不是多面出击、什么赚钱投机什么，它的这种单一发展战略，也使顾客减轻了面对眼花缭乱商品时的选择烦恼，从而赢得了越来越高的口碑。

走进马狮百货，柜台上摆放的全部货品，无一例外都标识着同一种牌子，这个牌子的名字叫作“圣米高”，这是马狮百货公司经营中的最大特色。只有单一的牌子，会让顾客没有选择余地，也许会带来很多于己不利的因素，可是为什么马狮百货公司还能吸引众多消费者呢?

究其原因，马狮百货就是看准了“圣米高”这个品牌的自身强大吸引力。在消费者心目中，“圣米高”价格低、质量优的印象根深蒂固。反观其他商店，当顾客面对不同牌子的商品时，要做出正确选择并不是一件轻松的事，他们需要靠过去的经验或是从广告中得到的印象去挑选，而且还不一定可靠，所以牌子越多，越让顾客感到累心。

马狮百货公司的“圣米高”却是一分钱一分货，它的货品不一定是市场上最优质的商品，但在同样价格下，“圣米高”必定是市场最好的产品，有了这样的信誉度，顾客不仅不会上当花冤枉钱，而且还节省了时间。于是许多工作繁忙的职业妇女都愿意到马狮百货公司购物。

如今，马狮百货的经营规模，早已不是刚创业时的只有两个合伙人、总资产不足1000英镑的不起眼小店，而是经过激烈的世界市场竞争之后的拥有200多家商店的英国第一大百货公司，员工近五千人，被经济学家称为“世界上最经营有术的企业”。

欲望越多，越不知道该把精力放在哪个方向，在竞争日趋多样化的商战中，控制自己的欲望才能异军突起，长盛不衰。

蹇卷七

人困乃正，命顺乃奇。以正化奇，止为枢也。

事变非智勿晓，事本非止勿存。天灾示警，逆之必亡；人祸告诫，省之固益。躁生百端，困出妄念，非止莫阻害之蔓焉。

视己勿重者重，视人为轻者轻。患以心生，以蹇为乐，蹇不为蹇矣。

穷不言富，贱不趋贵。忍辱为大，不怒为尊。蹇非敌也，敌乃乱焉。

一、人有困厄是再正常不过的事了

【经典回味】

人困[1]乃正[2]，命顺乃奇[3]。

【注释】①困：困厄。②正：正常，常见。③奇：不常见。

【译文】人遇到困阻是再正常不过的了，命运一帆风顺者，倒是会出乎人的意料了。

【为官之道】

许多名载史册之人，无不经历过常人难以想象的困难险阻，在坚韧品格的支撑下，才取得了最后的成功。

楚汉时期，季布曾跟随项羽南征北战，多次围困汉王刘邦。项羽兵败身死，刘邦做了天子，悬赏千金捉拿季布，并传令全国，有敢窝藏罪犯者罪连九族。

季布为了躲避官兵捉拿，将自己的头发剃光，在脖子上戴上铁圈，扮成家奴的样子，在河南一户姓周的人家干苦力。后来，周家又将季布和其他几十个家童一起，卖到鲁国朱家当作家仆。季布与其他家仆一起到田里劳动，没有丝毫怨言。

当朱家知道了季布的真实身份后，替他向刘邦手下的重臣说情，请这个大臣多向刘邦进言，希望能够赦免季布。朱家说："季布当年替项羽效劳，只是他的职责罢了，难道项羽的旧臣都该杀掉吗？如今皇上刚刚得到天下，如果只因为个人恩怨就花这么大力气去追捕一个人，岂不是向天下人显示他没有器量吗？"

在大臣的多次进言下，刘邦听从其建议，不再对季布予以追杀，而对他封官厚赏；季布也不负刘邦所望，为汉室江山的安定立下了大功。季布

从项羽的大将，沦落到通缉犯，再降格为家仆，终于得到皇帝赦免，并成为后来辅佐汉室江山的一代重臣，可谓是能屈能伸的大丈夫。

【职场之道】

当选择好自己的奋斗目标后，并不意味着就能按照自己的意志而轻易实现，面对许多意想不到的困难，唯有坚守目标不动摇，才能在坚持中攀上人生的高峰。

帕瓦罗蒂的爸爸只是一个普通的小市民，因为他对歌剧特别痴迷，所以帕瓦罗蒂在爸爸的影响下，对歌剧产生了浓厚兴趣，并显示出了在这方面的天赋。

等到稍大些，帕瓦罗蒂的爸爸将他送到了当地一个歌剧团，帕瓦罗蒂开始了正式的演唱生涯，随歌剧团在各地举行音乐会。帕瓦罗蒂经常在免费音乐会上演唱，希望能引起某位经纪人的注意；可是七年的时间过去了，帕瓦罗蒂依旧是个无名小辈。

周围与帕瓦罗蒂同龄的许多朋友，已经事业有成，每当想到这些，帕瓦罗蒂都非常苦恼。偏偏此时帕瓦罗蒂的声带上长了一个小痂，在一场音乐会上，他那异常刺耳的男中音，被满场的倒彩轰下了台。

长期的默默无闻，使帕瓦罗蒂的心情异常失落，甚至对自己的选择产生了怀疑；但一想起父亲鼓励他的话，他又继续坚持下来。几个月后，帕瓦罗蒂在一场歌剧中崭露头角，被选中在一个大型歌剧院演唱著名歌剧《波希米亚人》，这是帕瓦罗蒂首次担任主角。这次演出获得巨大成功，帕瓦罗蒂在经久不息的掌声中，得到了观众的高度认可。

随后，帕瓦罗蒂的演唱之路越走越宽，很快就应一家世界知名媒体之邀，录制了首张唱片。紧接着，又被著名指挥大师挑选为《安魂曲》的男高音独唱者。从此，帕瓦罗蒂的声名节节攀升，成为活跃在国际歌剧舞台上的最佳男高音。

【商战博弈】

在创业道路上，注定会遇到种种困难，但只要坚持自己的目标，总有一天会看到希望，等到机遇来临时，一定会实现人生的美丽梦想。

马云的小学与中学时代，都被扣上了“差生”的帽子，考中学时考了三次，考大学时又考了三次，才侥幸被杭州师范学院录取，或许正是少年时经历的挫折，造就了马云永不服输的坚韧性格。

上完大学后，马云从自己的英语特长出发，联系了几个同学，创办了当地首个翻译社。但因没有创业经验，翻译社很快陷入经营困境；为了缓解经济压力，马云不得不找了份摆地摊的兼职，先是到义乌、广州去进货，回来后晚上到街头、广场上叫卖，小礼品、杂书、鲜花、衣服，什么好卖卖什么。

马云的创业过程充满了艰辛，还曾受骗很多次。一次，一个美国投资者在工程完工后拖欠了工人工资，杭州市政府委派英语水平较高的马云作为翻译去和美国人协调，结果美国人先是借口香港董事会不同意，然后又借口美国董事会不接纳一直拖着，马云一路跟随美国人辗转香港、美国。到了美国马云才发现一切都是骗局，表面上是被好好招待，实际上就是软禁。

历尽千辛万苦逃离软禁后，马云去西雅图投奔一个好朋友，正是在朋友那里，他初识了互联网。那时候他对电脑甚至有一种恐惧感，不敢触摸电脑按键，不知道那玩意儿值多少钱，怕碰坏了赔不起。真正让他迸发灵感火花的是，当他好奇地在搜索引擎上输入“啤酒”这个单词后，结果只有美国和德国的品牌，马云迅速意识到，互联网有着很广阔的前景，尤其是对于在这方面几乎空白的中国来说，更是难得一遇的好机会。

从美国回来后，马云四处筹款，用1万多元钱开办了“中国黄页”，业务主要是为其他商业公司制作网页。当时一个汉英双翻加一个大彩图的网页就是5万元。以此为起步，马云终于在经历重重磨难后找到了自己的人生方向。

二、有所不为，方可化逆境为顺境

【经典回味】

以正化奇，止[1]为枢[2]也。

【注释】①止：克制，等待。②枢：关键。

【译文】把逆境转化为顺境，有所不为是其中的关键。

【为官之道】

在等待机遇降临过程中，要保持清醒的头脑，不到合适的时机，就不能轻举妄动，所以忍耐也是成功的关键。

夏朝末年，桀越来越残暴无情，令百姓苦不堪言。而商族首领成汤则行仁义之道，得到其他诸侯国的大力拥护。

夏桀担心成汤名望越来越高，可能会对自己的统治造成影响，便将成汤骗来，将他关入牢狱中；后来成汤得以恢复自由，大家都劝说成汤启动灭夏大战。成汤认为时机还不够成熟，还不能轻易发兵。

夏桀手下有一支九夷之师，是维护其统治的主要军事力量。为了验证这支军事力量是否还对夏桀忠心耿耿，成汤停止了向夏桀的贡纳；夏桀大怒，率九夷之师攻打成汤，验证了成汤的预料。

成汤又经过一段时期的力量积蓄，再次故意不去朝拜夏桀，夏桀虽再次起兵攻打成汤，但九夷之师已不再响应。此时，成汤方觉时机已真正成熟，指挥全部军士发动伐夏大战，一举获取大胜，建立了商朝。

【职场之道】

在面对人生重要的选择时，必须知道自己应该舍弃什么。如果被暂时的名利或困境迷惑了眼睛、走错了路，必将失去使自己变得更加强大的机会，在职业生涯中注定不会走得太远。

“乖乖虎”苏有朋与“霹雳虎”吴奇隆、“小帅虎”陈志朋红遍港台

内地时，只有十五岁。

歌迷们狂热的喜爱并没有令苏有朋冲昏头脑，他想，坚持“小虎队”的青春路线走下去的话，当然可以继续再红几年，可是几年过后不再年轻时，又该走哪条路呢？于是，在人气正旺时，苏有朋选择了放弃歌唱舞台，去了英国读书，在陌生的环境里，没有了粉丝，一切从零开始。

在英国的几年深造，使苏有朋的综合素养有了大幅提升，他开始思考事业的转型。因为很久没有唱歌了，“乖乖虎”没有了从前的人气，而他也从未涉足过影视，因此那段时间他的压力很大。恰好，有电视台邀请他去主持一些综艺节目。如果做主持人也不错，至少可以经常在电视上露露面，赚钱养家没问题。可是，做主持有前途吗？在大家眼中，他还是那个活泼的“乖乖虎”，他不愿这样，他要转变为成熟的形象。是做主持还是做自己？

在那段迷茫的日子里，他再次选择了放弃，拒绝了电视台的高薪邀请，继续执着地等待着属于自己的机遇。五个月后，《还珠格格》招募演员，他成功进入主演名单。正是因为这部戏，让苏有朋在内地拥有了新一批观众，为他的事业开辟了一个新的空间，由此踏入影视界。

在随后几年里，他又主演了《情深深雨蒙蒙》《绝代双骄》《倚天屠龙记》等影视剧，他的事业进入了成熟期与收获期，用自己的实力与演技开创了人生的新天地。在火热的时候，他能保持冷静；在失落的时候，他仍镇定。他不为荣誉和暂时的安逸迷惑，而是勇敢地放弃，体现了睿智与远见。

【商战博弈】

在面对逆境时，如果以敏锐的商业触角发现商场中的细微变化，并适时调整思路，才能做到有舍有得。

“老干妈”辣椒酱的董事长陶碧华，在刚刚创业时，拿出家里的所有积蓄开了一家凉粉凉面店。

起初的一段时间，因为陶碧华待客热情、价格实惠，所以店里的客人还不少。但是有一次，她自制的用来拌凉面的辣椒酱用完了，好多客人因听说没有辣椒酱了转身就走。后来，她又发现很多客人吃完凉粉后，又特意买点辣椒酱带走，甚至还有人不吃凉粉凉面专门来买她的辣椒酱，辣椒

酱做多少都不够卖。以至于很多凉粉店竟然用的是自己的辣椒酱，而她自己凉粉凉面的生意越来越差。

于是她干脆停止了凉粉凉面店的生意，招聘了几十个员工，开办了一个食品加工厂，专门制作独具风味的辣椒酱，并命名为“老干妈”。

后来短短几年的时间证明，陶碧华的这一转型非常正确。“老干妈”辣椒酱很快就畅销全国，公司规模也不断扩大，员工达到几千人，累计产值达到十几亿元，名列中国私营企业五十强。正是因为当时那个凉粉凉面小店生意渐淡而果断放弃，才会让一种小小的作料一夜间红遍大江南北，“老干妈”的成功，表明了适时停步、有所不为才能抓住更大的机遇。

三、时刻反思方能受益终身

【经典回味】

事变非智勿晓[①]，事本[②]非止勿存。天灾示[③]警，逆之必亡；人祸告诫，省[④]之固益。

【注释】①晓：知晓。②本：本原。③示：兆示。④省：反省。

【译文】事情的发展变化没有非凡的智慧就不会知道，事情的根本不能适可而止就不能保存。上天灾祸是一种警告，逆天而行必将败亡；人为祸端是一种告诫，时刻反省定能受益。

【为官之道】

一些为官者，常常看不到自己身上的缺点，也听不进别人的忠告，长此以往，必然会招致失败挫折。只有时刻反省自己，改正不足，才能获得别人的认可与尊重。

三国时，东吴将领吕蒙英勇善战，深得孙权器重。但吕蒙没读过什么书，有时难免做事有些鲁莽，而且他自己也因读书少而自认为低人一等，不思进取。

孙权有一次派吕蒙去镇守一处重地，临行前嘱咐道："你现在很年轻，应该多读些史书、兵书，懂的道理多了，才能不断进步。"吕蒙一听，忙说："我带兵打仗忙得很，哪有时间学习啊！"孙权听后批评道："我主管全国大事，比你忙得多，可仍然抽出时间读书，收获很大。汉光武帝从前带兵打仗的时候，依然手不释卷。你为什么就不能刻苦读书呢？"

吕蒙听后很惭愧，从此后发愤读书。功夫不负有心人，吕蒙的官职不断升高，当上了寻阳令。有一次，鲁肃路过吕蒙驻地，便去拜会他。吕蒙在席间与鲁肃谈论起用兵应敌、治国理政之道，见解独到精妙，令鲁肃大感惊讶，他不禁起身由衷赞叹道："真没想到你的才学进步如此之快，远非昔日的一介武夫了！"

从此，鲁肃对吕蒙刮目相看，关爱有加。吕蒙通过努力学习和不断实战，终成一代名将。

【职场之道】

成功学大师卡耐基说："一个人在饱受折磨的背后，隐藏着未来的成功。"在面对失败或是别人的冷嘲热讽时，才能更深刻地反思自己的不足，才能不断地提升自我、完善自我。

获得诺贝尔化学奖的著名科学家格林尼亚，正是因为当年受到一个女孩的辱骂，才会下定决心要创造出一番成绩。

格林尼亚因为家庭环境比较优越，得到了父母的百般宠爱，以至于养成了很多不良习惯，长大后，成了远近有名的花花公子。

在他21岁时，参加了一个上流社会的舞会。在舞会上，他发现了一位气质不凡的女孩，不由得心生爱慕，忍不住上前邀请这位女孩与他共舞。令他想不到的是，女孩不仅严厉拒绝了他，还对他警告道："请离我远一点，你这个不学无术的人渣!"

女孩的话，深深地刺痛了格林尼亚的心，从那一刻起，他对自己之前的所作所为进行了深刻的反思。不久之后，他离开了家，独自一人来到法国里昂，彻底告别了以前的生活，开始了刻苦的求学生涯。经过多年的努力，他考进里昂大学。

格林尼亚离家出走八年之后，终于创造出一番令人瞩目的成绩。他发

明了格氏试剂，对当时有机化学的发展起到了重要作用，并因这一成果获得诺贝尔化学奖。世界各地的祝贺信如雪片般飞来，在小山一样的祝贺信里，有一封信的署名，正是那个曾经在舞会上辱骂过他的女孩。

格林尼亚在给女孩的回信中写道："我之所以能有今天的这番成就，正是由于你在那次舞会上的话让我得以醒悟。所以，现在我最应感谢的人就是你。"

【商战博弈】

在创业的道路上，任何一个人的发展之路都不是一帆风顺的，都要为成功付出代价。成功者之所以能成功，就在于能在失败中进行自我反省，并从失败中总结经验，从而为成功积累精神资本。

日本一家公司的董事长，到美国做商业考察后发现，美国的超级市场很兴旺。这使他产生了"日本开这种超级市场也一定大有前途"的新构想。

回国后，他立即付诸行动，投入大量资金，在他经营信用卡的公司四楼、五楼开办了"生活日用品超级市场"。然而，开张一年多，不但没赚到钱，反而亏空越来越大，赔了近3000万日元。

面对此次失败，这位董事长进行了认真的反思，找到了症结所在。他发现，首先是不懂行，他原来经营信用卡业务，不懂经营日用品，因而吃了大亏；其次是精力分散，在经营生活日用品时，从信用卡业务部门抽出了40多名年富力强的管理人才，使他们原来的信用卡业务受到损失，结果两种经营都没搞好；再有是经营环境，他的超级市场开在四五楼，又没有电梯，许多人不愿意为了买一两蔬菜或日用品而上下楼。

经过一番深刻的反思，董事长调整了经营部署，果断退出了不熟悉的日用品经营业，继续拓展信用卡业务，最终成为日本一家规模庞大的公司。

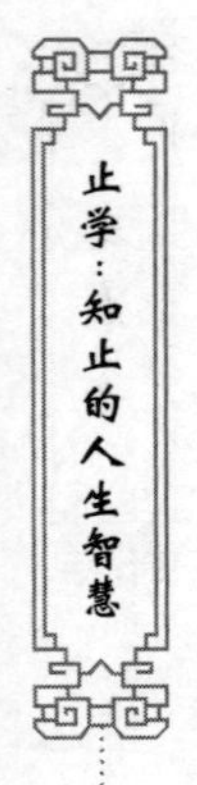

四、躁进只会导致祸患无穷

【经典回味】

躁生百端[①]，困出妄[②]念，非[③]止莫阻害之蔓[④]焉。

【注释】①端：祸端。②妄：非分之想。③非：不能。④蔓：蔓延。

【译文】过于急躁容易生出祸端，久处困境则容易生出非分之想，不能停止这种做法则不能阻挡危害的蔓延。

【为官之道】

要想实现目标，不能只有热情，而没有清醒的判断。如果过于好大喜功，在急躁心态下必然导致灾祸临近。

隋炀帝杨广在初登皇位时，国库富裕，军事力量强大，但在后来，因其过于追求粉饰自己的奇功伟业，在一番胡乱折腾下，先王积累的基业很快被挥霍一空。

在下属的建议下，隋炀帝决定下大力气使西域的贸易往来再现当年繁华，想追慕秦始皇汉武帝的卓著功业。隋炀帝派人用重金引诱西域各国来朝，西域使者临行时又给予丰厚赏赐，并让沿途百姓置办华丽宫室，洛阳城内店肆全部整齐划一，帷帐盛设，珍货积聚，为了给唱戏演员制造锦绣华服，西京锦缎为之耗空，西域商人可以随便享用珍馐美酒不要钱。隋炀帝每年花费数亿巨资，不惜和西域人做赔本买卖，只是为了满足万国来朝、天下至尊这种表面形式的虚荣心。

他三征高丽这一大炫武力的做法，给国家百姓带来了更大的灾难，也加快了隋朝的灭亡。隋炀帝强迫高丽国王入朝，被拒绝后，隋炀帝便以此为借口进行征伐。第一次征伐，隋炀帝派出130万人，但很快宣告失败，死伤数十万人，损失军资器械粮草无数；第二次征伐，还未开战，朝廷发生叛乱，隋炀帝慌忙回救洛阳，所有军资粮饷全部丢弃在战场，再次宣告失败。

前两次征伐高丽失败，以及各地农民起义，将隋朝逼近了覆灭边缘，但隋炀帝依旧执迷不悟，对高丽发动了第三次征伐，此次征伐虽未失败，但也进一步使隋朝元气大伤。

在大举远征高丽的连年战事中，前前后后征调兵士近千万，耗费的国家资金不计其数，每次远征都有大批兵士死伤，大量土地荒芜，社会经济受到严重破坏，人民难以生活下去，最终导致了大规模的隋末农民起义。

【职场之道】

面对外界的纷扰时，如果控制不了自己的负面情绪而躁进妄为，无异于点燃了一场灾祸的导火索。保持稳定的情绪、乐观的心态，才能使一切难题迎刃而解。

国际著名台球选手路易斯·弗科斯就是被一只微不足道的飞蝇搞得急躁不安，不仅失去了应得的荣誉，甚至搭上自己的性命。

在美国举行的一场世界台球冠军争夺赛中，弗科斯与迪瑞正在进行最后一场决赛，当时弗科斯在得分上遥遥领先于迪瑞，这让弗科斯非常得意，他只要再得几分就可以顺顺利利地登上冠军宝座了。

轮到弗科斯击球时，意外发生了，一只苍蝇落在了母球上，于是弗科斯起身轻轻地挥杆将苍蝇赶跑了。可是当他再次俯身准备击球的时候，那只该死的苍蝇又飞了回来。这个戏剧性的场面也引来了观众的一阵嬉笑，没办法，弗科斯再次挥杆赶跑了它。更为糟糕的事发生了，这只小苍蝇似乎有意要和弗克斯过不去，当他再次准备击打母球时，它又飞落到母球上，场边的观众也被这只苍蝇逗得哈哈大笑。

这只苍蝇一而再再而三地捣乱，终于让弗科斯的心情烦躁到了极点，从而失去了理智，他愤怒地举起球杆去击打苍蝇，结果球杆碰到了母球，因此裁判判了弗科斯击球，从而导致他失去了这一轮进攻的机会。

飞蝇的扰乱，裁判的判决，让弗科斯的情绪大受影响，以致他发挥严重失常，连续犯了好几个低级错误。这就让对手迪瑞抓住了机会，迪瑞趁机反击，愈战愈勇，最后反超了他，夺走了本应属于他的冠军。

在第二天早上，人们在一条河里发现了弗科斯的尸体。原来，弗科斯因为无法接受这样的结果而投河自杀了。一只小小的苍蝇，竟然击倒了所向无敌的世界冠军。

在面对不可预料的外界困扰时，最重要的是控制内心的情绪，只有保持内心的平稳镇定，才能更加从容地应对外界压力。

【商战博弈】

面对巨大的成功，人们往往会被周围的掌声和鲜花迷失了心智，由此也变得非常躁进，而过度沉浸在成功的光环中的人，往往会因过度自信而做出错误的判断，造成不可挽回的损失。

也许国内没有一个从商者的经历，比史玉柱更曲折离奇。他刚开始创业时只有不到1万元，鼎盛时成为中国排名第八的亿万富豪，又从亿万富豪成为负债2.5亿的“中国首负”。

史玉柱在创业路上曾经做出的错误决定，主要是因为急功近利、迈的步子过大。当年，他仅用4000元就赚了100万元，创办了巨人公司。又用仅仅4年的时间，使巨人公司从一个默默无名的小公司，发展成为全国第二大民办高科技企业，拥有当时众多的明星产品，如中文笔记本电脑、手写电脑等。

在商场上一帆风顺的他，有点按捺不住内心涌动的自满情绪，竟然在同一年启动了两大“巨型”项目：一个是珠海巨人大厦项目，一个是保健品市场的脑黄金项目。

同时启动两大项目已经是极大的冒险，而史玉柱又在周围一片赞美声中提出了一个将巨人推向悬崖边缘的草率想法，将原本计划建18层的巨人大厦，在毫无预算的情况下加高至72层，有望建成中国第一高楼，投资也由原来的2亿追加到12亿元。

为了暂时堵住中国第一高楼这个虚名造成的巨大缺口，史玉柱无奈之下，采取了拆东墙补西墙的权宜之计，从保健品项目中抽血挽救巨人大厦。结果保健品业务也一并被拉下了水，因抽血过度而导致迅速衰败，巨人大厦也因资金链断裂被迫停工，史玉柱的商业帝国由盛转衰，他一夜之间从中国巨富惨变为全国最穷的人。

正是由于这次惨败，让史玉柱在此后的商场之路中形成了“谨慎后进”的特点，他专门为自己制定了三项铁律，其中最重要的一条就是：不得盲目冒进，草率进行多元化经营。

五、尊重别人才能得到别人的尊重

【经典回味】

视己勿重者重[①]，视人为轻者轻[②]。

【注释】①重：看重。②轻：轻视。

【译文】将自己看得不重要的人，能得到别人的尊重，轻视别人的人，也会被别人所轻视。

【为官之道】

在通往人生辉煌的道路上，越是被荣耀的光环包围，越应警惕潜在的危机。官职位高，就越应放低姿态，才能减少别人的嫉恨与排挤，才能获得别人更多的敬重。

晚清重臣曾国藩，在鼎盛时期得到皇帝极大恩宠，以一年一级的速度迅速达到极高官位。换作别人，定当耀武扬威、不可一世，但曾国藩依旧保持着低调风格，其中在坐轿一事上可见一斑。

根据惯例，较低级别的官中乘坐的轿子是蓝色的，到了较高级别，轿子的颜色换为绿色，而且配备轿旁侍从、前方引导官、保卫人员。按照曾国藩当时的级别，早已到了配备绿轿的资格，但让人难理解的是，他还是沿用着从前所乘坐的蓝轿。而且一直也没有配备轿旁轿前的一应人等。在曾国藩的职位一升再升后，才勉强将原来的四名轿夫增加到八人，蓝轿的乘坐标准却还是依旧。

高级别官员乘坐低级别颜色的轿子，并不违反律法规定；反而是低级别官员乘坐高级别颜色的轿子，就要受到律法严办。在曾国藩看来，既然能乘坐低于自己级别的轿子，就不应该去刻意张扬自己。他洞悉官场人心，许多人对他的升迁心存不满，自己唯有保持低调，才能减少别人的嫉恨；即便是因为自己乘坐蓝轿而经常受到不知内情的下级官员欺侮，他也不以为意。倒是许多官职极高的朝廷重臣，在知晓曾国藩为人的情况下，让手下人主动为曾国藩的轿子让路。

曾国藩在晚清的政治舞台上长盛不衰，最大的关键就是从不张扬骄纵，时刻低调做人，才能使自己在官场中屹立不倒。反之，如果他被暂时的虚名所陶醉而飞扬跋扈、目中无人，注定会在以后的道路上遇到许多不

必要的障碍。

【职场之道】

无论从事什么行业，都要保持对别人应有的尊重。特别是从事服务行业，更应放下自己的架子，为顾客提供真诚周到的服务，越是对顾客表现出应有的尊重，就越能赢得顾客的认可。

在飞机正要起飞时，一位乘客请空姐为他倒杯水吃药。空姐很有礼貌地请他稍等，等飞机进入平稳飞行状态后，再把水送来。

二十分钟后，飞机早已进入了平稳飞行状态。突然，乘客服务铃急促地响了起来，空姐这才猛然意识到，因为太忙，忘记给那位乘客倒水了！空姐连忙来到客舱，小心翼翼地将水送到乘客面前，面带微笑地说："实在对不起，由于我的疏忽，延误了您吃药的时间，我感到非常抱歉。"这位乘客抬起手指着手表道："怎么回事，有你这样服务的吗？你看看都过了多久了？"空姐手里端着水，无论她怎么解释，这位乘客都不肯原谅她的疏忽。

接下来的飞行途中，为了补偿自己的过失，空姐每次去客舱为乘客服务时，都会特意来到这位乘客面前，询问他是否需要水或别的什么帮助。然而这位乘客余怒未消，并不理会空姐。

临到目的地前，这位乘客要求空姐把留言本给他送过去。空姐虽然知道他这是要投诉自己，当把留言本递过去时，但仍然不失职业道德地面带微笑着说："请允许我再次向您表示真诚的歉意，无论您提出什么意见，我都将欣然接受。"这位乘客想说什么却没说，在留言本上写了起来。

飞机降落，所有乘客离开后，空姐打开留言本，她惊奇地发现，乘客在上面写的并不是投诉信，而是一封热情洋溢的表扬信。乘客在信中说了这样一段话："在整个旅途中，你表现出对一个乘客的真诚歉意和无比尊重，特别是你的十二次微笑，深深打动了我，才使我最终决定将投诉信写成表扬信。下次如果还有机会的话，我还将乘坐你们这趟航班。"

正是空姐对乘客表现出的发自内心的尊重，才换来了乘客对空姐的由衷赞美。

【商战博弈】

在充满竞争的商业领域中，企业想要屹立不倒不只是靠强大的资金基

础打败对手，更重要的是靠企业领导者的胸怀气度。这种气度表现在尊重每一个合作伙伴上，在他们需要帮助的时候提供帮助，这其实也是在帮助自己。

美国休思克公司创建人西尔，在短短十年间发展成拥有千万资产的皮鞋制造商，靠的就是与合伙人的互相尊重与帮助。

有一次休思克公司生产的白色皮鞋在新那提市销路不畅，零售商天天打电话要求退货，急坏了负责这一区域的批发商卢加仑，他找西尔商量对策。西尔说："你的困难，就是我的困难，不管什么原因造成这种局面，我决不会让你受损失，你把白皮鞋统统收回，送到我这里调换别的式样。"卢加仑非常感动。这件事传出去后，全国各地的批发商对西尔更加敬重了。

有一年河水决堤，把西尔用贷款刚刚新建的现代化皮鞋厂设备冲得一干二净，面对灭顶之灾，西尔欲哭无泪，甚至想到了死。在他万念俱灰的时候，几个较大的批发商凑齐了西尔重建新厂的大额资金，主动找到他，使他恢复了信心，从而能够东山再起。

西尔在别人困难的时候舍己为人，当他自己遇到困难时，也得到了应有的回报。

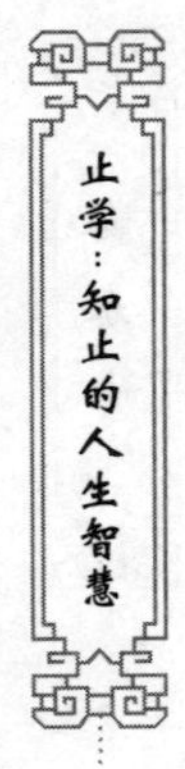

六、乐观地面对困境

【经典回味】

患[1]以心生，以蹇[2]为乐，蹇不为蹇矣。

【注释】①患：忧患，抱怨。②蹇：困境。

【译文】忧患是从内心产生的，如果将与困境做斗争视为快乐，困境就不会成为困境了。

【为官之道】

面对是非恩怨与坎坷困苦，只有以顺其自然的心态来对待，才能顺逆自如，宠辱不惊，从而能够泰然自若，经受住人生的种种考验。

清朝名臣谢济世，一生四次被诬告，三次入狱，两次被罢官，一次充军，一次刑场陪斩，经历不可谓不坎坷。

谢济世在任浙江道监察御史时，上疏弹劾河南巡抚田文镜营私负国、贪虐不法，列举其十大罪状。因田文镜深获皇上倚重宠信，谢济世的弹劾引起了皇上的不快，但他不看皇上脸色行事，依然坚持弹劾。皇上认定谢济世是听人指使、颠倒是非、扰乱国政，免去其官职，以私结朋党的罪名，拟定斩首，后改为削官谪戍边陲阿尔泰。

经过艰苦的长途跋涉，谢济世与一同流放的姚三辰、陈学海终于到达陀罗海振武营，他们商量着准备去拜见将军。有人告诉他们，戍卒见将军，一跪三叩首。姚三辰、陈学海听后很是凄然，为自己一个读书人要向人行下跪磕头的大礼而难过。而谢济世心情轻松，不以为意，对两人说："这是戍卒见将军，又不是我见将军。"等见到将军，将军对这几个读书人很是敬重，免去大礼，又是赐座，又是敬茶。

出来的时候，姚三辰、陈学海很高兴，脸上露出得意神色，谢济世倒是一脸平静。他说："这是将军对待被罢免的官员，不是将军对待我，没

什么好高兴的。”两人问他：“那么，你是谁啊？”谢济世回答说：“我自有我在。”

在谢济世眼里，再多的官场失意都不足为虑，他随遇而安，时刻做到内心的宁静淡然。

【职场之道】

一位哲人曾说过，我们不仅要学会在欢乐时微笑，也要学会在痛苦中微笑。苦难并不可怕，受挫折也不必忧伤，只要心中存有坚定的信念，所有困难都算不了什么。

世界著名的聋女作家、教育家海伦，小时候因患猩红热失去了听力和视力，同时也失去了说话的能力。从此以后，她便身处黑暗孤单的无声世界里。

海伦并没有悲观失意，而是用积极乐观的心态面对现实，克服了身心的痛苦和煎熬，怀着极大的热情学习尽可能多的知识。在自己的努力和导师的帮助下，她竟奇迹般地学会了读书和说话，并能和别人进行沟通交流。

海伦以优异的成绩，从哈佛大学拉德克里夫学院顺利毕业，成为世界上第一个完成大学教育的盲聋人。她学识渊博，精通英、德、法等5种语言，被《时代》周刊评为“20世纪美国十大英雄偶像”之一，被授予“总统自由奖章”。

海伦坚持写作，一生共完成14部著作。她的代表作《假如给我三天光明》在全世界广为流传，文章以自己为原型，告诫世界上四肢健全的人们要珍爱生命，珍惜造物主赐予的一切，激励了一代又一代年轻人。

海伦面对上天的不公，没有屈服于命运安排，而是以一颗不屈不挠的心，用最大的热忱去拥抱整个世界，最终在黑暗的世界里找到了人生的光明，同时也给别人带来希望。

【商战博弈】

乐观的人，在遇到不利于自己的事情时，总会想出应对的办法，用实际行动来扭转局面，而不是去一味地抱怨命运不公。

福特被称为世界级的“汽车大王”，他日后取得的非凡成功，与青少年时期所受的磨炼有直接关系。

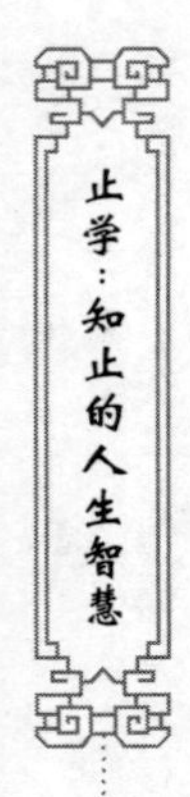

小福特因为家境贫寒，又是家中的老大，所以很小的时候，就去一家汽车修理厂打工赚钱。虽然小福特对修理汽车表现出极大的兴趣，可是老板觉得他太小，就只允许他干些杂务；而且这个老板为人比较苛刻，从不让小福特闲下来。

每当有汽车开进来时，老板都会让小福特马上去检查汽车的蓄电池、传动带、水箱等；后来，老板又让他去帮助顾客擦洗汽车。曾经有一段时间，一个老太太每周都要开着车来清洗和打蜡，这位老太太不仅对清洗的要求很高，而且让小福特痛苦的是，她还经常在旁边不停说很难听的话，数落着小福特的不是。

终于有一回，小福特实在忍无可忍了，他决定不再伺候这个老太太。老板发现后，便对小福特严厉斥责道："你不愿干就赶快滚！自己看着办吧！"回到家后，父亲听了小福特的诉说，笑着告诉他："好孩子，你要记住，这是你的工作责任，不管顾客与老板说什么，你都要尽力做好你的工作，这将会成为你的人生财富。"

听了父亲的话，小福特逐渐转变了自己的态度和看法。在之后的日子里，不管老板和顾客多么刁难他，他都会以微笑对待，并努力把事情做好。几年后，福特就凭借自己的各种洗车技术以及在顾客中的良好表现，开起了自己的店面；又经过多年的努力，最终成为汽车界的商业巨头。

很多时候，我们应该感谢那些困境中的磨炼，只有经历过困境并从中走出来的人，才能更加深刻体会到成功的喜悦。

七、贫贱时不要去攀附那些土豪

【经典回味】

穷不言富，贱不趋[1]贵。

【注释】①趋：趋附。

【译文】贫穷的时候不要去考虑富贵享乐之事，地位低贱时不去曲意

攀附达官贵人。

【为官之道】

身处艰难困境中，最容易变节失义，正因如此，那些在逆境中始终保持人格尊严的人们才更加令人敬佩。

十六国时期的王猛，年少时家中非常穷困，为生活所迫，他只好到街上摆摊卖杂货。但他没有被生活重担压垮，刻苦学习，形成了谨严庄重、深沉刚毅的优秀品格。

王猛在风云变幻的乱世中静观时局，不屑于向那些浅薄浮华的贵族子弟们逢迎讨好，因此常遭到他们的白眼和耻笑。王猛曾出游后赵国都邺城，达官贵人们没有谁瞧得起这个穷小子，唯独侍中徐统见而奇之，召请他为功曹，王猛辞官不做，静候风云之变而后动。

后来，东晋著名大将桓温在征战过程中得知王猛才学，特意将王猛请来相谈。王猛虽然穿得破破烂烂，但与桓温讲起当前战局时头头是道，竟说得桓温无言以对，过了好半天，桓温才抬起头来对王猛说道："江东没有一个人能比得上您的才干!"王猛认为追随桓温很难成就大业，再次辞谢所授高官，继续隐居苦读。

随后，苻坚亦仰慕王猛名望，亲自上门找到王猛商谈天下大事，两个人相见恨晚，对纷乱时局的看法志同道合。于是王猛从此留在苻坚身边，为他出谋划策，因功绩卓著，很快升为尚书左丞，在三十六岁那年，接连升了五次官。

王猛老病而死时，苻坚难抑痛惜之情，多次抱着王猛的棺椁泣泪不止。以最高的规格隆重安葬王猛，并追谥为"武侯"。

【职场之道】

在追求理想的道路上，难免会遇到许多意想不到的困难，当处于贫困之时，不能只是一味地依赖别人的力量，而是要自己挺起脊梁去勇敢面对并最终战胜困难。

石油大王哈特，年轻时因为家庭贫困，想进城找一份工作贴补家用。但到了城市才发现，因为他没有文凭，找工作并不件容易的事。连续奔波了好几天，仍然没有一家单位肯雇用他。

就在哈特灰心丧气之时，忽然想起给当时很有名的银行家罗斯写一封

信。他在信里抱怨了命运对他是如何的不公，他恳求罗斯，如果能借给他一点钱的话，他会先去上学，然后再找一份好工作。

信寄出去后，等待回信便成了哈特每天生活的唯一盼望。可是，一天天过去了，他已经用尽了身上的最后几块钱，还是没有收到罗斯的回信。无奈，他只好收拾行李，准备离开这个城市。

这时，房东跑进来递给哈特一封信，正是银行家罗斯写来的。他像抓住了救命稻草一样赶紧拆开。可是令他失望的是，罗斯并没有对他的遭遇表示同情，而是在信里讲了一个鲨鱼的故事：与其他鱼类不同的是，鲨鱼没有鱼鳔，为了生存，它只能不停地运动。其他鱼都为自己拥有鱼鳔而感到无比庆幸，然而，鲨鱼却因为从小就不停运动而拥有了强健的体魄，成了同类中最凶猛的鱼。正是苦难的生活成就了鲨鱼在海洋里的霸主地位。信中最后说，这个城市就是一个海洋，拥有文化的人很多，但成功的人很少，你现在就是一条没有鱼鳔的鱼。

哈特读完信后久久不能平静，突然，他改变了决定。他跟旅馆的老板说，他可以留下来当服务生，只要给他一碗饭吃，不要一分钱工资。旅馆老板当然为获得如此廉价的劳动力而高兴，很痛快地答应了。

十年后，哈特拥有了令人羡慕的巨大财富，并娶了银行家罗斯的女儿。对于弱者来说，苦难是一道难以跨越的门槛，而对于强者来说，则是助其成长的必经之路。

【商战博弈】

具有商业智慧的企业家，不会因为缺乏资金而停止发展的脚步，同时更不会通过委曲求全攀附别人去博得同情，而是利用一切可以利用的现有条件，自己为自己创造出发展壮大的机会。

卡恩自称是软件行业中的法国狂人，在短短4年内就使波朗公司跨入世界一流的微电脑技术软件公司之列，他在创业之初上演的一出“空城计”令人称道。

公司正式运行后，首要问题就是做广告宣传，但在业内知名杂志上刊登一页广告要花2000美元，而他手里一分钱没有，于是他决定用赊款的方式做一次广告。

他邀请一家一流杂志的广告代理人来波郎公司，事先请了一些朋友扮

成秘书并安排人不断地从外面打来电话，使人感到他的业务相当繁忙。在墙上也挂着不断跳动的图表，上面是一些主要广告杂志的名称，还记录着有关如何吸引新闻界相关重要策略，部分数据被遮盖住。当广告代理人来到公司时，卡恩正拿起“及时”打进来的电话，大声嚷嚷：“2000美元太贵了，我可用这笔钱到其他更有名气的杂志做更好的广告。”

这个电话的言外之意，就是告诉面前的广告代理人，2000美元的广告他是不会做的。接着卡恩又被秘书叫到另一间办公室，接听东京来的电话。他在门缝中看到广告代理人正费劲地研究那张假图表。

经过了这样一番煞费苦心的表演后，卡恩再次不慌不忙地出场了。广告代理人一看到卡恩，就迫切地说：“如果你能在我们杂志上登广告，我们可以给你优惠。”卡恩说：“这本来就应该优惠。”所以仍然不干。经过再三的讨价还价，最后广告代理人完全同意用赊款的方式为卡恩的产品做一次广告。

就这样，卡恩的第一次广告顺利谈成，没过多久，订货单就源源不断地从四面八方飞来。这就是兵不厌诈的道理，如果卡恩苦苦恳求广告代理商，对方不见得同意，而卡恩通过深入揣摩对方的心理，在此基础上小心运用，所以能收到奇效。

八、忍得了屈辱，控得住脾气，是最高的修炼

【经典回味】

忍辱为大①，不怒为尊②。蹇③非敌也，敌乃乱④焉。

【注释】①大：重要。②尊：受尊重。③蹇：困境。④乱：迷乱。

【译文】忍受屈辱是可贵的品格，不发怨怒才能赢得尊重。困境不是敌人，真正的敌人是自己心中的迷乱。

【为官之道】

越是志存高远者，越能忍受常人不能忍受之磨难。只有身处困境中，才更能考验一个人的品质。

伊尹是商初位尊权重的名臣，先后辅佐成汤、外丙、中壬、太甲几代商君，受到后代诸商王的隆重祭祀。

伊尹小时候居住在伊水旁边，慢慢长大后，因为社会动荡而四处流浪，后来在有莘氏固定下来，以耕地为生，地位虽卑却心忧天下。他见有莘氏国君有贤德，想劝说他起兵灭夏。为接近有莘国君，他自愿沦为奴隶。但因有莘氏与夏同姓，均为夏禹之后，血缘联系难以割断，况且有莘国小力弱，不足以担当灭夏重任，只有汤才是理想人选，他决定投奔汤。

耐心等待中，伊尹发现了一个投奔商汤的最佳时机。当时，商汤将要迎娶有莘国的公主，于是伊尹自告奋勇，甘愿沦为陪嫁奴隶，随同到商。伊尹为了引起商汤的注意，故意将饭菜做得时咸时淡，惹得商汤很生气。有一天商汤实在忍耐不住，便将伊尹叫来责问。

伊尹面对怒气冲冲的商汤毫无惧色，他等的就是这一天。他不慌不忙地用做菜之理阐释治国之道："作料放得适中，饭菜才能做得正好。治国安邦也是同样的，既不能急于求成，也不可懈怠松弛。只有弄清主次先后，掌握好分寸，才能够政通人和。"伊尹又以烹调、五味为引子，分析天下大势与为政之道，劝商汤承担灭夏大任。

这一番议论，令商汤吃惊不小，这才知道面前这个厨师竟然有此非凡才能，马上将他的奴隶身份免除，让他参与筹谋国家大计，后又经一段时间考查，拜伊尹为右相。伊尹不负商汤厚望，在此后的灭夏大业中发挥了重要作用。

【职场之道】

以平和的心态踏踏实实做事，坦坦荡荡做人，并不因为工作的琐碎而拒绝平凡的生活，并不因为名利的诱惑而放弃做人的原则，以平和的心笑对一切，就会赢得一片广阔的天地。

日本国有位禅师名叫白隐，因其对荣辱的超然，受到了人们的格外尊重。

有户人家在寺庙附近开了个杂货店，这家有个漂亮的女儿。无意间，杂货店夫妻俩发现女儿怀孕了，可是她并没有成亲。这种见不得人的事，

令夫妇俩异常震怒，在他们的一再逼问下，女儿吞吞吐吐地说出了“白隐”两字。

杂货店夫妻听到女儿的指认，由不可置信变为愤怒异常，砸开寺庙的大门，指着白隐禅师的鼻子大骂不止。但这位大师不置可否，只是淡淡地说：“就是这样吗？”孩子生下来后，就被弃置到白隐这里。此时，白隐的声名已然扫地，但他并不以为然，只是非常细心地照顾孩子。他向邻居乞求婴儿所需的奶水和其他日常用品，虽然时时遭受冷嘲热讽，但他总是一笑而过。

转眼间，白隐禅师已细心抚养了婴儿一年多，婴儿的妈妈看到白隐禅师受到人们的如此误解，终于不忍心再欺瞒下去了，她向父母吐露了实情，孩子的生父是在鱼市工作的一名青年。她的父母立即将她带到白隐那里，一家人向白隐深深道歉，恳切请求禅师原谅，并将婴儿带回。

白隐此时依旧平静如水，当他把婴儿交到年轻妈妈手里时，还是那句云淡风轻的话语：“就是这样吗？”仿佛不曾发生过什么事，所有的责难与误解，对他来说就如微风拂过般不留痕迹。

【商战博弈】

在激烈的商战中，谁都难免遇到挫折失败。许多取得巨大成就的企业家，正是因为在逆境中的坚持与隐忍，才能更深切地体会到成功时的喜悦，才能登上一个又一个事业的高峰。

独创管家服务、拥有近百家连锁店的张松江，靠自己的坚持与智慧，在家政行业中闯出一片属于自己的天空。而他的事业起点，却是从刷马桶开始。

张松江大学毕业后，与三个朋友一起开始在北京创业。他们在报纸上看到了一个英国品牌保洁公司招加盟商的信息，在与对方进行了初步接触后，他们认为保洁市场蕴藏着无限的商业机遇。于是，四个人马上凑了四万元加盟金，随后接受了为期一周的保洁清洗相关技能的培训。

培训结束后，四个人信心满满地租了一间破旧的办公室，招聘了五名员工准备大干一场。可是当他们开始招揽生意时，才发现保洁市场并不像培训中所说的那样乐观，整整两个月，四个人都没有谈成一笔买卖。大家经历无数次碰壁才发现，现实中的市场行情远远达不到培训时所说的10元

1平方米；如果没有人脉关系，就是以1元1平方米的价格与客户谈，也拿不下一单生意。几个感觉受骗的年轻人，想找公司讨说法，却发现这个皮包公司早已人去楼空。

在此艰难处境下，张松江的几个朋友一气之下决定退出保洁行业另谋出路。张松江虽然也因这次受骗而愤怒郁闷到了极点，但他还是看好保洁行业的前景，苦苦思考着怎样才能走出一条与众不同的创业之路。他想到北京有很多高档小区，这些小区应该有着更高的保洁服务需求，而这个市场似乎还未被占领；同时，他对现有的一些保洁公司的服务特点进行了详细的考察分析，发现许多公司的服务没有自己的特色，更无相对严格的操作规程与标准。经过深思熟虑之后，张松江开始实施自己的二次创业计划。

张松江用了十多天的时间完善自己的保洁服务标准，他针对卧室、卫生间、厨房等不同场所进行分类，确定不同的服务标准。拿着服务标准计划书，他鼓起勇气去找SOHO现代城物业公司的负责人，在他的坚持下，负责人最终被打动，将小区的保洁工作包给了他。

为了全力以赴地做好第一单生意，张松江在小区旁租了一间地下室，在生活异常艰苦的情况下，每天吃三元一份的盒饭。比生活条件更让他难受的是，他那套精心计划的关于保洁的标准化服务竟然得不到员工的认可，因为他太年轻，他手下的很多员工根本不拿他的理论当回事，为了省力气，还是按照原来的习惯做保洁。张松江以身作则，他按照自己制定的刷马桶的标准认真完成后，对手下员工说，他敢喝自己刷过的马桶里的水。大家对这位年轻老板的做法震住了，这才开始对他心服口服。

就是从这第一单生意开始，张松江自创的家政服务业标准化的品牌运作模式日臻成熟，这种经营模式也最终使他和传统的家政服务方式区别开来。但是张松江并不满足，他脑海中构想的新型家政服务应该还有更广阔的内容，张松江根据客户的需求，不断添加新项目，例如干洗衣物、皮革保养、换桶装水和插花，甚至预订机票等，远远超出了传统家政服务的范畴，不但令客户满意，还成为新的利润增长点。随着业务的不断做大，张松江正式把自己的家政公司注册了小管家的品牌商标，如今已成为家喻户晓的家政服务领域领军企业。

释怨卷八

世之不公，人怨难止。穷富为仇，弥祸不消。

君子不念旧恶，旧恶害德也。小人存隙必报，必报自毁也。和而弗争，谋之首也。

名不正而谤兴，正名者必自屈焉。惑不解而恨重，释惑者固自罪焉。私念不生，仇怨不结焉。

宽不足以悦人，严堪补也。敬无助于劝善，诤堪教矣。

一、有不公平的地方就有怨怒

【经典回味】

世之不公，人怨难止[1]。穷富为仇，弥祸不消[2]。

【注释】①止：停止。②消：消除。

【译文】世道不公平，人与人之间的纠纷怨怒就不会休止。穷人与富人相互仇恨，遍布的祸乱就难以消除。

【官场之道】

谁也避免不了犯错，谁也不能做到人人都满意，成就大事者，往往不会计较太多的是非恩怨。同时，能够宽容或容忍那些不可避免的怨怒，也体现了为官者的胸怀。

陈平是个很有才能的人。在秦末农民起义和随后的楚汉战争中，他先后在魏王和楚王手下为官，因关系相处不好而不得不投奔刘邦。刘邦刚一见面，就拜其为都尉，并使为参乘，职责是监护诸将。

刘邦手下的将领们对此愤愤不平，私下评论说："大王刚一得到项羽手下的叛将，还没有进行一段时间的考验，就马上委以重任，还与之同车，真是让人无法理解。"这些话传到刘邦耳中，刘邦不为所动，反而愈加恩幸陈平。

陈平在个人小节上确实有瑕疵。他在担任典护要职后，接受了一些将军的贿赂。那些嫉妒陈平的将领便抓住这些把柄，直接到刘邦那里告状，其中以周勃、灌婴闹得最凶，周勃、灌婴对刘邦说："陈平这个人品德很差，原来在家时就和嫂子私通，他先投靠了魏王，得不到重用，又跑到楚王那里，楚王也不愿重用他，他才又投靠我们。大王对他委以重任，他却劣性不改，现在收受诸将贿赂。像这样反复无常的小人，大王要仔细考察啊！"周勃、灌婴因是刘邦的亲信将领，他们说的话，对刘邦产生了很大影响，于是刘邦便对陈平产生了怀疑。

刘邦将陈平召来责问：“你先是在魏王那里做事，后又背弃了楚王，现在又跟着我，像这种朝三暮四的做法，称得上是守信义吗？”陈平从容答道：“我在魏王那里，魏王不能采用我的谋略，所以我才去投奔楚王；楚王不信任别人，只相信项氏诸人或他的妻弟，我空有才能不能得用，于是离开楚王。我听说汉王能任用贤能，所以归服大王。我只身前来投奔，不收受钱财无法维持生活用度。如果我的谋略对汉王能有可用之处，请大王用之；如果没有可用之处，我收受的财物都在，该罚没治罪我甘心领受，还请给我留一个全尸。”

一番话说得刘邦疑虑顿消，为了表示对陈平的充分信任，刘邦重重赏赐他，并升任其为护军中尉。因为刘邦的力挺，诸将再也不敢对陈平说三道四、怨怒不已了。

【职场之道】

在很多时候，人们只看到他人成功时获得的金钱或名位，而看不到其背后的付出，所以有的人就产生了嫉妒或怨怒的心理。我们应该学会坦然地接受一切，承认别人在某些方面比自己强，同时抓住一切机会增加自己的资本，学习别人的长处。

乔治在当地一家小图书馆工作，他每天的工作内容就是整理书籍，负责读者的借阅，有时还要修补破损的图书。

因为图书馆的规模较小，所以员工的薪水普遍不高，所以大部分员工每天工作情绪都不高。当他们看到图书馆馆长工作轻松，经常有机会参加一些行业内的活动，还能借此机会外出旅行，心中就滋生出嫉妒情绪。这样一来，大家就越来越不喜欢工作，心里都在想：“凭什么馆长什么都不做就有高薪，而我们累死累活却工资不高？”但乔治从不这样想，因为他觉得这种抱怨并不能改变自己的境遇。

有一天，馆长突然对大家说：“最近别的地区发生了地震，虽然没有发生在我们这里，但上面有意借这个机会做一次逃生教育，你们快去做一个逃生急救小册子，作为知识手册发给来图书馆的读者。”听了馆长的吩咐，绝大多数职员都态度淡漠，他们问：“为什么不去找专业的作者？有加班费吗？”

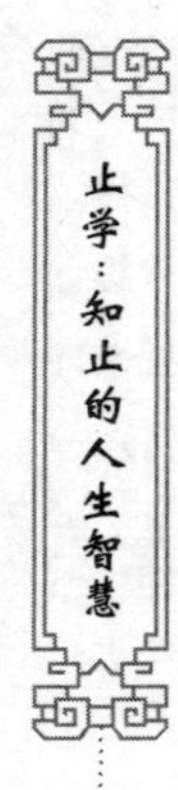

乔治却没有一句怨言，他立即去找与地震相关的书籍，开始整理小册子，为使内容更全面，他还找了面对其他灾害时的应对知识。五天的紧张忙碌后，当他把小册子交到馆长手里时，馆长并没说什么。

小册子顺利印刷，免费发放给借书的读者，馆长还在小册子上专门加上了乔治的名字。这本在别人看来并不起眼的小册子，却为乔治带来了名气，一些杂志开始找他约稿，让他多了额外的收入。更让他意外的是，馆长自此以后经常带他外出，交代给他一些重要事务。没几年，乔治就成为副馆长，成了让同事们嫉妒的二号人物。

乔治凭借自己扎扎实实的工作，使自己得到了回报；而反观其他同事，还依旧生活在每天的抱怨中，长期被这种负面情绪所困扰。

【商战博弈】

不管面对怎样残酷的现实，都不应该抱怨，而要靠自己的努力来改变现状并获得成功。那些不停抱怨命运不公的人，也是不愿努力的人。

有一天，杰诺克从自己公司的办公楼出来，刚走到街上，就听见身后传来"嗒嗒嗒"的声音，原来是一个盲人正用竹竿敲打着地面。

盲人感觉到前面有人，忙打起精神说道："尊敬的先生，打扰您一点儿时间，买我一个打火机吧，只卖一美元。"说完，盲人从口袋里掏出一个打火机。

杰诺克听了，叹了口气，把手伸进口袋掏出一张钞票递到盲人手里："我不抽烟，但我愿意帮助你。"盲人接过钞票一摸，竟然是100美元。他用颤抖的声音反复感谢着，并拉住正准备走的杰诺克喋喋不休地说："您不知道，我不是生来就瞎眼的，是二十年前普尔敦的那次事故！太可怕了！"

杰诺克一震，问道："你是在那次化工厂爆炸中失明的吗？"

盲人想用自己的不幸遭遇打动对方，争取多得一些钱，可怜巴巴地说下去："我就是那次事故中最不幸的人啊!当时火一下子冒了出来，逃命的人都挤在一起，我好不容易冲到门口，可一个大个子在我身后大喊：'让我先出去！我还年轻，我不想死！'他把我推倒了，踩着我的身体跑了出去！我失去了知觉，等我醒来，就成了盲人，命运真是不公平啊！"

杰诺克冷冷地说："事实恐怕不是这样吧？你说反了。"

盲人一惊，用空洞的眼睛呆呆地对着杰诺克。杰诺克一字一顿地说：“我当时也在那个化工厂工作，是你从我身上踏过去的！你长得比我高大，你说的那句话，我永远都忘不了！”

盲人呆立了许久，突然一把抓住杰诺克，爆发出一阵绝望的大笑：“这就是不公平的命运啊！你在里面，现在出人头地了，我跑了出去，却成了一个没有用的盲人！”

杰诺克用力推开盲人的手，平静地说：“你知道吗？我也是一个盲人。不同的是，你相信命运，可是我不信。”

二、君子不计往日恩怨

【经典回味】

君子不念旧①恶，旧恶害②德也。

【注释】①旧：原来的。②害：损害。

【译文】君子不计较以往的恩怨，计较以往的恩怨会损害君子的品行。

【为官之道】

贤德之人，处处出于公心，在举荐人才时，就算是曾经与自己有私怨之人，也极力推荐，从中可以看出其气度与心胸。

赵国声名显赫的赵奢，原是普通的征收田赋的小吏，虽职位不高，但执法公正，不畏权势。

有一次他到赵王的弟弟赵胜的府上催缴拖欠的租税，赵胜家臣倚仗权势，不仅不肯交租税，反而恶语相向。赵奢当场抓住九名管事，依照刑律以持强抗税罪将他们处死。

赵胜闻讯大发雷霆，命手下将赵奢抓来当面呵斥：“你一个小吏，竟敢杀我的管事！”赵奢理直气壮地回问：“你身为平原君，处于相位，难

道就可以纵容家臣破坏法律吗？如果你带头践踏法律，国家难免被削弱，诸侯就会趁机攻打我们，国家遭受灭顶之灾，你也难保富贵。如果你带头奉公守法，国势会逐渐强盛，只有这样你才会得到百姓的拥戴。”

赵奢一席话说得赵胜哑口无言，经过一番静心思考，赵胜不但怒气全消，而且认为赵奢有胆量、有见识，马上放了赵奢。

当时，赵国正面临国家财政入不敷出的局面，需要一个理财有方的人才来整顿治理，赵胜向赵惠文王极力推荐赵奢担任这一要职，赵惠文王破格提拔了赵奢。果然，经过赵奢的一番治理整顿，没过几年，赵国国富民强。

【职场之道】

怨怨相报绝对不是什么好事，更不是解决矛盾的可行性方案，以宽容大度的态度理解对方的所言所行，哪怕是对手，也能够以德报怨，这才是更高的品德。

在一次职业拳王争霸赛上，决战双方是28岁的巴瑞拉和35岁的老将卡菲洛，二人实力相当，打了6个回合依旧难分胜负。

在第7个回合中，巴瑞拉找到了突破口，接连击中了卡菲洛的头部，把卡菲洛打得鼻青脸肿。这一回合结束后，在短暂的休息期间，巴瑞拉没有坐下来休息，而是跑到卡菲洛身边向他道歉，而且态度非常诚恳。他还拿自己的毛巾帮卡菲洛擦去脸上的血迹，把矿泉水洒在他的头上。

比赛再次开始，卡菲洛再次被巴瑞拉找到破绽，一次次被打倒在地。卡菲洛每次被打倒后都努力地试图爬起来，但还没等裁判数到十，巴瑞拉就主动上前把他拉了起来，两人互相击掌，继续开打。

观众和裁判都惊呆了，巴瑞拉的举动简直不可思议。因为在比赛场上，人人巴不得自己的对手赶快被淘汰出局，可是巴瑞拉却反其道行之，竟然去帮助自己的对手。

比赛最后，巴瑞拉赢得了冠军。观众为他欢呼，向他献花致敬。而卡菲洛作为失败者，自然被观众晾在了一边。此时巴瑞拉拨开为他欢呼的人群，径直走到被冷落的卡菲洛面前，把一大把鲜花送给他，并和他紧紧拥抱。

卡菲洛虽然失败，却把衷心的祝福送给巴瑞拉，他拉起巴瑞拉的手高高举过头顶，向所有观众致敬。

巴瑞拉对对手的大度，感动了在场的观众，也感动了卡菲洛。

【商战博弈】

真正的宽恕，是对曾经伤害过自己的人，用怜悯的心帮助他们走出困境。只有宽宏的胸怀才能成就远大的事业，成就别人的同时，也成就了自己。

英国格兰特兄弟公司的负责人格兰特，就是用自己的不凡气度令曾经诽谤他的出版商无比感动。

有一天，格兰特在无意中看到一家杂志社出版的一本商业杂志，这本杂志里面全是对格兰特兄弟公司的污蔑与丑化，语言极其低级粗野，严重损害了格兰特兄弟公司的声誉。格兰特兄弟公司的负责人格兰特十分气愤地说："一定会让出版这本杂志的人后悔的。"

他的话传到那个杂志社负责人耳中，杂志社负责人毫不在意，笑言道："怎么？他觉得以后我会找他要钱吗？我会让自己小心行事的，决不会去求他办事。"话虽这样说，不久后，偏偏就让这个杂志社负责人为自己的行为后悔不迭——出版社破产了，而格兰特手中恰好有一张这个杂志社的承诺支票，这是另一个破产的商人转给格兰特的，上面还有这个杂志社负责人的转让认可签名。

格兰特现在已经成了杂志社负责人的债主，如果没有格兰特的签字同意，那么这个杂志社负责人就拿不到证明和自己的执照，就再也不能经商了。杂志社负责人知道自己没有脸面去见格兰特，却又眼睁睁地看着自己的生意面临绝望境地，迫于无奈，他还是怀着忐忑不安的心情走进了格兰特公司，做好了最坏的准备。

此时坐在办公室里的格兰特面对走进来的杂志社负责人，一边接过证明一边说道："我记得你曾出版过一本诽谤我的杂志？"这句话让羞愧无比的杂志社负责人一下子陷入泥潭，觉得一切都完了，就在他不抱任何希望准备走出房间时，格兰特说话了："给你，先生。"格兰特已在证明上签好了名字。

这让杂志社负责人难以相信，他本以为格兰特会大骂自己而不给签名，没想到格兰特一点也没有难为他。看着杂志社负责人热泪盈眶的样子，格兰特说道："之前我说过你会后悔的，既然你现在已经后悔了，我是不会计较你从前犯过的错误的。"

随后，格兰特还详细询问了杂志社负责人以后的打算，当听说他已经身无分文、只有通过节衣缩食来凑够办理执照证明的钱时，格兰特又拿出10万英镑，帮助杂志社负责人渡过难关。此时的杂志社负责人，除了更深的愧疚，已经不知如何表达对格兰特的感谢。

如果任凭仇恨在心里滋长，就等于把毒素注入自己的身体；在互利互赢的商界，多一分宽容，机遇与发展空间便更多。

三、报复实则是自我毁灭

【经典回味】

小人存隙[①]必报[②]，必报自毁也。和而弗[③]争，谋之首也。

【注释】①隙：嫌隙。②报：报复。③弗：不。

【译文】小人一旦与人产生嫌隙，一定会想办法报复，这样只能自我毁灭。讲和不争斗，这是谋略首先要考虑的。

【为官之道】

贤人智者立身行事，能够从大处着眼，而不是不计后果只图暂时的快意恩仇。任何治标不治本的行为都起不到长治久安的作用。

北宋时期，西夏国的李继迁常常在宋国边境上袭扰生事，令宋太宗十分气恼。不久，宋将在边境抓获了李继迁的母亲，宋太宗为了出气，准备将其母处死，宰相吕端知道后，赶紧进行劝阻。

吕端说："李继迁这种人，是不讲什么亲情的。皇上现在为了发泄一时之气而怒斩其母，假如能够很快将其打败还好，假如一时之间不能灭之，岂不是进一步激发他的仇恨、让他死心塌地与您为敌吗？"

宋太宗于是征询他的建议，吕端说："依我之见，不如将其母好生侍候，使她安然终老，虽则不一定能迫使李继迁投降，但毕竟可以牵动其心；况且李母的生死控制在我们手里，能够进退自如。"

宋太宗听从了吕端的建议。之后，李继迁之母在宋国老病而终，不久，李继迁亦病亡于西夏。李继迁的儿子李德明上表归顺了北宋，从而证明了吕端谋略的正确。

【职场之道】

每个人都要面对生活的压力与挫折，有的人选择逃避与退缩，有的人选择报复社会，当自已对自已都不抱希望时，未来将没有任何希望；而如果以阳光的心态面对生活的不公，在坚持不懈的努力中定当迎来人生的光明。

奥普拉·温福瑞主持的栏目收视率，超过美国三家知名电视台的总和，被美国民众称为“美国人的心灵女王”。温福瑞的职业生涯充满了曲折，如果不是在报复社会的沉沦中及时悔悟，就不会有后来的成功。

温福瑞出生在密西西比州一个到处都是贫民窟的小镇上，从小跟着靠替人洗衣服过活的外婆生活，在极度混乱而污秽的环境中成长，她儿时的愿望是，通过读书而拥有美好的未来。

由于少年时遭受的侮辱太多，长大的温福瑞对生活渐渐失去了信心，在自我堕落中产生了报复社会的心理。她成天和小混混们缠在一起，打架，闹事，甚至吸毒、堕胎，她开始变得性格暴躁，通过打架闹事来树立自己的威信。附近的男人们果然不再敢轻易惹她。

有一天，温福瑞和几个小混混在外面闹事，碰巧看到了正在给别人洗衣服的外婆，她突然想起了多年前自己对外婆说过的梦想，那才是她要追求的人生目标！在那一刻，温福瑞意识到这种报复与放纵并不能给自己带来什么，只有读书才能给予她美好的未来，否则将永远在这个贫穷而污秽的地方沉沦！

温福瑞开始远离那些所谓的朋友，把更多精力投入到学习中去。几年之后，她成功考入了田纳西州的州立大学。两年后，美国一家电视台到学校招聘播音员，温福瑞凭着高超的语言技巧与不俗的记忆力被聘用，从此涉足传媒界。

毕业后正式成为播音员后，温福瑞的主持表现令电视台非常不满意，因为她情感非常丰富而且情绪极易产生波动，以至于就连在播报新闻时都

保持不了主持人应该具备的客观中立的态度，甚至时常因为情绪的波动而扔掉手中的稿纸，表达起自己的观点来。电视台主管警告她："如果你学不会控制自己的情感，那么最终你将会被解雇。"温福瑞始终相信自己能打动观众，但电视台主管没有给她更多的机会，她还是被解雇了。

温福瑞没有抱怨，更不会再用报复社会的方式消沉，而是耐心等待着机会。恰在此时，另一家电视台组建了一个早间节目《芝加哥早晨》，这家电视台看中了温福瑞在主持中流露出的真实情感，专门把她请了过去。

果然，温福瑞的主持风格很快得到了观众的好评，仅仅一个月，她就使这档节目创造出了前所未有的收视率，温福瑞的访谈节目逐渐成为非常有名的个人品牌，每周有2000万观众收看，并且在海外100多个国家播出，成为美国电视史上收视率最高的脱口秀节目。

在面对人生挫折时，如果以报复的心态去放纵自己，将永远生活在黑暗中。

【商战博弈】

企业领导者如果以感情代替理智，遇事轻率急躁，甚至任意发泄私愤，不仅会影响自己的地位形象，更会给企业带来不可挽回的损失。

福特汽车公司总裁亨利·福特的最大缺点，就是没有容人之量。

福特汽车公司总经理亚科卡上任伊始，特别注意研究汽车发展趋势，从而对汽车需求做出精到的预判。根据他对世界形势的研究，主张把钱用在小型汽车的研制上，但总裁福特却极力反对他的主张。

阿以战争爆发后，世界陷入石油供求的困境，亚科卡的预见得到了证实。在亚科卡的一再坚持下，一种耗油量低的"菲埃斯塔"小型汽车一经问世，就成为抢手货。成功给亚科卡带来了无数掌声，福特却感到非常难堪。

偏偏此时有一个由100多个银行家和股票分析家参加的会议召开，亚科卡以其独到的眼光、明晰的思路，在会上侃侃而谈，引起了与会者的极大兴趣，报以阵阵热烈掌声和羡慕的目光。这一切，使参加会议的福特顿觉自己黯然无光。

妒火中烧的福特，终于忍无可忍，先是无中生有散布亚科卡与黑手党勾结的谣言，又对亚科卡的业务活动及个人生活进行调查，寻找对其削权的借口，最后，干脆将亚科卡解雇了。

就这样，福特作为公司最高决策人，仅凭个人感情用事，就赶走了上任8年、为公司净赚35亿美元的总经理。结果，亚科卡马上被克莱斯勒汽车公司聘为总裁，迅速使濒于倒闭的克莱斯勒转危为安，并成为福特汽车公司的强劲对手。

福特赶走亚科卡后，使公司遭受巨大损失，经营每况愈下，之后不久，福特公司大权就易手于人。

四、消融疑虑需要自省自责

【经典回味】

名不正而谤[1]兴，正名者必自屈[2]焉。惑[3]不解而恨重，释[4]惑者固[5]自罪[6]焉。

【注释】①谤：诽谤。②屈：委屈。③惑：疑惑。④释：消除。⑤固：本来。⑥自罪：自揽错误。

【译文】不是正当的名誉必然招致流言，想要正名就要委屈自己了。疑惑不能消除，仇恨就会加重，想要消除疑惑就要自我谴责。

【为官之道】

是否能够主动自省，在很大程度上影响着一个人的前途和命运。一个善于自我反省、审视自我的人，他的内心力量是非常强大的，他的人格魅力也更闪耀着光辉，也就更容易获得别人的认可。

大禹的儿子名叫伯启。一次，有扈氏部落起兵反叛夏禹，带人前来攻打，夏禹就派伯启作为统帅前去迎击。

经过几轮激烈残酷的战斗，伯启被叛兵战败。他的部下非常不服气，一致要求整顿兵马再次迎战。伯启说："不用再战了吧。我们的地盘不比他们小，兵马也不比他们差，结果我们竟然被打败了，这是怎么回事呢？我想，这错一定在我身上，应该是我的品德不如敌方将领，或是我教导军

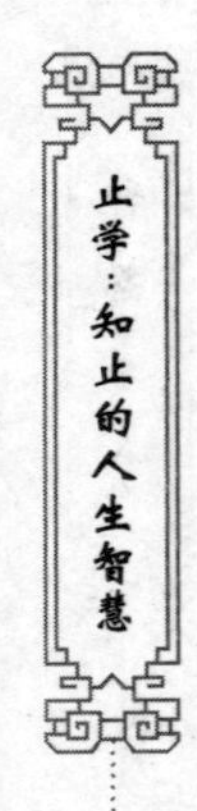

队的方法有错误。从今天起，我得努力找出自身问题所在，加以改正再出兵作战也不迟。”

从此以后，伯启不再讲究个人的衣食。他勤政爱民，尊重并任用有贤能的人才，他的城池和军队更是一天天强大起来。不过几年，有扈氏得知这个情况后，非但不敢再来侵犯，还甘心地降归了伯启。

可见，善于从自身找原因的人，能避免许多不必要的纷争。

【职场之道】

大多数情况下，人们不愿意承认自己的错误，正是这种过度的自尊心导致误会加深。如果犯了错误之后，不是等别人来指责而是先诚恳进行自己批评，那么别人很容易就会宽恕你的错误，消解心中的怒气。

著名的商业艺术家菲丁南·华仑，在遇到别人异常苛刻的挑剔时没有去费力辩解，而是主动自我批评，从而总能化干戈为玉帛。

在华仑的职业生涯中，曾与一个非常难缠的客户打交道，这个客户总是擅长鸡蛋里挑骨头，与他接触的人都对其语言的刻薄心存忌惮。这个客户要求华仑在很短的时间内提交文案，也正是因为时间太紧，在华仑提交的文案中，出现了一个小错误。于是客户立即打电话让华仑过来，告诉他文案出现的问题。

当华仑赶往客户办公室时，就已想象到了自己将要面对的严厉责备与无尽诘问，于是他提前做好了心理准备，一进办公室，没等客户开口，就先自己诚恳地承认错误：“先生，如果你在电话里指出的错误属实的话，那我的失误一定不可原谅，我为你服务那么长时间，实在该知道怎样的文案才是正确的。我觉得非常惭愧。”

客户想插嘴打断华仑，可是华仑没有给他机会，继续着自我谴责：“我应该更小心一些才对，你给我的时间虽然很短，但我照理应该更加仔细使你满意，因此我打算将此稿废弃重新再来。”

“不！不！”客户反而开始为华仑辩护起来，“我不想那样麻烦你，你只要稍微修改一点就好了，毕竟这只是极小的错误。”并对华仑的文案表示了赞赏，还邀华仑共进午餐，分手之前还提前预付了华仑的劳动费用，又将下一个单子交给了华仑。

多数情况下，人们总是习惯为自己的错误辩护，认为通过辩解能够消除别人对自己错误的怨怒，但往往事与愿违；但如果以一种宽容的态度去化解人际交往中的矛盾冲突，则会真正地得到他人的谅解。

【商战博弈】

海纳百川，有容乃大。即使是在竞争激烈的商场，谦和宽容的态度都是做人的基本准则。对手不是敌人，尊重对手，自我反省，是一种文化素养的体现，也更能在自我反省中认识到不足，实现更大的发展。

在腾讯创立者马化腾的记忆中，最为惨烈的一次“战役”，是QQ与360的用户之争。

当时，腾讯为了拓展市场占有率，将商业眼光瞄准了杀毒领域，把QQ软件管理和QQ医生自动升级为QQ电脑管家，涵盖了云查杀木马、系统漏洞修补、安全防护、系统维护和软件管理等功能，希望借此来实现对网络安全领域的进军。360总裁周鸿祎对于腾讯这一商业扩张行为，采取了最为直接的方法来回应。360发布直接针对QQ的隐私保护器工具，宣称其实时监测曝光QQ的行为，并提示用户“某聊天软件”在未经用户许可的情况下偷窥用户个人隐私文件和数据。

这一举措引起了用户对腾讯QQ客户端的担忧和恐慌。马化腾也采取了愈加激烈的做法，马上将360告上法院。在“3Q”这场近年来网络上最热门最激烈的大战中，双方在舆论和技术上都各出奇招，却依旧势均力敌。

最后马化腾兵行险招，发布公告：在所有装有360软件的电脑上停止运行QQ软件。此举在网络上掀起了轩然大波，政府也终于不能坐视不理，介入并结束了这场战争，以腾讯、360停战兼容，双方向网络用户及社会发布道歉声明收尾。

“3Q”大战可以说是马化腾从商以来最大的一次打击，大战结束后，他开始自省创业十一年来的点滴，自省在扩张战略上存在的不足，在他看来，也许正是因为自己沉不住气，才让对手采取了如此激烈的手段；他甚至觉得，从某种程度上说，自己的对手，可以算得上是自己创业路上的老师。

他对他的员工说：“假如未遇到竞争对手的挑战，企业就永远不会发现自己的缺点，也不会有这么多的反思，也没有今天这么多的感悟。或许未来有一天，当我们走上一个新高度时，要感谢今天的对手给予我们的磨砺。”

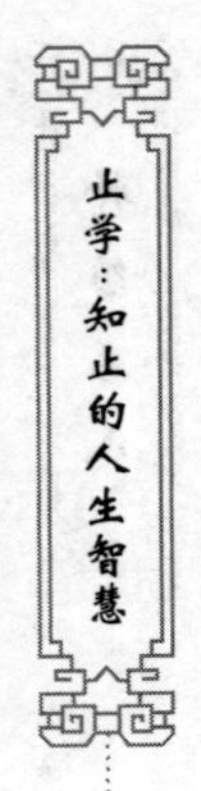

五、不生私念，就会没有仇怨

【经典回味】

私[1]念不生，仇怨不结焉。

【注释】①私：私心。

【译文】不生出自私的念头，就不会与人结下仇怨。

【为官之道】

心底无私天地宽，只要是出于公心，就不怕被误解，只要坚持无愧于心，所有的误解终归会消除。

西汉时期，袁盎因为人正直，敢于直言进谏，深得汉文帝器重。其时周勃的官职是丞相，每日早朝结束总是早早退朝，非常得意，但皇上依旧对他恭恭敬敬以礼相待，常常亲自送别他。

袁盎看不惯，向皇上进言："丞相有些自傲，而皇上却谦恭揖让，皇上和大臣都有不合礼法之处，皇上不应采取这种态度。"在他的建议下，在朝会上皇上渐渐庄严起来，丞相也逐渐敬畏。

周勃知道内情后，忿忿地责备袁盎，而袁盎自觉出于公心，在周勃的责问下就是不肯向其认错。后来，周勃因罪被免除丞相职务，有人趁机诬告其谋反，周勃又被听信谗言的皇上囚禁在牢狱中。

皇上大怒之时，朝廷上下无一人出头为周勃求情，唯有袁盎敢于向皇上直言相劝，帮助周勃洗脱罪名，在他的力劝下，皇上终于释放了周勃。周勃非常感激，于是跟袁盎的关系越来越好。

皇上有次外出打猎时，皇后和一个受宠爱的妃子一同陪伴前往，就座时，袁盎布置的座席将宠妃位置安排在了皇后后面。宠妃发怒不肯坐，皇上也很生气地拂袖而去。

毫无惧色的袁盎追上去向皇上摆明利害："尊卑有序才能上下和睦，

皇上如果宠爱这个皇妃可以重赏她，用不着这样抬举她；而且这样宠爱她，弄不好会给她将来埋下祸患，就像当初吕后折磨受宠爱的戚夫人一样。”皇上听后转怒为喜，将袁盎的话告知宠妃，宠妃感激，赐给袁盎黄金五十斤。

【职场之道】

处处只想着自己的人，必然在无休止的索取中招致别人的怨恨；而时常替别人着想、没有过多私念的人，别人也会给予加倍的感恩回报。

日本尚德力公司的董事长岛井信治郎，被他的职工们称为“父亲”。然而，这“父亲”对职工的要求却十分严格，有时甚至到了令人难以容忍的地步。

他经常亲自到车间巡视，一旦发现纸屑、灰尘等，便沉下脸来大声喝令员工清除干净；看见工作不力的职工，就毫不客气地责骂，令其无地自容。曾有一个职工因为受不了岛井毫不留情地破口大骂而当场晕过去，可见岛井的严厉对职工造成了多大的恐惧。

岛井对工作要求严格，但也以关心职工而闻名。公司赚钱时，岛井总是先想到这是职工的功劳，加发奖金给他们，奖金一多，常常会使职工傻眼：“是不是发错了，怎么这么多呢？”更令人感动的是，岛井私下对职工像慈父般呵护备至。在岛井开业后不久，岛井听到店员抱怨：“房间内有臭虫，害得我们睡不好！”一天晚上，店员都睡着后，岛井悄悄地拿着蜡烛到房间柱子的裂缝及柜子的空隙抓臭虫。店员听到声响从睡梦中惊醒，当看到正在认真抓臭虫的老板时，都非常感动。

由于老板这样体贴职工，使职工都能耐得住严格的工作要求，没有半句怨言。尚德力公司的高参名叫作田，也是因为被岛井深深感动而努力为公司工作。作田刚刚进公司不久时，他的父亲不幸过世，他不想让同事知道家中有丧事，但是在出殡当天，却看到岛井率领全体职工到殡仪馆帮忙。等到丧礼结束，作田正要回家时，却听到岛井喊他：“没有车，你和伯母如何回家？”说完立刻叫了一辆计程车，亲自送作田和母亲回家。

作田作为公司新人，得到老板的如此关照，自然感动万分，并在心里下定决心：“为了老板，即使是自己的性命也在所不惜。”没有绝对的好员工与坏员工，关键在于管理者以什么样的心态去对待，有远见的管理

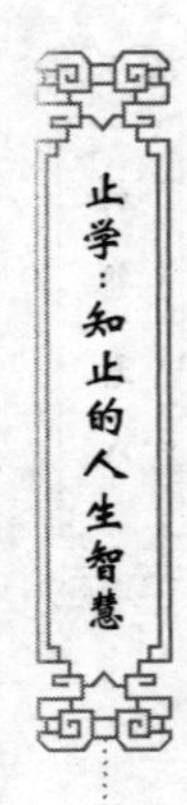

者，总是将员工的利益放在第一位。

【商战博弈】

当无法直接在商业活动中获得利益时，不妨换个思路暂时舍弃当前的利益。先站在对方的立场，从对方的利益出发，然后再考虑自己的利益，这种以退为进的商战策略要高明许多。

英国友尼利福公司总经理科尔，在商业谈判中多次采取退让策略，让给对方更多利益，最终成为最大赢家。

非洲东海岸是一块非常富饶的投资宝地，科尔很早就在这里建起了友那蒂特非洲子公司，栽培食用油料落花生是公司的重要财源之一，员工多达十多万人。“二战”结束后，非洲各地不断掀起民族独立运动热潮，独立以后的非洲国家纷纷把土地收归国有，非洲子公司友那蒂特公司时刻面临着被逐出的危险。

在此关键时刻，科尔马上对该公司进行了几项改革措施：子公司在非洲各地的首席经理人一律改为聘用非洲人；黑种人和白种人要同工同酬；成立干部培训所，大量培养非洲人干部；与所在国开展互惠互利。科尔主动为非洲本地争取利益的做法，得到了当地政府的赞赏与支持。

在和几内亚政府开展交涉时，科尔主动表示会把公司撤出去，几内亚政府被科尔的诚意所感动，出人意料地表示真诚希望科尔的公司留下来；在与加纳政府进行交谈时，科尔主动提出把栽培地交还加纳政府，加纳同样被其诚意感动，请科尔的公司做政府所有食用油料的买卖代理人，这就意味着科尔在加纳是整个食用油经营权的唯一拥有者。

在其他非洲国家，科尔的主动退让也都得到了非洲各国政府大小不同的回报。在风起云涌的非洲各国独立运动中，科尔不但没有受到一点儿损失，反而还收获颇丰。

以退可以为进，以舍弃眼前小利可以得到长远大利，这不仅是一种为人处世的智慧，更是一种生存竞争的重要策略。

六、宽厚并不能讨好所有人

【经典回味】

宽不足以悦[①]人，严堪[②]补也。

【注释】①悦：取悦。②堪：能够。

【译文】宽厚仁慈不能够取悦所有人，威严反而能够补充这种不足。

【为官之道】

为官者，应当“在其位，谋其政”，衡量为官者是否称职的基本要素之一，就是是否敢于对那些违法乱纪、祸国殃民之徒严加惩戒。雷厉风行的为官之道，要比一味的宽容更容易收到立竿见影之效。

田文镜是雍正帝最为称许的三大能臣之一，当他被任以河南巡抚之职时，表下心志：“鞠躬尽瘁，亦难报效，唯有矢此血诚，不敢一毫怠惰，一事苟且。”

上任伊始，他便大刀阔斧地对官场长久以来的陋规、州县逃赋、隐匿土地等问题进行了整顿，使雍正帝的各项改革措施在河南得以落实。田文镜严肃吏治，对属员要求极严，对贪赃枉法、玩忽职守者严惩不贷，上任仅两年，就劾罢官员达二十多名。他的治吏严政，必然触及当时官场许多人的利益，他们对田文镜恨之入骨，经常向雍正帝密奏田文镜执政“刻薄”。

而雍正帝不受谣言迷惑，对田文镜的干劲十分赞赏，一边为他提供了强大后盾，一边善意地提醒他讲究斗争策略及方式，这使田文镜感激不已。为了治理河患，兴修水利，田文镜提出了堤工分遣的改革措施，他敢于触犯地主、绅衿的众怒，在河南一些大员袖手旁观的情况下，他置个人安危于不顾，将为首者捉拿严办，杀一儆百。在这个问题上，雍正帝态度鲜明地全力支持田文镜。

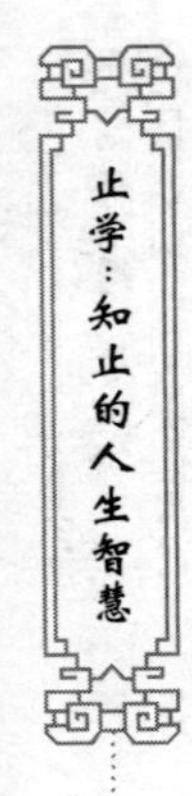

田文镜励精图治、严于执法，虽然得罪了一大批人，但得到了雍正帝的高度赞誉，称其“实为巡抚中之第一”。

【职场之道】

决定一个企业发展命运的领导者，都是那些在关键时刻能够杀伐果断的人，而具有这种特征的领导者，又往往以“暴君”的形象出现。对于此种管理方式，不能以简单的对错来判断，而是以企业发展的实效来证明。

乔布斯对待员工的“残暴”被公众所熟知，但乔布斯越是咆哮责怪员工，员工越是会拿出全部的能力和热情去工作。如果换一个角度看，如果乔布斯放弃对你咆哮，那么你在苹果的时间也就不多了。

乔布斯将暴君独裁式的管理方式推向极端，是在1997年由于经济问题需要公司减员时。有时候当员工独自乘电梯，在某一楼层突然发现电梯门打开的那刻，令人恐惧的乔布斯会走进来。等电梯门再度合上后，就在这种沉重的气氛下，乔布斯会提出他的第一个问题：“你叫什么名字？在哪个项目工作？”员工回答完后，乔布斯会追问：“你的工作重点是什么？对公司有什么价值？对未来有什么计划？”如果员工没有回答出让乔布斯满意的答案，那么很不幸，他将马上会接到辞退通知。这个“电梯裁员”的逸事，非常形象地反映出乔布斯在苹果恐怖的统治地位。

苹果公司在风起云涌的商海里迅速壮大，在很大程度上归功于乔布斯的残暴无情管理。在最艰难的时候，乔布斯用咆哮确认了最有价值的员工，放弃了多余的人员避免了浪费；在没有进展的时候，乔布斯用暴怒将迷惘的员工唤醒，从而继续推进项目研究和开发的步伐；在事情过去以后，乔布斯会专门找到那个被教训的员工，向他解释之所以向他发怒的原因，从而将员工的心牢牢地拴在这棵“苹果树”上。

苹果公司上上下下每一个员工就像螺钉般，被乔布斯拧得紧紧的，而公司的效率与业绩也这样被乔布斯牢牢抓在手里。

【商战博弈】

高效的执行力，离不开严格的管理手段。只有建立严谨高效的企业文化，才能在瞬息万变的商业竞争中脱颖而出，打败竞争对手，在商海中站稳脚跟。

鸿海集团总裁郭台铭被外界贴上“独裁”“霸道”的标签，就是这样

一个独断专行的统治者，却以赏罚分明、能者适用的法则，吸引了越来越多的人才。

看似霸道的郭台铭，在台湾电子业同行中又以重奖员工闻名，在这一点上没有哪一个公司老板能比得上他。在他的公司，薪水加上配股，经理级主管一年有近300万元，副总经理以上年收入更是逼近千万，是电子业福利最佳的公司之一。在年终庆祝会上，他拿出上亿元犒赏先进员工，最高奖是价值2800万元的鸿海股票。

与这种难以置信的重赏相对应，郭台铭的重罚更是令同行企业为之侧目。郭台铭将厚厚的奖金递到员工手中时，不忘告诫他们："我发奖金的时候，也是我裁人的时候；有奖必然有罚，总不能等公司开始赔钱的时候，才开始考虑裁员。"曾经有个中层干部因为出口到国外的产品出了问题，郭台铭当着全体员工的面将其严厉批评，要求其在全体员工大会上做检讨，并让该主管自己去国外解决，所有费用都由自己负担。

郭台铭重赏与重罚并用的管理模式，让员工一心一意地干好工作，用高压式的纪律与精准的执行力，使鸿海以高效率打败了竞争对手，树立了自己的市场形象。

七、劝人改过，有时也要借助强硬手段

【经典回味】

敬无助于劝善，诤[①]堪[②]教矣。

【注释】①诤：诫勉，直言相劝。②堪：能够。

【译文】恭敬并不能帮助别人改过，强硬的言行能够使其得到深刻教训。

【为官之道】

领导者长期高高在上，听惯了恭敬的话语，常常认识不到自己的过

失。身为下级，如果一味地用谦和委婉的话语劝告领导，往往达不到劝其向善的目的。只有采取更为强硬的手段，才能让其在受到教训的过程中认识到自己的错误，方能改正缺点。

商朝时，太甲登上王位后，不遵循先王成汤的仁政，胡作非为，使得百姓怨声载道。身为朝廷重臣的伊尹经过多次劝说，年轻的太甲总是听不进去。

伊尹一看好言相劝已无济于事，就只得采取了特殊的劝诫方式——联合几个大臣，共同把这个不听劝的小皇帝流放到先王成汤的墓葬之地桐宫，伊尹与其他大臣暂时代为行使君王职权，并时刻训告太甲如何为政、如何继承先王的执政法度。

经过整整三年的深刻反省，太甲终于认识到了自己的过错，表现出深切的悔悟之意。看到太甲确实有了改过自新的表现，伊尹亲自到桐宫迎接他回朝，将君王之权归还于他，自己不再干预君王政令，继续尽心辅佐太甲。

通过这次被流放，重登王位的太甲变得勤于政事、体恤民生，在他的发奋图强中，使商朝统治下的各个诸侯国团结统一，百姓生活安定富足，太甲自此成为历史上的有为之君，被其后代尊称为“大宗”。

【职场之道】

在通往成功的道路上，最难战胜的是自己。很多人之所以一生碌碌无为，就是因为对自己太过心软，想要在某一领域有所建树，就必须采取强硬的手段去克服自己的缺点。

获得“普利策奖”的著名黑人作家阿利科斯·哈利，就是靠逼迫着自己每天写一页纸，写成了经典名著《根》。

哈利在海岸警卫队服役的时候喜欢上了创作，但总是不能写出自己满意的作品，很多时候刚刚写了个开头，后面就不知怎么写下去了，这个时候他就找一些别的事来为自己解脱，比如收拾卧室、打扫花园、抽几根烟等，但越是这样，他越是写不出来。

直到有一天，哈利听了著名作家奥茨的写作经验：“对于情绪这种东西，你千万不能依赖他，有时我感到疲惫不堪精神全无，但我仍然强迫自己写下去，而且不知不觉地，在写作过程中，情况完全变了样。”这让哈

利深受启发，他认识到，要想写出一篇好的著作，就必须强迫自己在打字机前坚持坐下来，在卧室或花园里永远不可能写出来。

哈利为自己制订了一个计划，那就是每天至少写一页纸。他把每天起床的时间定在了早上七点，这样，当到了八点钟的时候，他就能安心地坐在打字机前去完成自己的任务，如果写不出来，哪怕坐上一整天也不能动摇。

哈利还为自己定下严厉的处罚措施：那就是每个早晨起来后，必须写满一张纸才能去吃饭。在第一天的时候，他显然还不能立即进入状态，直到下午三点钟才完成了一页纸。但第二天的时候，这种情况得到了很大的改善，在不到三个小时的时间里就让自己吃上了早饭。等到第三天的时候，他已经习惯了自己的计划，很快就写完了一页纸，并且还连续地写了五页纸，直到这时他才想起自己要吃早饭。

就是这样从强迫到成为习惯，哈利经过长达12年的努力，终于拥有了自己的作品《根》，书刚一印刷出来，就发行了160万册精装本和370万册简装本。只有狠下心来，将影响自己的内在不利因素全部消除，才能心无旁骛地前进在通往成功的道路上。

【商战博弈】

所有商业活动的最终目的都是为了获取利益，抓住利益这一根本因素，就能达到对商业行为的强制约束规范作用。

当初，英国将澳大利亚作为领地后，为了加快当地建设，当局采取了移民政策，前期移民者的身份，主要是那些监狱里的罪犯。

很多原来从事货物运输的船商们，看到了移民政策中的商机，纷纷将旧货船改装成客船，在英国与澳大利亚之间运送犯人。为了方便计算运送报酬，英国政府实行以上船的犯人数支付船主费用的办法，上多少人，给多少钱。因为货船改装的客船设备简陋，没有随船医生，条件非常恶劣，而那些黑心的船主为了牟取暴利，在上船时尽可能地多装人。

当船离开岸，船主拿到钱后，对那些犯人在恶劣环境下是否能够活着到达大洋彼岸就不管不问了，甚至有的船主为了降低费用，竟然断水断食，所以死亡率极高，达到12%，最高的一次达到了37%。这对英国政府来说损失是非常大的，花费了巨资，却没有达到大批移民的目的，英国民众

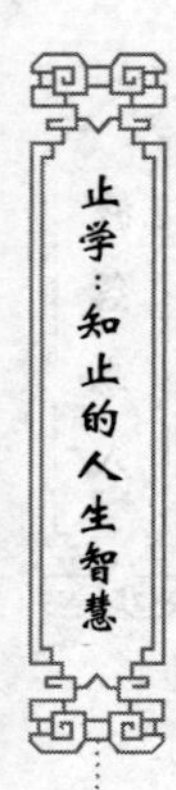

对此也十分不满。

英国政府见这种现象愈加严重，不得不采取了一些改进措施。比如，在每艘船上派遣了一名政府官员和医生，同时对犯人生活标准做了硬性规定。但收效甚微，有的船上的监督官员和医生竟然也不明不白地死了，原来一些船主为了贪图暴利，便贿赂官员，官员如果不从，就把他们扔到大海里。

正当政府对如何保障商船的安全运送的问题束手无策时，有个官员提出了症结所在：个体船主是故意利用了政策漏洞才会这样。并提出建议：如果政府以到澳大利亚上岸的人数为准计算报酬，不论在英国上船装了多少人，都是到了澳大利亚上岸时清点人数后再支付报酬，那么情况就会改善了。

政府采纳了这一建议后，果然之前的问题立即就解决了。有一些船商，还主动申请增加随船医务人员，并改善了犯人的生活，尽可能地让每个犯人都能健康地抵达澳大利亚，船上的死亡率自然大为降低，有些运载几百人的船只，一连几个月都没有一个人死亡。

对于不同的人，就要采取不同的商业管理措施，必要的时候，采取强硬的制度约束能达到立竿见影的效果。

心卷九

欲无止也，其心堪制。惑无尽也，其行乃解。

不求于人，其尊弗伤。无嗜之病，其身靡失。自弃者人莫救也。

苦乐无形，成于心焉。荣辱存异，贤者同焉。事之未济，志之非达，心无怨而忧患弗加矣。

仁者好礼，不欺其心也。智者示愚，不显其心哉。

一、“心”将抚平所有妄念

【经典回味】

欲①无止②也，其心堪③制。

【注释】①欲：欲望。②止：休止。③堪：能够。

【译文】欲望是没有尽头的，思想可以制服它。

【为官之道】

面对金钱、地位、荣誉等诱惑，很少有人能完全放得下，只有看透人心的人，才能真正控制得住自己的欲望。

春秋时期的范蠡，经历了无数次人生的起落，他曾从一个普通老百姓变为万人之上的一国大将，也曾从一个四处流浪的落魄者变为身拥亿万的富豪，他在高官重金前从未迷失自己，从而能够功成身退。

范蠡的双亲在他很小时就已去世，范蠡跟着哥哥嫂嫂一同过着贫困的生活。但其身负经世之才，行为怪诞，楚国地方官文种有识人之明，二人一见如故。

当时已身在吴国的伍子胥，亦久闻范蠡和文种的声名，请二人前往吴国，并许以二人高官厚禄。范蠡对楚、吴、越这三个国家的形势进行分析后，认为创立霸业者非吴即越，他还认为没必要帮着伍子胥报杀父之仇而与自己故国为敌。

范蠡和文种最终选择了越国。到了越国后，二人的才能得到了越王的极力认可，都被封为位高权重之臣。在二人的共同辅佐下，越国历经曲折后灭掉吴国，称霸中原。在欢庆胜利的时刻，范蠡做出一个出人意料的举动。他意识到越王勾践可与其同患难，难与其同安乐，便提出了辞官退隐的要求，越王见难以挽留，就同意了。

范蠡在离国的前天晚上，又专门找到文种，极力劝朋友与他一起退隐，以免等到“狡兔死，走狗烹”时悔之晚矣。文种见信后，称病不朝，却也终未逃过赐死的下场。范蠡到达齐国后，和儿子在那里经商，没过多久就置产数千万，齐国国君要任命范蠡为相。

面对千万家财和高官名望，范蠡有着自己的看法，他认为极盛的外表下必定隐藏着衰败的危机。于是把相印退还齐君，把财产散发给友邻，移居别处，自称陶朱公，安然度过余生。

【职场之道】

控制自己的欲望，是极其不易的一件事，在每个人的思想里，都时刻存在着理智与感情的斗争。只有战胜自己的感情，才有了控制自己命运的能力；如果任凭感情支配自己的行动，就会使自己成为感情的奴隶。

约翰尼·卡特从小就有当歌手的理想，长大后，为了这个理想他付出了许多常人无法想象的努力。后来，他组织了一个小型歌唱小组在各个教堂、小镇上巡回演出。不久，他制作的一张唱片吸引了2万名以上的歌迷，就这样，金钱、荣誉随之而来，他终于成功地成为一名著名歌手，实现了自己的理想。

然而，问题随之而来，在接连不断的全国各地巡回演出中，他被狂热的歌迷拖垮了。晚上必须靠服用安眠药才能入睡，第二天又要靠吃兴奋剂来维持精神状态。他开始染上一些恶习，酗酒、吸毒等，因恶习日益严重，以至于失去了自控能力，他更多地不是出现在舞台上，而是在监狱里。严重时，他每天必须吃一百多片药。

卡特又一次在监狱服刑期满后，监狱长将他的钱和麻醉药递到他的手里，语重心长地劝说道：“现在我把麻醉药还给你，希望你重新审视自己明天的道路，我相信你能充分自由地选择自己想干的事。你现在就把这些药片扔掉吧，否则，你就去麻醉自己、毁灭自己，你自己选择吧！”

卡特在深深自责中，开始了一段新的人生。他靠着坚强的毅力，开始自戒毒瘾，这在别人看来几乎不可能。他把自己锁在卧室里，为此忍受住巨大的痛苦，常常在噩梦中惊醒。后来，他在回忆这段往事时说：“那

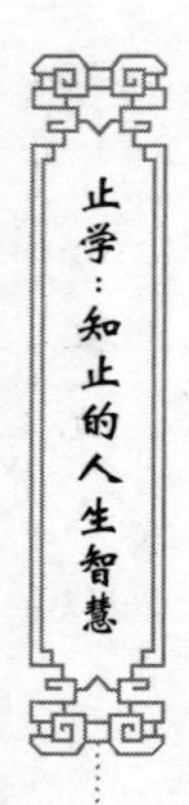

段时间总感觉昏昏沉沉的，好像身体里有许多玻璃球在膨胀，突然一声爆响，只觉得全身布满了玻璃碎片。”当九个星期过后，他又恢复了良好的精神状态，不再整晚做噩梦了。

几个月后，卡特以全新形象再次登上了熟悉的舞台，此时的他对音乐有着愈加强烈的挚爱，在不懈的追求中，他终于成为一名超级歌星。

【商战博弈】

用心为消费者着想的企业，也许在短期内没有太大的竞争优势，但日久见人心，经过时间的考验之后，那些在消费者心目中信誉度高、始终坚持品质第一的企业才能得以长远发展。

柯拉克被世界范围内的同行称为“面包女皇”，她从一个不起眼的小作坊干起，让小小的面包店变成了具有相当规模的现代化企业，一跃而成为世界面包行业的佼佼者，靠的就是一心为消费者着想、信誉第一的经营理念。

柯拉克的小面包店开业当天，就把丈夫和女儿召集在一起，举行了一次家庭会议，确定了以诚取信的经营原则。柯拉克在包装上都特别注明了烘制日期，决不卖超过3天的面包。柯拉克认为，吃的东西，保持新鲜度是最重要的品质要求，只要在消费者心目中树立起良好信誉，销路就一定会增加，存货现象就会消失。

起初，这项规定给柯拉克带来了巨大的麻烦。因为一种新产品上市后销路不可能立刻好起来，存货一多，要执行“不超过3天”的规定就相当困难了，尤其是各经销店大都嫌麻烦，虽然过期面包由柯拉克回收，但他们不愿天天检查，换来换去，而宁愿把过期的面包留在店里继续卖。

还有许多经销店抱怨柯拉克未免太认真，但柯拉克仍然坚持自己的原则，并针对经销店方面的问题，实行了一套新办法，由公司派人把新制作的面包给经销店送货上门，按地区编排了一个循环表，每天送一次，同时把经销店没卖完的面包收回。这样的办法，虽然使柯拉克自己增添了麻烦，却能使“超过3天不卖”得以坚持实行，保证了上市面包的新鲜。

柯拉克良好的信誉度，在一次偶然事件中更加达到了前所未有的影响

力。一年秋天，一场水灾导致她所在的地区粮食紧缺，面包经常脱销。当柯拉克按既定原则派人把超过3天的面包运回店里时，在途中被饥民们发现了，他们提出要购买车上的面包，柯拉克公司的运货员十分为难，说什么也不肯卖，一时间吵吵嚷嚷，围了个水泄不通。一位记者不知发生了什么事，上前一打听觉得非常新鲜，便拍了一张运货员阻止人们拿面包的照片。

新闻发出后轰动一时，柯拉克公司诚实无欺的形象给人们留下了无比深刻的印象，一时间面包销路大增。不到几个月，制作面包的设备就扩大了5倍多。正是因为这一点，柯拉克从开始的每年营业额2万多美元，逐渐猛增到400万美元。柯拉克的成功，再次证明了“信誉是无可代替的财富”这一真理。

二、用践行去解除疑惑

【经典回味】

惑[①]无尽也，其行[②]乃解。

【注释】①惑：疑惑。②行：实际行动。

【译文】疑惑是没有尽头的，用实际行动就能够解开它。

【为官之道】

被人误解是难免的，与其费尽口舌与人辩解，倒不如用实际行动去证明自己，在事实面前，所有的疑惑自然迎刃而解。

秦王觉得灭楚的时机已经成熟，就想派兵前去攻楚，但领兵人选还未确定。秦王先问大将李信，灭楚需要多少兵马。李信年轻气盛：“二十万足矣！”秦始皇又问王翦，王翦说：“非用六十万人不可。”

秦王一听，不禁感到很可笑，有些失望地说道：“将军真是越老越胆

小了。”于是派李信和蒙恬率二十万人攻打楚国。王翦于是称病辞职，回老家养老。秦军开始打了几个胜仗，但后来还是不敌楚军，被杀了七个都尉后大败而回。

秦王这才想起王翦当初的话来，亲自赶到王翦的老家向他赔不是：“我因为不采纳你的意见，导致秦军失败，现在楚军又向西进发，希望老将军能带兵打仗。”王翦推辞不过，就说：“如果大王一定要用我，就非用六十万人不可。”

秦王这次没有丝毫犹豫，马上批准了王翦的要求。王翦带着秦国大军，声势浩大地踏上了攻楚之路。到了战场，王翦吩咐将士们守好阵地，任凭楚军如何挑战，就是不出兵迎战。楚军见秦兵总是不出来，就领兵撤退。王翦趁楚军后撤之机前去追击，大败楚军，杀死楚国大将项燕，过了一年多，又俘虏了楚王，彻底吞并了楚国。

【职场之道】

在面对太多的建议时，很多人感到无所适从，总认为这也正确那也正确，反而失去了自己的主意。但有些人却能坚守自己的本心，以实际行动来证明自己的想法是对的，解开别人的疑惑，打消别人的怀疑。

在近代诗歌的发展历程中，有个伟大的诗人名叫沃尔特·惠特曼，他的成名作品为《草叶集》。而在当时，他的作品具有非常大的争议性，尤其曾因其对性的大胆描述而被归为淫秽。

惠特曼的《草叶集》首印出版时，当时一位世界著名的大作家对这部作品给予了极高评价，称这些诗是“属于美国的诗”“有着无法形容的魔力”“有可怕的眼睛和水牛的精神”。《草叶集》得到著名作家的褒扬，使得一些本来把诗集评价得一无是处的报刊马上换了口气。渥尔特更从中增添了信心和勇气，随后又印刷了第二版，加进了二十首新诗。

后来，惠特曼的创作日臻成熟，又写了许多自认为很满意的作品。渥尔特决定在第三版印行时补进些新作，这位大作家竭力劝阻他取消其中几首刻画“性”的诗歌，否则第三版不会畅销。惠特曼说：“那么删后还会是这么好的书吗？”大作家反驳说：“我没说‘还’是本好书，我说删了

就是本好书！”

惠特曼坚信自己作品具有非凡的价值，没有在别人的反对声中让步。惠特曼对大作家表示：“在我的创作思路中，我认为这些新作品正体现了不服从任何束缚的特点，我坚持走自己的路。它是不会被删改的，任由它自己繁荣和枯萎吧！”

结果，惠特曼的第三版《草叶集》出版后，获得了巨大成功，不久，它跨越了国界，传到世界很多地区，成为世界闻名的佳作，开创了美国民族诗歌的新时代。

【商战博弈】

创业的道路上，遭遇挫折是难免的，由此对自己心存疑惑也是正常的。只要化疑惑为行动，凡事必能迎刃而解。然而，各种各样的借口，却成了人们不去完成任务的理由；也正是许多借口，使他们错过了许多潜在商机。很多人不明白：只有将借口化作实际行动，才会在激烈的商战中赢得先机。

海尔就是靠着不找借口、迎难而上的精神，才使这一品牌获得了国内外市场的认可。

在一次订货中，一家法国经销商突然给海尔公司打来一个电话，要求之前签订的供货时间提前，做到两天之内发货，否则订单自动失效。两天内发货，意味着当天下午所有货物就必须装船，而经销商打电话时已是下午两点，海关等部门五点下班，只有三个小时的时间了。

如果还是用平时的工作流程，要满足法国经销商的时间要求完全做不到。但对于海尔公司来说，顾客的要求永远是第一位的，海尔人绝不会对市场说不。几分钟后，船运、备货、报关等几项工作同时展开了，为的就是确保货物在当天下午发出。时间一分钟、两分钟地过去了，每个人都全身心地投入到工作中。

就在法国经销商打出电话后三个小时，一条发货通知信息传到了他的手机上，连法国经销商自己都无法相信海尔竟然有如此高的效率，瞬间对海尔刮目相看。他专门从法国向海尔发去一封感谢信：“我做家电十几年

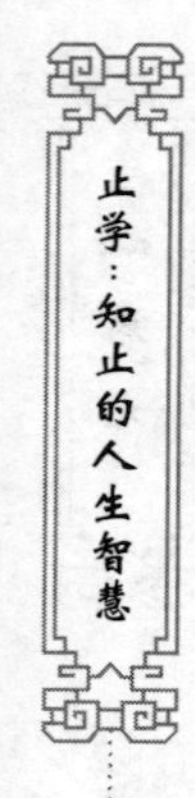

了，还从没有给厂家写过感谢信，可是对海尔，我只有以这种方式表达我的感谢！”

如果一遇到困难就止步不前，怀疑人生和命运，还会有今天的海尔吗？

三、求人不易，莫轻易张口

【经典回味】

不求于人，其尊①弗②伤。无嗜③之病，其身靡④失。自弃者人莫救也。

【注释】①尊：尊严。②弗：不会。③嗜：嗜好。④靡：没有。

【译文】不对别人低三下四地恳求，其尊严就不会受到损伤。没有特殊嗜好的毛病，自身就不会迷失。自暴自弃的人别人无法帮助。

【为官之道】

依靠攀附别人获得成功，终归不是长久之计，只有依靠自己的真才实学，才能获得别人的真正尊重与认可。

三国时期的庞统，号为凤雏，其才能学识与诸葛亮比肩。但庞统生得怪异，不太令人喜欢，吴国孙权没有留用他，他就去蜀国投奔刘备。

此时庞统怀中揣着诸葛亮亲写的信件，信中大力称赞庞统的治国安邦之能，如果他将此信呈予刘备，必然当即得到重用；但庞统见刘备时并没有呈上推荐信，所以刘备只当他是一个平常谋士，没有予以重用，只是让他去治理一个小县。

身怀经国治世之才的庞统没有拒绝，他要在适当时机才会显露自己的才能。后来，当刘备听说庞统多日不理县务，便派结义兄弟张飞前去责罚。于是庞统当着张飞的面，将积压了一百多天的公文，不到半日即处理得干净利索、公正分明，令张飞大为惊讶。

张飞当即向刘备报告，刘备这时才真正认识到庞统的才能，立即将其提拔到重要位置。而庞统也不负刘备所望，随刘备取蜀，设计斩杀杨怀、高沛，得涪水关，为奠定蜀国基业立下大功。

【职场之道】

积极进取的精神是人类宝贵的财富，坚持恒久的耐心，锲而不舍地前进，凭借自己的努力，一定会取得令人瞩目的成绩。那些一味地只是恳求别人施舍、自己不去努力的人，注定不会有大的发展。

股票大王约瑟福·赫希哈小时候是个乞丐，但他立志一定要成就一番大的事业。

赫希哈在街头流浪时，每天捡拾别人扔弃的报纸，然后坐在街边看个不停，晚上还会借着路灯灯光阅读捡来的书。就是在这种艰苦的环境下，赫希哈慢慢地对书报上的经济信息、股市行情产生了兴趣，下定决心要在股票方面发展自己的事业。

当时正值第一次世界大战爆发，世界各地证券交易所在旷日持久的战事中萎靡不振，绝大多数证券公司也岌岌可危，几个在交易所门口玩纸牌的人听到赫希哈来找工作，不禁哄然大笑，认为他在股市大崩溃的情况下还想做股票工作，肯定是精神有问题。

赫希哈终于在一家上市公司找到了一份勤杂工的工作，虽然每个月的报酬只有50美元，但他高兴地接受下来。在这里，赫希哈十分珍惜自己获得的这个足以作为支点的机会，积极地利用晚间和假日钻研股票业务和市场行情；同时，赫希哈还找了另一份兼职，替另一家股票交易所当跑腿，每月又可以得到50美元。

当赫希哈经过一段时间的刻苦钻研和细心观察后，对股票业务有了较深的领悟。他终于鼓起勇气敲开了总经理办公室的门，大胆地说："总经理先生，我可以做您的股票经纪人吗？"总经理惊讶之余沉默了一下，觉得眼前这个小伙子入职以来刻苦学习、工作勤快、反应灵活，于是答应他可以试试看。

此后，赫希哈成为这家上市公司的股票行情绘图员，他运用自己积累

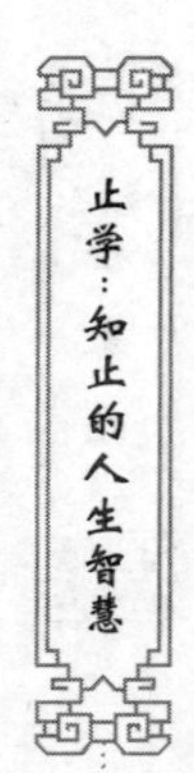

的股票知识和行情资料，很快就上手了，通过工作实践，对股票买卖有了更深的领悟。又经过两年多的艰辛努力，赫希哈靠日常积累的2000美元，独立成为一名股票经纪人。

不到一年时间，靠着对股票市场的正确把控，赫希哈的资产竟然达到了100多万美元。从赫希哈的成功中可见，一个人要想实现自己的目标，必须具有忍耐进取的精神，不到条件成熟时，决不轻易开口恳求别人。

【商战博弈】

为了让自己的商品被消费者认可，单靠低三下四去恳求消费者购买的推销手段早已过时，过度的吹嘘也会引来人们的反感。聪明的企业，往往不会主动夸耀自己的产品去吸引消费者，更不会通过单一的密集式推销来扩大市场占有率，而是通过创新宣传推广形式，让消费者主动认可自己的产品，让人们主动成为企业的宣传推销员。

法国著名酒业公司白兰地公司，在开拓美国市场的过程中，没有用铺天盖天的广告进行密集推销，却也在一夜之间被美国大众所熟知。

在试过很多销售计划后，在法国被人们极力认可的白兰地酒在美国市场却总是销量有限。于是公司想到一个办法，利用美国总统艾森豪威尔67岁生日的机会，隆重地向总统赠送一份礼品酒，这样一来，就淡化了白兰地的商业色彩，转而通过媒体向美国人民大力宣扬两国的传统友谊，让白兰地以友好使者的身份成功进入美国。

为了吸引美国民众的眼球，公司为白兰地酒专门准备了一架专机，把礼品酒由专机送往美国，由身着法国传统服装的法国青年带着礼品进入白宫，然后在白宫的大草坪上举行了非常隆重的赠酒仪式。

消息传开后，白兰地酒立刻成了一个热门话题，人们都想一睹这件名贵礼品的风采。到了总统生日这天，在众人热烈期待下，两桶已经窖藏了67年的白兰地酒终于亮相了，人们欢声一片，赞不绝口，几乎把总统的生日宴会变成了一个白兰地的展示会。

经过这一番特别的包装宣传，白兰地酒马上成为美国市场的名酒，各地迅速掀起抢购热潮。白兰地公司既没有耗费巨资在美国大搞商业广告，

也没有刻意压低价格进行降价销售，以这种特殊的“总统效应”，让人们主动接受并认可了白兰地酒这一优质产品。

四、苦乐荣辱与否，取决于人

【经典回味】

苦乐无形①，成②于心焉。荣辱存异，贤者同③焉。

【注释】①形：固定的形态。②成：形成。③同：相同。

【译文】艰苦与享乐不是一成不变的，它的形成取决于人们的思想。荣誉与屈辱存在差异，但在贤者看来是相同的。

【为官之道】

身处逆境时，只要能坚持自己的理想信念不动摇，就一定能改变当前的现实，成就一番事业。

苏秦出身于贫苦的农家，从小就表现出极其刻苦的学习劲头，当他认为自己学习的知识差不多的时候，就外出游说。

他来到秦国，向秦惠文王献计如何兼并六国实现天下统一，但秦惠文王并没有被他的一番说辞所打动。苏秦在秦国等了一年多，想谋求一官半职，但直到把家里带来的盘缠都花光了，还是一无所获，最后只好回到家中。

当苏秦穿着破破烂烂的衣服走进家门时，父母对这个每天不干活到处浪荡的儿子都已不愿意搭理。苏秦的妻子看到丈夫进门，还是照样坐在织布机前织布，也是不理他。他又累又饿，求嫂嫂给他弄点饭吃，反而惹来嫂嫂的一顿奚落。惭愧中的苏秦非常痛苦，他不禁反思自己：“我的主张不被人接受，一定是自己没有把书读好，不能把道理说清楚。”

他心中坚定了信念，一定要加倍钻研学问，要以自己的加倍努力，成就一番大事业。白天他跟大家一起劳动，晚上就刻苦读书。实在太困时，

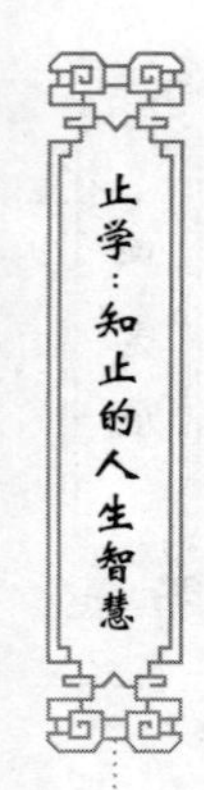

就用锥子刺自己的大腿。苏秦就这样苦读了一年多的太公兵法，还研究了各诸侯国的特点和各自利害冲突。

此时苏秦再次离开家门，开始了游说各国之路，并获得了巨大成功。他取得了六国诸侯的一致信任被共同推举为纵约长，六国相印都交于他。苏秦之所以取得如此成就，完全在于他的自立自强与勤苦自励。

【职场之道】

在社会上生存，没有人有义务为我们提供好环境，我们只能自己去寻找，用一种永不放弃的执着与不断努力的进取心，向别人证明自己，这样才能迎来命运的眷顾。

知道周杰伦的人，不可能不知道周杰伦的挚友兼“御用作词”方文山，他为周杰伦创作的歌词佳作如云，比如《双截棍》《东风破》《菊花台》等等，谁能想到，如今这个台湾最贵的词人，曾经做过派送广告、当过餐厅服务员、高尔夫球童、纺织厂维修工、物流送货司机等，尝遍了生活的艰辛。

方文山少年时的梦想，是成为一个编剧。为了追求这个梦想，他白天在建筑工地上冒着酷暑拼命干活，晚上又报了两个编剧班去上课。编剧课业完成后，却发现当时的台湾电影一片萧条；而在他眼中唱片业却是遍地黄金，比如张学友唱片动不动就卖几百万张。

于是方文山计划曲线圆梦，不如先从当前热门的歌词写起，等歌词写出名堂后，也许能从音乐圈再回到电影圈。他刻苦写词，简直到了如痴如醉的地步，总是揣着笔和小本子，打工时搬东西的间隙，也不忘掏出来写上一两句，有时用电钻打孔，一旦想到好的歌词，就赶快停下来写一下。方文山就这样边干活边写词，不到一年就积累了200多首，他选出100首，按照CD后面的地址一一寄去，包括那些比较流行的歌手、有名的制作人，凡是知道地址的，一个不落地都寄去，但一直都是石沉大海。

功夫不负有心人，方文山的坚持终于有了回报。那天已是半夜，方文山被一个电话惊醒，当听到名嘴吴宗宪的声音时，他简直不敢相信自己的耳朵。与他一起被招聘到吴宗宪音乐工作室任职的，还有当时另一个无名

小卒周杰伦。

两个人都非常穷，就住在公司、吃在公司。所谓住在公司，不过就是躺在沙发上，或者在录音室里拼几张椅子，但两个人早已习惯。有了吴宗宪提供的这个最初的平台，方文山与周杰伦开始了最初的合作。

起步是艰难的，尽管两个人都非常努力地合作好每一首新歌，但就是没有唱片公司联系他们。后来，终于发展到要曲不要词，慢慢地词曲都要，之后单独邀词，但还会有三四个作者一起写，直到最后指定要方文山的词，他终于从新人变成了红人。以至于成了小天王的周杰伦都说："我的歌没有文山不行。"

试想，如果当年方文山没有对理想的执着、没有寄出那些歌词的话又会怎样呢？可能还在为生计奔波，不可能像现在这样，从事梦想的工作。

【商战博弈】

在面对创业失败时，很多人选择了退缩，一旦退缩，也等于放弃了更多的机遇。越是身处困境，越能检验出一个商业奇才的卓越品格。在困境过后，强者往往能迎来更多的机遇与更大的成功。

鸿海集团创始人、富士康科技集团总裁郭台铭，曾经是个地地道道的打工仔，尝遍人间艰辛。不甘心的他，凭借自己的执着与勤奋，屡败屡战，在商场中乘风破浪，最终闯出自己的一片天地，成为四次蝉联《福布斯》杂志的"台湾科技首富"。

郭台铭出生在一个贫穷的家庭，为了给家里减轻负担，他在上学的时候，常常利用课余时间到橡胶厂、砂轮厂、制药厂打零工赚学费，终于艰难地完成了学业。参加工作后，他不甘心做一个安定的公司职员，将母亲给他用来结婚的20万元新台币只用了一半，剩余的一半用来创业。

当时，郭台铭看到了塑料成品生产的市场，于是联系了几个合作伙伴，共同成立了一家公司。可是不久，全球第一次石油危机爆发，直接导致塑料生产的原料价格上涨，需要更多资金。同时由于没有生产经验，公司经营不善，投资资金花个精光，开始出现亏空、萧条。原来的股东看不到公司的希望，先后一个个失望地退出。

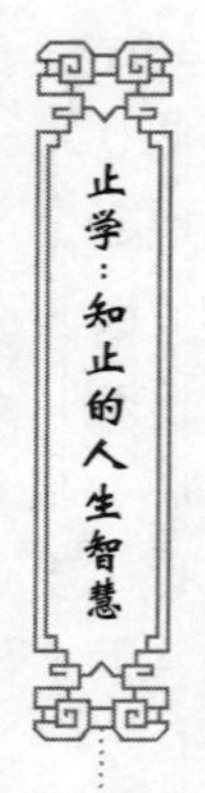

但对于郭台铭来说，这是他用父母的全部家底办起来的一家公司，他无论如何都不能眼睁睁看着公司就此倒闭，他向岳父借了一笔钱，硬是把公司独自顶了下来。当时，黑白电视机刚刚在台湾兴起，郭台铭以独到的眼光瞄准了零件市场，决定放弃成品的制造，从不起眼的电视机选台旋钮入手。一年之后，“鸿海”便从这个小小零件中获得了第一桶金。

随后，郭台铭又将获得的这第一笔利润用在了提升生产能力上，他买来了国际上比较先进的生产机器，将每一分钟都投入到自主研发和发展技术实力上。在这期间的艰辛摸索，让郭台铭付出了无数心血和金钱，甚至导致公司的流动资金几次告罄。

当郭台铭争取第一张来自国外的订货单时，穷困的他只能住在10元钱的偏僻小旅馆，每天只吃两个汉堡，一直等了五天，才见到客户。接到这家跨国公司的订单后，公司的经营才得到很大改善。

在他的不断努力下，终于有了自己的厂房，并通过走探索研发之路，走出发展困境，转型获得成功，迅速与同行拉开了距离，开始步入世界级企业的行列。

五、失志之时也不要怨天尤人

【经典回味】

事之未济[①]，志之非达[②]，心无怨而忧患弗加矣。

【注释】①济：完成，成功。②达：达到，实现。

【译文】事业没有成功，理想没有实现，心中没有怨意，就不会患得患失。

【为官之道】

无论官职高低，都会在历史的发展中经历起起落落，在人生处于低谷的时候，更能考验一个人的修养境界。

晋国公子晋周生不逢时，因为晋献公宠信骊姬，晋国公子多遭残害。晋周虽然没有争立太子的条件，更无继位的希望，同样不能逃脱骊姬的嫉恨。为了保全性命，晋周来到周地，跟随周朝有名的大臣单襄公学习。

晋国是当时大国，晋周虽是公子身份，但非常谦逊好学，没有丝毫大国公子的骄矜与失意落魄的怨愤，经常向单襄公请教治国经世之道，以图日后为国效力。晋周对单襄公特别尊重，单襄公与王公大臣们议论朝政时，晋周就规规矩矩地站在老师身后几个时辰，一点不高兴不耐烦的神色都没有。

虽然身不在晋国，但晋周仍然十分关心晋国情况，一听到不好的消息，就为晋国担心流泪；一听到好的消息，就为之欢欣鼓舞。有人不理解地问他："晋国都容不下你了，你为何还这样关心晋国呢？"他回答："晋国是我的祖国，虽然有人容不下我，但不是祖国对不起我。我身为晋国公子，怎能不关心国命兴衰呢？"

单襄公临终时对其子说："晋周在此落魄时仍保持着君子谦逊好学之风，不失报国之志，日后定会做晋国国君。"果然，晋国国君死后，大家都想到远在异乡的晋周，一致决定请他回来做了国君，成为历史上的晋悼公。

一个本来没有条件去争夺王位的公子，在失志之时不自暴自弃，以谦逊好学之美德征服众人，得以施展自己的宏伟抱负。

【职场之道】

每个人都会面对挫折与失败，有的人在挫折面前选择了不停的抱怨，有的人则超然待之，让自己拥有战胜困难的决心和信心，从而能够突破重围，使问题迎刃而解，使自己的人生走向辉煌。

原一平被誉为日本的"推销之神"，他在日本保险业连续15年全国业绩第一。但他的身高只有145厘米，因为身体的缺陷，他当初去明治保险公司应聘时，主考官不等他开口说话，就直接拒绝了。

受到打击的原一平也曾为此懊恼，甚至绝望；但他最终没有退却或放弃，他认为推销是否成功的关键，并不完全取决于一个人的外貌形象，更关键的是如何引起对方的注意，抓住对方的心。他要向那些蔑视他的人们证明，自己是干推销员的料。

原一平决定以表情取胜。为了使自己的微笑让别人看起来是自然的、发自内心的，他每天站在大镜子前，不分昼夜地练习微笑。他假设了各种场合与心理，将微笑分成了三十八种。

原一平独特的矮小身材，加上他刻苦训练的表情，经常逗得客户哈哈大笑，距离感很快就消失了，从而能非常愉快地进行沟通。无论客户多难相处，原一平都用真诚微笑和专业服务来打动他。此时身材矮小反而成了原一平的优势，人们对他印象深刻，见过一面之后就难以忘记。如果要买保险，第一个就会想到他。就这样，原一平拉到了一笔又一笔订单，业绩直线上升，他的名字也在日本家喻户晓。

原一平用自己的亲身经历告诉人们，不要在困境中自卑消沉，只要将心中的抱怨化为行动的力量，就会取得别人意想不到的成功。

【商战博弈】

没有一帆风顺的成功，每个成功的商业奇迹背后，都充满着创业的艰辛。在创业处于低谷时，唯有内心怀有一份超强的耐力，才能熬得住寂寞与艰辛，才能撑得起辉煌的未来。

福尔曼开发了一个供用户交流和玩游戏的社交网络，用户们可以在这里发布聚会和八卦信息，后来他又将网站转型为专业的游戏站点，并聘用波特为首席执行官。

网站运行6年来，融资近2000万元，开发了30多款游戏，但是他们的运气总是差了些，这些游戏都没能获得主流用户的认可。与公司的前期投入相比，公司收回来的利润只是杯水车薪，网站只能在不死不活中艰难生存。

眼看公司就要倒闭了，福尔曼离开公司另谋发展，波特则选择了继续坚持。波特组织起一个五人团队，每天进行游戏研究，他甚至走在街上、吃饭时都在思索如何开发出一个好游戏。后来，看到儿子和朋友来回抛接球，波特突然来了灵感。

根据此灵感，波特开发出一款名为“你画我猜”的游戏。不到一个月，这款游戏就风靡50多个国家，在应用分类排行中名列榜首。现在，该游戏的下载量已达到1000万次，每天有600多万的活跃用户，波特自然也获得了丰厚的回报。

谈及该网站的成功，波特表示，游戏行业就是这样，需要我们有钢铁般的意志，耐得住漫长的等待与煎熬，很高兴我们坚持下来了。

六、仁者好礼，仁者无忧

【经典回味】

仁者好①礼，不欺②其心也。

【注释】①好：崇尚。②欺：违背。

【译文】有仁德的人保持着做人的基本礼义，从来不做违背自己良心的事。

【为官之道】

在各种外界因素变化中能保持做人的基本原则，是仁义之人所具备的良好品德。如果见了一点利益就动心，为了一点小事就动怒，是不会有什么大作为的。

宋国有位贤臣名叫乐喜，以富有涵养、仁厚待人著称。楚国使者有次来访，乐喜就在自己的住处招待。楚国使者看到南面住户的围墙挡在乐家的前面，而且弯弯曲曲；西面邻居的积水不停地流经乐家，便不解地问乐喜为什么会这样。

乐喜解释说：“南面住户是鞋匠，三世都从事这一行业，如果让他们

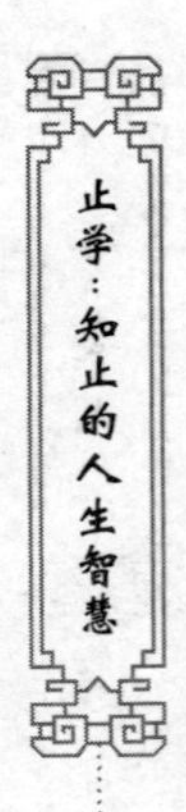

搬走，一则宋国买鞋的不知道他们的住所，二则会断绝他们的生活来源，因此就没有让他们搬走。西面邻居地势高，我家地势低，水向低处流，遇到雨天水流经我家，也在情理之中，因此也没有禁止。”使者听后敬佩不已。

使者回到楚国后，恰巧楚王想要与宋国开战，他便劝谏楚王说：“不可与宋国交战，宋国国君贤明，又有仁德尚礼的乐喜辅佐，贤明君主得民心，仁德相臣能用人，楚国如果攻打宋国，一定不会成功，反而被天下人耻笑。”

正因乐喜的仁厚品德，使得宋国朝廷上下团结一心，宋国虽然身处楚、晋、齐等大国环围之中，可在乐喜任职期间没有一个国家敢轻易发动对宋国的战争。

【职场之道】

真金不怕火炼，拥有正直高尚品格的人，哪怕是身处异常艰难的环境，也不会做出背叛自己良心的事。拥有这种仁德至礼的人，也终会得到比别人更多的馈赠。

创立了ADDC公司的戴卫，在学生时期经济生活非常拮据。

戴卫在阿灵顿商学院读书时，有两个月没有收到家里寄来的生活费了。饿得肚子咕咕叫的戴卫，拿着仅剩的一枚硬币，来到公共电话亭前拨通了家里的电话，电话接通后，他听到电话那头母亲愁苦的声音，预感到不妙，母亲哽咽地说道：“你爸爸得了一场重病，不仅花光了所有的积蓄，而且我的工作也没有了，家里没有了任何经济来源。”戴卫安慰着母亲：“您别难过，我现在就去找工作，一定养活你们。”

残酷的现实把戴卫击蒙了。还有一个月这个学期就要结束了，如果能有十块八块的钱，他就能熬到暑假，然后利用两个月的假期打工赚钱，可现在一分钱也没有，接下来又该怎么办呢?

挂断电话的那一刻，戴卫异常难过，却突然听见公用电话发出一阵噪音，紧接着戴卫惊喜地发现有许多硬币从投币口涌出，他下意识地伸出手去接那些钱。如何去处理这些钱，戴卫心里犯起了嘀咕，按说这些钱留给自己用完全可以，一是没有人知道，二是自己确实太困难了。

但思来想去，戴卫还是觉得不能据为己有，他开始把钱币一枚枚地往回放，可是一遍遍放回去，又一遍遍吐出来。于是戴卫拨通了电话公司的服务电话，听完戴卫的话，服务小姐说：“我也不知道该怎么办，我现在就请示领导。”服务小姐也强烈感受到了电话那头声音里的凄凉无助，她觉得那个品行优良的年轻人需要帮助。不一会儿，服务小姐的电话回复戴卫：“我已请示领导，公司决定将这些钱送给你了，因为公司人手不够，不想为了几个美元专门派人去取。”

戴卫听后激动万分，这些硬币现在光明正大地属于他了，戴卫认真数起来，一共是9美元50美分。靠这些钱支撑到了暑假，戴卫就去一家百货公司应聘。百货公司老板知道了公用电话的事，并了解到他的家庭情况后，觉得戴卫是个诚实可靠的人，告诉他随时可以来上班，不只是暑假，平时学习不忙的时候也可以来，因为信得过他的人品，老板让他做清理公司仓库的工作。

戴卫非常努力地工作，老板既欣赏又同情，给了他双倍的工资。拿到工资后，戴卫把钱都寄给了母亲。一年后，戴卫顺利完成学业，毕业后他开了一家公司，凭借良好的信誉与拼命苦干，第一年就赢利10万美金。

戴卫时刻不忘公用电话的事，他写信给电话公司：“当年贵公司把意外的9美元50美分资助给了我，这一善举让我渡过难关，同时也给了我无穷的力量，现在我有钱了，我想回赠贵公司1万美元，表达我的感谢。”

电话公司负责人随即回信给戴卫：“祝贺你事业有成，我们认为那些钱是我们花得最值的一笔，并不是指9美元50美分换回了1万美元，而是说那些钱让人懂得了一个人生哲理——在最困难的时候，也不要忘了坚守正直仁德的品格。”

【商战博弈】

假如商场是一块大蛋糕，自私的人总是想着独吞或者比别人拥有更多，但最终往往得不到多少；而想着先让别人得到的人，则总能得到别人的回报，最终获得更多利益。

李嘉诚的公司刚刚上市时，正赶上股市危机爆发，恒生指数严重缩

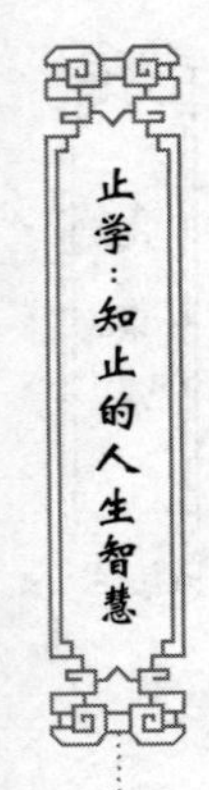

水，这场灾难使股民失去了再进入股市的勇气。

对此，李嘉诚以股民的利益为先，在发行新股后，向股民做出了免收股息的保证。这在当时是极具勇气的行为，毕竟谁也不知道将来的股票走势，一旦放弃股息，就等于断了自己一半的后路。好心总是会有好报，伴随着整个股市的复苏，深得人心的长实股票被热烈追捧，一路狂涨。而在此后李嘉诚获得的利益，远远超过了当时放弃的那部分。

相似的例子，还有1987年的股灾。当时李嘉诚凭着“将全港利益放在首位，放弃个人利润”的立场，向香港证监会提出了一个稳定股市的方案，希望当局放宽对“有关人士收购股权在已拥有35%股权以上的情况下必须全盘收购”的规定。李嘉诚希望通过收购长实和和黄的股权，给股民带来利益以稳定股市。

在他的多次努力下，当局最终同意暂时取消条例，但却附加了“所购入最高限额之股份，必须在一年内以配售方式出售；同时购入股份时必须每日公布详情”的条件。鉴于股市在股灾后的复苏期往往不会太短，在当时很多人看来，李嘉诚似乎在“自掘坟墓”。但出乎所有人预料，这次的股市复苏仅仅花了6个月时间，到1998年4月，股票几乎回到了1987年初的水平。等到一年时限到期，李嘉诚将超额股票卖出，竟又获益几千万港元。

这两次事件，看似是李嘉诚的幸运所致，但实际上，更因为他对股民的关心。一个一心想规避风险的投资者，是不会去考虑用自己的利益去换得不稳定的股市复苏。但李嘉诚做了，做好了亏本的心理准备，幸运之神不会辜负愿意牺牲自己的人，李嘉诚得到了眷顾，他拯救了股民，股民拯救了股市，最终得到了双赢。

七、智者不会随便袒露心迹

【经典回味】

智者示[1]愚，不显[2]其心哉。

【注释】①示：表露。②显：显露。

【译文】有智慧的人故意表现出愚者之态，不轻易显露出内心真实想法。

【为官之道】

当面对强大的对手时，一定要注意战术的策略性，不能一味地逞一时之勇，硬碰硬的后果只能是无谓的牺牲。

明朝时，严嵩父子大权独揽，将朝廷上下搞得乌烟瘴气。当朝官员纷纷上疏揭发他们的罪行，但因严嵩深得嘉靖皇帝信任，不但没有扳倒他，反而使一些直言上谏的忠臣被迫害致死。徐阶进入严嵩内阁后，谨慎从事近十年，一方面小心防备严嵩对自己下手，一方面伺机“倒严”。

一次，皇帝的寝宫起火，大火扑灭后，严嵩劝皇帝徙居别的宫室；徐阶则暗劝明世宗重修永寿宫，第二年改名万寿宫；相比之下，皇帝对严嵩的别有用心已有几分不悦。徐阶又利用皇帝迷信方术的特点，借助道士蓝道行的扶乩，来昭示严嵩的罪行，使皇帝心有所思。

徐阶紧密观察着时局变化，觉得时机差不多时，暗中支持御史向皇上进谏，对严嵩父子予以弹劾。徐阶依旧不露声色地到严府拜谒，并讲了许多安慰的话，放松严嵩父子的警惕；直到皇帝将严嵩罢免回乡，徐阶仍与之假意书信往来。

免职回乡的严嵩依旧图谋重夺权力。在扳倒严嵩的最后关键时刻，徐阶将提前拟好的奏疏送予主审严嵩案件的刑部官员。疏中历数了严嵩父子的滔天大罪，揣摩透了皇帝心理的徐阶，在疏中特别强调了严嵩父子的蓄

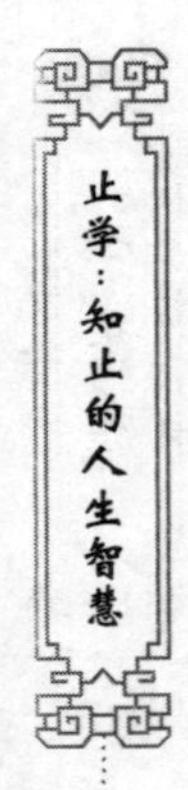

意谋反之罪，皇帝看后大怒，将严嵩罢黜为民，严府被抄。

徐阶之所以能将权倾朝野的严嵩拉下高位，与其讲究斗争策略密不可分。

【职场之道】

想干成一件事，却又遇到别人的阻力，可以设法分散对方的注意力，从而使自己的真实意图得以隐藏。在对方摸不清自己真实意图的情况下，才能使对方处处被动设防，将主动权牢牢掌控在自己手中，最终才能顺利实现自己的目标。

索尼公司总裁盛田昭夫采取声东击西的战略迷惑闹事职工，使公司庆祝大会得以顺利召开。

索尼公司内部一些别有用心的职工，想利用公司成立15周年纪念的机会举行罢工。总裁盛田昭夫明确表态："想通过罢工的形式，达到只雇用某一工会成员的做法是损害企业权益的行为，我决不会答应。别人也完全有权利组织新的工会，那才是自由，才是民主。"

工会知道公司举行庆祝活动的具体日期，他们认为此次庆祝活动的意义非常，只要稍加威胁，公司肯定会让步；而盛田的态度依然毫不妥协，与工会进行了多次谈判后还是毫无进展。

随着庆祝日期临近，工会的头头们越发觉得有信心，因为公司已计划好在总部大楼召开庆祝大会，特别是邀请了包括池田首相在内的许多社会知名人士，到时候如果满街都是罢工的工人，公司就会丢尽面子，所以他们认为盛田现在只是吓唬人而已，最后必将妥协。

实际上，盛田早已有所安排，只不过没有露出一点痕迹。他继续率领谈判小组与工会周旋，直至庆典的前一天晚上，双方仍没有达成任何协议，于是工会头头愤愤而去。

第二天早上，公司大楼上挂起庆祝条幅的同时，罢工的人群也包围了公司办公大楼，人群中有很多是工会从别处借来用于壮大声势的，他们甚至还高举着斥骂索尼公司和池田首相的标语牌。几百名忠于公司的工人也跟着到了街上，围在罢工者的外边。

盛田在布置好庆祝活动的所有工作后，穿好晨服走到窗前看着楼下的

纷乱场面，没有丝毫急躁担忧。罢工者们等了很久，也没有等到池田首相和其他贵宾来到公司庆贺，他们以为公司被迫取消了此次活动，却不知道已上了盛田的当。

原来，就在庆祝大会的前一天晚上，公司才给300名参加庆祝的嘉宾一一打了电话，告知庆典地点改在了一公里外的王子宾馆，所以，池田首相等人顺顺利利地出席了庆祝大会，整个庆祝大会办得非常成功。

当罢工者发现自己受骗时已经晚了，盛田早已从公司后门出来，在庆祝大会上接受嘉宾的鼓掌庆祝。那些别有用心的罢工者最终没有在盛田这里捞到好处。

【商战博弈】

在竞争激烈的商海中，高明者内心冲突再尖锐也不会马上表现出来，而是用假象掩饰自己，以迷惑对手，其中最重要的一种手段，就是表现得不动声色，冷静对待，以静制动。

日本著名的DC公司，在面对就要倒闭的不利局面时，仍能保持镇定自若的沉稳，从而避免了公司遭受损失。

当时，DC公司的负责人山本村佑心里明白，与国外企业的谈判结果，将直接关系到DC公司的生死存亡。而这家国外企业已经知道DC公司濒临倒闭的威胁，于是就想用最低价格把DC公司的全部产品买下，DC公司如果不卖，公司的资金就无法周转。而DC公司如果以最低价格卖出，公司就会元气大伤，一蹶不振。

尽管心里无比纠结，但表面上山本村佑不露声色，反而显出对这笔交易毫不在乎的样子。当对方将价格压得一低再低时，山本村佑却叫来工作人员，询问去韩国的机票是否已准备好了，如果准备好了明天就飞往韩国，谈一笔更大的生意。

当他表现出这种无所谓的态度，对方谈判代表反而沉不住气了，急忙打直线电话向总裁请示。因为当时对方也急需这些产品，总裁最后下决心还是以日方提出的原价买下了这些产品。DC公司得救了，人们不得不佩服山本村佑高超的谈判艺术和掩饰自己内心深处矛盾的境界。

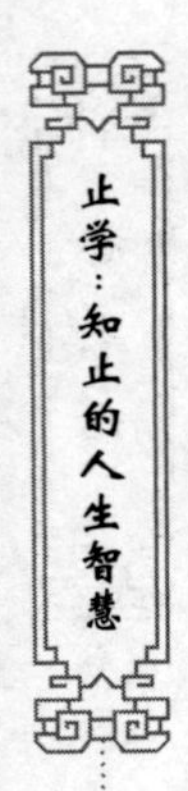

每个人都有内心冲突的时候，有的人一旦内心有丝毫波动就会马上显露出来，有的人则掩盖得非常隐蔽，唯有做到每临大事有静气，才能争取到主动权，才会让自己无懈可击。

修身卷十

服人者德也。德之不修，其才必曲，其人非善矣。

纳言无失，不辍亡废。小处容疵，大节堪毁。敬人敬心，德之厚也。

诚非虚致，君子不行诡道。祸由己生，小人难于胜己。谤言无惧，强者不纵，堪验其德焉。

不察其德，非识人也。识而勿用，非大德也。

一、品行出众者使人信服

【经典回味】

服人[1]者德也。

【注释】①服人：使人信服。

【译文】能够使人信服的，唯有高尚的品德。

【为官之道】

宽容大度品行出众之人，当遇到毁谤或称誉时，不会过于忧愁或欣喜，正是这种胸怀才令人敬佩。

班超一行在西域联络很多国家与汉朝和好，立下很大功劳，深得汉章帝信任。

班超建立了与乌孙国的友好关系后，乌孙国派出使者朝拜大汉天子，受到汉章帝的厚待，使者临行时，皇帝派李邑携带礼品同行护送。行至于阗时，传来龟兹攻打疏勒的消息，李邑害怕，不敢前进，于是编造理由为自己开脱，并上书朝廷中伤班超，说班超只顾在外享福，拥妻抱子，不思中原，还说班超结交乌孙、牵制龟兹的计划根本行不通。

皇帝对班超的人品深有了解，没有听信李邑的谎言，对其严加斥责，并命李邑与班超会合，听命于班超。汉章帝又诏令班超收留李邑。李邑接到诏书后，无可奈何地去见班超。

班超丝毫没有计较李邑之前对自己的中伤，反而对其热情相待，一点儿也没有公报私仇的表现。班超还为李邑着想，改派了别人护送乌孙使者回国。乌孙国王子准备前往中原朝见汉章帝时，班超派李邑陪同前往。有人对班超说："李邑对你那样毁谤，此时正可以奉诏将他留下，您怎么反倒放他回去呢？"

班超心怀坦荡地说："如果我把他留下，岂不是也成了像他那样气量狭小之人了吗？做人只要处处出于公心，就不怕别人说坏话。如果为了自己一时痛快而公报径仇，就不是忠臣所为。”李邑知道后，对班超十分感激，从此再也不诽谤他人了。

【职场之道】

不要小看一件微不足道的小事，不要以无所谓的态度去处理一件小事。从小事中可以看出一个人的能力和德行，用小事堆砌起来的事业大厦才是坚固的，通过一件件小事折射出的人格魅力才最能让人信服。

美国总统肯尼迪不放过任何小事的细心风格，令民众非常敬佩。

他在就任总统的当天，通过检阅海岸警卫队这个简短仪式，就注意到士官中没有一个黑人的细节，便当场派人进行调查；他发现白宫的草坪上长出了蟋蟀草，便亲自告诉园丁除掉；尤其让人们想不到的是，他在就任总统后不久举行的一次记者招待会上，竟然胸有成竹地回答了关于美国从古巴进口1200万美元糖的问题，而此事只是在此前有关部门一份报告的末尾部分才提到过，可见肯尼迪在背后所做的功课。他的这种不放过细节的风格令美国人为之敬佩。

同样，另一位总统罗斯福严谨细致的敬业精神也是被人们津津乐道。在一张只有符号标志而没有任何文字说明的美国地图上随意画一条线，他就能按顺序说出这条线上有哪几个州县。

罗斯福通过对苏格兰地区潮汐涨落的时间与水位、暗礁在水下的深度和位置等数据的精确分析，对当时人们争论不休的战船沉没原因进行了论断，认为触礁的可能性更大。他严谨的工作思路让许多人折服。

【商战博弈】

如果一个人能心平气和地对待吃亏，无疑能体现自己的度量，就更能获得他人的青睐，获得经商所需的人脉资源，从而获得商业上的成功。

太平洋建设集团负责人严介和，正是凭借着良好的信誉度，一步步将生意做大做强。

当年，刚刚起步的严介和，在获悉一个大城市即将进行市内公路建设时，已经通过自己的一片诚意与坚持，拿到了三个小涵洞的建设项目。但项目到严介和手里已经是第五包了，总标的不足三十万，注定要亏本，严介和初算将亏损5万元左右。

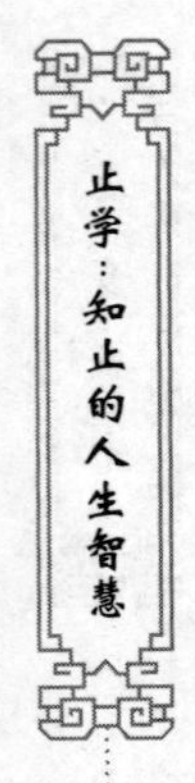

可严介和对自己的员工说："不管亏损多少钱，我们首要的标准就是要保证质量。"在严介和带领下，本应140天完成的工作量，大家只用了72天就完工了，其速度令工程指挥部大吃一惊。更令人吃惊的是，指挥部在对三个小涵洞进行验收后，检测结果为质量全优！

严介和以"质量第一"为经营理念，打响了自己的信誉品牌。从此，他的业务迅速扩大，先后参与了南京新机场高速、京沪高速、南京地铁等一系列国家和省市重点工程建设。

每当谈起太平洋第一桶金时，严介和总是说："如果不亏，我这个外乡人能拿到订单吗？今天的诚信是明天的市场、后天的利润。"

二、德之不修，有才也无用

【经典回味】

德之不修①，其才必曲②，其人非善矣。

【注释】①修：培养。②曲：不正当。

【译文】不培养德行，人的才能必然不能用于正道，这样的人是不能得到善终的。

【为官之道】

一个人的才学再出色，如果品行出了问题，不但不能发挥其才能造福百姓，反而会成为危害一方的恶人，所以说，在选人用人时，德行应更重于才能。

清朝康熙时期，汤斌以为官清廉、秉公处事闻名，备受皇帝看重，担任工部尚书之职。

某日，时任江苏巡抚的汤斌闲坐书铺，一个书生模样的年轻人站在离柜台不远的书架旁看书，书铺中有人用几枚钱买了一本《吕氏春秋》，恰巧有一枚钱落在地上；这个书生便暗中用脚踏在钱上，等买书人走后，才俯身拾起这枚钱。旁边的汤斌将这一切看在眼中，起身问了书生的姓名后，冷笑一声离去。

后来，这个书生考取了功名，在吏部的安排下，准备到江苏一带赴任。他欣喜万分，整装赴任之际，到巡抚衙门投书请求谒见上司汤斌。

汤斌接到门官的报告，一看拜帖上的姓名，传令不予接见。书生第二天再去拜见，汤斌还是没有接见，一连过了十天，门官传达汤斌的命令说："你不必前去赴任，你的名字已经写进弹劾的奏章了。"此人问："大人弹劾我什么罪？"回答："贪钱。"

此人疑惑不已，急忙向门官辩解道："我还没有去上任，一天官也没当，怎么会做贪赃之事呢？还请容我向大人当面解释。"门官进去禀报后，又出来传达汤斌的命令："你不记得从前书铺中的事了吗？当秀才时尚且爱一钱如命，今天侥幸当上地方官，能不挖空心思搜刮民脂民膏吗？请马上解下官印离开，不要使当地老百姓因为你的贪污盗窃而受苦痛哭。"

听了门官的转达，这个书生才想起自己在书铺中的所作所为，方知那个老者原是今日上司，不禁满面羞愧地弃官而去。

【职场之道】

一个团队的综合实力如何，不只取决于团队中每个人的个人能力，更取决于团队成员间的相互配合能力。如果团队成员不具备这种相互配合、团结互助的优秀品德，哪怕其个人能力再大，也无法得到团队的认可与重用，即使重用了，也会害人害己。

一家公司发布了招聘部门经理的通知后，应聘者达到数百人，经过重重筛选后，四个人脱颖而出，成为进入最后一轮面试的候选人。按照公司的规定，他们要在面试当天上午九点到达面试现场，填表确认后进行面试。

四个人提前半个多小时就来到了面试地点，忽然，一个男青年急匆匆地赶来，四个人纳闷地看着他。这个人自我介绍说，自己也是进入面试环节的候选人，也是来参加面试的，只是来得匆忙，忘记带笔了。这个年轻人问早来的四个人，是否有笔，想借来填一下公司的审核表。

四个人面面相觑，本来竞争就够激烈了，现在又增加了一个人，必然会使竞争更加激烈。如果不借笔给他，似乎能减少一个竞争对手。就在其中三个人心有灵犀地默不作声时，其中一个人走过来，给这个年轻人递过一支笔。年轻人接过笔，感激地与这个人握手，其他三个人则带着埋怨、

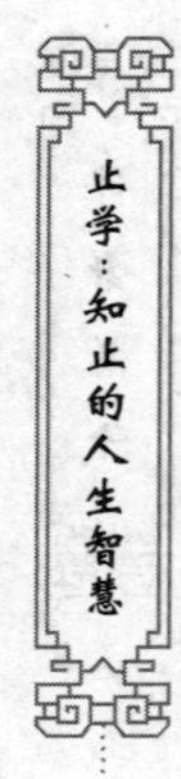

责怪甚至愤怒的眼神看着他们俩。

一转眼，规定的面试时间已经过去十多分钟了，却不见任何动静。终于有人按捺不住了，就去找相关负责人询问情况。没想到，从总经理办公室里走出来的，正是之前那个忘记带笔的年轻人。

年轻人说："刚才借笔给我的这位先生被聘用了。作为一家知名企业，我们不愿失去任何一个人才，但是很遗憾，你们的私心使自己失去了机会。"

【商战博弈】

"穷则独善其身，达则兼济天下。"这是中国"儒道互补"文化的精髓。个人得志显达之时要造福百姓，企业更应该勇于承担自己的社会责任。一个热衷公益的企业一定是一个具有社会责任感的企业，也是一个值得信赖的企业。

王健林最欣赏的一句话，就是"行善最乐"。心中时刻想着做善事且有能力为社会做有益的事，是他最大的经商与为人哲学，他不但这么说，也是这么做的。

2003年，"非典"爆发，万达集团迅速拿出500万元，由大连市慈善总会建立了国内首个农民工援基金，先后有1000多名来自20多个省份的农民工及其子女在"非典"中得到救助。2007年和2008年，是中国自然灾害比较严重的两年，王健林第一个向大连和沈阳两市捐款700万元，又向南方受灾比较严重的地区捐赠600万慈善基金，用于受灾地区的灾后重建。2010年青海地震中，万达集团通过中华慈善总会向灾区捐款1亿元，成为地震灾区第一时间内收到的最大一笔救灾捐款。

2013年，王健林又为立志创业的大学生提供支持平台，每年为支持大学生而无偿资助5000万元。迄今为止，中国慈善史上最大数额的一笔个人捐款，就是王健林为了帮助南京人民政府修建金陵大报恩寺提供的捐款，捐款数额高达10亿元。

王健林的善举，一直被中国商界和慈善界津津乐道，他不仅用自己的实际行动来培养人们的慈善意识，而且鼓励带动同样有作为的商界优秀企业家参与慈善、支持慈善、推动慈善事业的发展。

可以说，万达事业的发展过程就是万达慈善的发展过程，近30年来，

万达集团每年都把慈善捐助列入公司的财务计划中，形成了一种具有长久生命力与高度社会责任感的企业文化。

三、采纳旁人的建议就会没有缺失

【经典回味】

纳[①]言无失，不辍[②]亡废。

【注释】①纳：采纳。②辍：停止。

【译文】采纳谏言就没有过失，不停止这种纳谏之风就不会失败。

【为官之道】

在被权力包围的光环下，能虚心听取忠直谏言才能减少执政失误，才能赢得下属与百姓的认可。

刚刚登上王位的齐威王，非常痴迷于弹琴，而且他弹起琴来什么事都抛在脑后，再紧急的国家大事也置之不理，从而导致国家日趋衰败。周边国家看到齐威王如此荒唐，接连起兵进犯，齐国连吃败仗。

齐国有个叫邹忌的人，看到齐威王如此执迷不悟，就想到了一个办法。他自称琴技高超，特地前来拜见齐威王，齐威王一听很高兴，立即召见。邹忌听完齐威王弹琴后连声称赞，齐威王问好在哪里，邹忌道：“我听大王那大弦弹出来的声音十分庄重，就像一位名君的形象；我听大王从那小弦弹出来的声音是那么清晰明朗，就像一位贤相的形象；七弦配合协调，才能弹奏出美妙的乐曲，这正如君臣各尽其责，才能国富民强、政通人和。弹琴和治国的道理一样呀！”

齐威王被他的一番理论吸引住了，迫不及待地说：“你刚刚说的弹琴理论非常有道理，但只知乐理还不够，请先生试弹一曲吧。”邹忌于是两手轻轻舞动，只摆出弹琴的架势，却并没真的去弹。齐威王见邹忌如此，恼怒地指责道：“你为何只摆空架子不去真弹琴呢？难道你欺君不成？”

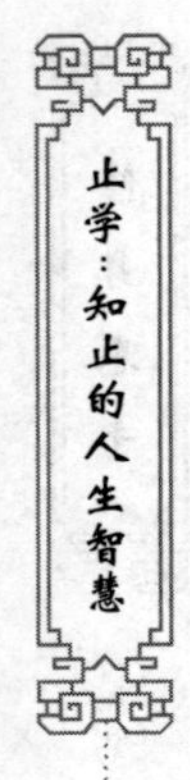

邹忌若有所指地回答道："弹琴是我赖以生存的职业，我自然对弹琴之技全力研究。大王以治理国家为要务，怎么可以不好好研究治国的大计呢？这就和我抚琴不弹，摆空架子一样。抚琴不弹，就没有办法使您心情舒畅；您有国家不治理，也就没有办法使百姓安居乐业。这个道理大王要三思。"

齐威王对邹忌的弹琴治国之说大加赞赏，对自己因琴误国的做法深感悔悟，便和邹忌大谈治国大业，拜邹忌为相，最终在励精图治中成就霸主地位。

【职场之道】

无论企业领导能力多强，都有可能在工作中出现疏忽。避免管理失误的最好方法，就是虚心听取基层职工的意见建议。也许就是一个小小的建议，就能为企业带来无限的利润空间。

韩国著名的企业精密机械株式会社在员工中推出了"一日社长制"，这种优秀的经营模式得到了韩国劳动部的肯定，被评为"杰出劳动关系示范工厂"。

所谓"一日社长"，就是每周固定一天，由基层职工轮流当一天社长，负责管理工厂的日常业务，让职工有参与全厂工作的机会。担任"一日社长"的职工，上午 9 点上班，听取各部门主管人员的简单汇报，先对工厂整个营运情况有一个初步的了解，然后陪同社长到各部门、车间去巡视工作情况。

"一日社长"和正式社长一样，拥有处理公文的权力。各部门、车间主管送来的公文汇报，需经过"一日社长"签名批示后，再呈报社长。社长在最后裁决公文时，"一日社长"可以申诉自己的意见，请社长酌定。

当"一日社长"对工厂有改进建议时，要对具体建议进行公布，并让各部门、车间的员工传阅。各部门、各车间的主管，要依据意见改正自己的工作，并需要在干部会议上提出改进工作的成果报告，获得全体干部的认可后才算结束。

"一日社长制度"刚实行一年，就收到了显著的成效，因为及时采纳职工提出的意见建议，累计节省了生产成本200万美元。厂方把这部分钱作为奖金发给了全厂员工，以此举在更大范围内激发职工参与企业管理的积

极性。

让企业内部的每个职工，都在积极参与企业具体事务中深刻地体会到自己也是企业这个大家庭中的一员，并身体力行地做一回管理者，不仅可以充分调动他们的积极性，也对从多方面看到管理上的不足有积极作用。 现代企业管理的重大责任，就在于谋求企业目标与个人目标两者的一致，两者越一致管理效果就越好。

【商战博弈】

一个善于管理的企业负责人，能在身边人的建议中发现思想闪光点，从而抓住其他企业看不到的商机，才有可能在激烈的竞争中出奇制胜。

龙金尼·杜尔耐将商业眼光瞄准电线号牌这一小产品，发展成为一个拥有亿万资产的企业家，之所以创造出了惊人的奇迹，与杜尔奈虚心听取员工建议有直接关系。

杜尔耐在最初经营一个规模很小的电线号牌厂时，因为无法与采取自动化生产的大厂竞争，没过半年，工厂账面上已出现了赤字。严峻的问题摆在面前，换自动化设备换不起，卖掉工厂又没人要，拖下去又会越陷越深，杜尔耐简直有些绝望了。

最后，杜尔耐向全厂宣布停工，但这个月的工资照发；同时向大家提出一份期待，请大家在临走之前把智慧贡献出来，看看这个工厂还有没有救。说罢，他给职工们送上纸和笔。大家看到工厂马上停工了却还有工资可发，对杜尔耐非常感激，纷纷安慰他，并积极地献计献策。

杜尔耐认真地一张张看着职工们递过来的纸条，沉浸在深深地感动里，忽然，他被一张纸条上的几句话吸引了：“任何问题，决不会只有一种解决方法，问题在于哪一种对自己有利，自己又能办到的。更新设备这条路是绝对走不通的，可是你是否想到了其他解决的方法？例如，用的材料如果变更，是不是可以达到降低成本的目的？”下面的署名是刚来不久的一个小学徒。

变更材料！杜尔耐握着纸条激动不已，这是唯一可以试行的办法。当时电线号牌都是铝质的，价格比较贵，如果能找到一种能防水防火的便宜材料，就能在价格上与其他厂家进行有力竞争。

看到希望的杜尔耐，开始全力研究符合这种条件的便宜材料。最初选

中一种特制油纸，只是硬度不够，经重新加工后又脆度太大；后来，他舍弃油纸，改用一种韧性强的白皮纸，刷上一层透明胶，终于使价格比铝制号牌便宜近70%的纸制号牌问世了。

杜尔耐将新产品拿去申请专利，获得了5年专利权，在5年专利期满前，杜尔耐的工厂扩大了两倍，并全部采用了自动化设备，财产达到1亿美元以上。一个小小的建议，竟然使一个濒临倒闭的小厂走上了坦途，杜尔耐也成为一个拥有亿万资产的企业家，这是他始料不及的。

在商海中打拼，不怕经历失败，最可怕的是不能在失败中吸取教训。每一次失败都蕴含着成功的萌芽，每一个建议都将成为通向梦想的明灯，只有在前进之路上虚心听取别人建议，随时调整发展战略，才是商场制胜的法宝。

四、容忍小缺点，葬送大节操

【经典回味】

小处容疵①，大节②堪毁。

【注释】①疵：缺点。②节：节操。

【译文】小的地方存有缺点，大的节操就可以被葬送掉。

【为官之道】

一些人随着官位越来越高，私欲也越来越重，总觉得自己劳苦功高，接受点别人的馈赠没有什么，久而久之，就会丧失清廉为官的警醒之心，必然会导致身败名裂。

赵普从宋太祖开始打江山时跟随左右，立下了无数大功，得到了宋太祖的格外厚待，升赵普为宰相。赵普也尽心辅佐宋太祖，宋太祖劝他多读书，他每次回家，都关起门认真诵读，正是因为勤于学习，处理政事时才会思维敏捷，宋太祖更是大小事情都和他商量。

赵普的权力越来越大，有些人就利用他在皇帝身边得宠的优势，想通过他的举荐而提拔，不时有人给他送礼物来，赵普都坦然接受。

宋太祖经常到赵普家里去，事先也不派人通知。有一次，吴越王钱叔派人给赵普送去十坛“海产”，还附带了一封信。赵普把“海产”放在堂前，还没来得及拆信，恰巧宋太祖到了。宋太祖看到十个坛子，就问赵普是什么，赵普说是吴越送来的海产；宋太祖笑着说：“既然是吴越送来的，一定不错，打开看看吧！”

打开一看，大家都愣了，哪里是什么海产，竟是一块块金子。宋太祖向来最反对官员受贿，脸色马上沉下来，赵普慌忙跪地请罪，宋太祖愤然而去，从此对赵普开始猜疑起来。

时隔不长时间，又有人向皇帝告赵普的状，说他背着朝廷偷运木料。原来，赵普曾经私下运木料为自己建住宅，他的属下趁机冒用他的名义，私运了一大批木料到东京贩卖，因而牵连了赵普。

宋太祖大怒，要治赵普的罪，尽管其他大臣苦苦求情，宋太祖还是撤了赵普的宰相之职。

【职场之道】

人与人的交往中，应时刻注意对方的心理细微变化，从而对自己的言行举止进行细节调整。如果不注意这些小细节，往往会因一个个看似微不足道的小失误而失去许多成功的机会。

被称为美国推销大王的基拉得，在刚刚步入职场时，正是因为疏忽了交往中的细节，而有过失败的经历。

有一次，有客户到他负责的店面买车，经过他的热情接待与详细介绍，那个人对他推荐的那款最好的车型很满意，并掏出了1万美元现金。眼看就要成交了，对方却突然变卦，决定不买了，离开了店面。

基拉得为此事懊恼了一整天，怎么也想不出这客户突然变卦的原因，到了晚上十一点钟，他终于忍不住给这个客户打电话：“非常抱歉这个时候给您打电话，但是我检讨了一整天，实在想不起自己错在哪里而导致您突然决定不买我们的车了，现在特地向您讨教。”

电话那头的客户还是有些愠怒：“你说的都是肺腑之言吗？你现在在用心听我说话吗？”基拉得再次诚恳地回答：“非常用心！”客户带着遗

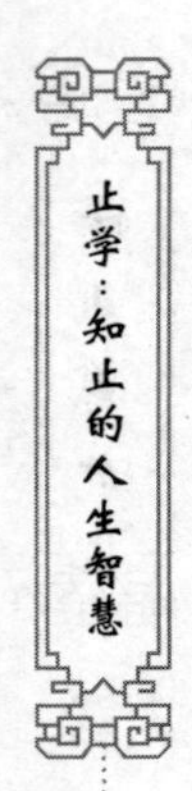

憾说："可是今天白天你根本没有用心听我说话。就在签字前，我提到我的孩子将进入一所知名大学学习医学专业，我还提到他的学科成绩、运动天赋以及他将来的理想，我以他为荣，但是你对此却毫无反应。"

基拉得真的不记得客户说过的这些话了，证明他当时确实根本没有注意客户说这些话时的表情。他认为已经谈妥这笔生意了，当时他不但无心听对方说什么，反而在听办公室里另一个推销员讲笑话。

通过这件事，让基拉得深刻领悟到倾听的重要性，如果不能认真观察客户的细微心理感受，难免会失去更多的客户。

【商战博弈】

商品质量是最好的广告，只有将商品中小得不能再小的瑕疵尽力消除，才能用高质量的商品赢得消费者的高度认可。如果对商品质量稍有疏忽，就会毁掉一个企业的品牌。

美尔多公司只是从一把小小的锤子起家，成为资产亿万的世界知名企业。

美尔多公司的总裁戴维·美尔多，原来只是一个村庄里的铁匠。有一天，一个木匠来找他："给我做一把最好的锤子，要那种你能做得最好的。"美尔多非常自信地说："我做的每一把锤子都是最好的，我保证。"

美尔多交给木匠的，确实是一把很完美的锤子，木匠的同伴们看到后，都跑到美尔多的铁匠铺，每人要求定制一把一模一样的锤子。木匠们的工头发现后，也找到了美尔多，想定制两把，而且要求比前面定制的都好。

美尔多对他说："对不起先生，这样我做不到，我打制每把锤子的时候都尽可能把它做到最好，不会在意谁是主顾。"当工头拿到锤子后，发现美尔多确实按照他自己的想法去做了，两把锤子都非常完美。

一个五金店的老板听说了此事，向美尔多订购了两打，对于美尔多来说，他还从没接到过这么大的订单。不久，一个商人经过这个村庄的时候，偶然发现了美尔多为五金店老板订制的锤子，他发现这些锤子实在是太棒了，于是强行把它们全部买走了，并且还留下了一个长期订单。

在完成这些订单的过程中，美尔多总是在想办法改进铁锤的每一个细

节，尽量减少哪怕很小的瑕疵，并不因为做得数量多而降低质量。尽管这些锤子在交货时并没有什么“合格”或“优质”的标签，但人们只要在锤子上见到“美尔多”几个字，就会毫不犹豫地买下它，这已经成为他的一个标志。

就这样，美尔多将每一把小铁锤都做到精益求精，从而使其慢慢成了美国乃至全世界的名牌产品，而美尔多也凭着这些铁锤成为亿万富翁。

想要把企业做大做强，光靠口头上的吹嘘不能获得消费者的认可，而是要实实在在的过硬产品才能得以长盛不衰。

五、敬重别人的思想更能体现自身修养

【经典回味】

敬人敬心①，德之厚②也。

【注释】①心：思想。②厚：淳厚。

【译文】敬重他人就要尊重他人的思想，才能体现德行淳厚。

【为官之道】

为官者对于人才的重视，不应只是停留在口头上，而要发乎内心地对人才的所思所想进行关心。真诚地敬重人才，才能吸引更多的人才，才能让人才心甘情愿地回报这种识才用才之厚德。

春秋战国时期孟尝君的父亲靖郭君礼贤下士，他手下有个食客叫齐貌辨，靖郭君对其非常器重。

齐貌辨虽然有才能，但在为人处世方面有不少毛病，别的食客都很讨厌他。一个食客曾经建议靖郭君把齐貌辨赶走，可是靖郭君根本不听，这个食客心中不满，告辞而去；孟尝君也在暗中建议靖郭君把齐貌辨赶走，不料靖郭君大发雷霆：“即便所有食客都离我而去，只要能满足齐貌辨的事，我也在所不惜！”靖郭君反而给齐貌辨上等的宾室居住，并派长子给他驾车，朝夕侍奉。

几年后，齐威王去世，靖郭君的同父异母兄齐宣王即位，靖郭君因一向与齐宣王感情欠佳，就到自己的封地薛城去了。在薛城住了不久，齐貌辨向靖郭君提出要去谒见齐宣王，想建议齐宣王召靖郭君回到都城。靖郭君担忧地劝道："大王和我的感情一向不好，你在大王面前万一有哪句话惹怒了他，岂不是有性命之虞？"齐貌辨诚恳答道："您对我有如此厚爱，我早已将生死置之度外。希望您准我此行。"

齐貌辨见到齐宣王后，面对齐宣王咄咄逼人的诘问，临危不乱，将靖郭君忠君爱国之心向齐宣王一一道来，令齐宣王大受感动，不禁对自己疏远靖郭君的行为表达歉意。让齐貌辨传达他的旨意，请靖郭君回来担任宰相之职。

靖郭君动身前往都城，齐宣王亲自到郊外迎接。靖郭君两次坚辞相位，齐宣王都没有答应。正是靖郭君对齐貌辨诚心相待，对其无比厚爱，才能使齐貌辨被靖郭君的高德所感动，冒死进言，促成了靖郭君与齐宣王的兄弟和解。

【职场之道】

尊重别人，不只体现在口头的花言巧语上，更要注重与别人进行思想上的沟通。让别人愿意与你进行诚心交流，才是职场成功人士的基本素养与职业道德体现。

维普是电气公司的一名推销员，他之所以能够在公司销售排行榜中名列前茅，在很大程度上是因为他能认真揣摩顾客的心思，并能站在顾客的立场上时刻想顾客之所想，从而能很快得到顾客的认可。

有一次，维普来到一座豪华的住宅前敲了半天门，住宅主人只将门打开一条缝，当这位老太太一听说维普是电气公司的推销员时，就开始说一些难听的话，并让维普赶快离开。于是维普很快改变策略，对老太太说："我向您推销电气产品的同时，其实更想向您买一些鸡蛋。"维普之所以这样说，是因为他看到老太太的院子里养了一些鸡。

果然，老太太的神情缓和了些，维普接着说着老太太爱听的话："您家里养的这些鸡真是可爱极了，我看到其他人家养的鸡比您养的差远了，能告诉我您的养鸡秘诀吗？"老太太已经好久没有向人倾诉她引以为豪的养鸡成绩，于是眉开眼笑地领着维普去她的鸡舍参观，滔滔不绝地讲述着养鸡经验。

维普认真倾听着老太太絮絮叨叨的讲解，没有一丝厌烦神色。直到与老太太愉快地道别，维普也没有再提推销电气产品的事情。一个星期后，这位老太太反而主动联系到了维普，提出了用电申请。而且，在这位老太太的热心推介下，她的许多邻居的用电申请源源不断地飞向维普，使维普又多了一大批忠诚而永久的客户。

在与别人打交道时，以诚恳的态度拉近心与心的距离，使之产生亲切感和友好感，是一种必备的职业道德。

【商战博弈】

企业的品牌不是靠打广告打出来的，而是靠处处为消费者真心实意地着想，靠时时刻刻与同行、对手以诚相待。所以，做企业就要踏踏实实，才能不断积累出屹立不倒的诚信品牌。

地板行业的龙头企业圣象地板，始终坚持着诚信经营的原则，将消费者、同行的利益放在首位，做到在质量上对得起消费者，在同行间绝不搞恶性竞争。

有一次，深圳一家木地板家具企业散布谣言：圣象地板是有毒的。圣象总裁彭鸿斌本着对该企业的基本尊重原则，几次提醒对方，对方毫无收敛，他不得不动了起诉对方的念头；就在起诉前一天，他还将起诉书传真给对方，对方依然置若罔闻。起诉后，他还同时拟定了一份公开倡议书给全国一百多家同行，倡导建立木地板行业的操作规范、职业道德。

圣象地板始终保持着对消费者知情权的尊重。每一个经过总部培训的圣象员工，在消费者前来购买时，都会实事求是地介绍商品性能，这已成为员工的行为准则。比如在介绍圣象强化地板时，不只是介绍它是采用进口特种防水胶和防潮胶垫，同时会告知消费者，因为它是木材的衍生产品，怕水浸，不适宜安装在浴室里。

不攻击同行，不贬低竞争对手，是圣象奉行的又一信条。当中消协比较试验结果，北京市消协授予圣象为可信赖产品后，彭鸿斌未对同行做任何贬低性评论。他深信，木地板市场的发展与繁荣，最终还是要靠互相尊重、公平竞争、共同努力，才能取得本行业的多方共赢。

六、真诚不能靠虚情假意获得

【经典回味】

诚非虚①致，君子不行诡②道。祸由己生，小人难于胜己。

【注释】①虚：虚假，虚伪。②诡：狡诈。

【译文】真诚不是靠虚伪得来，所以君子不使用诡诈之术。祸乱是因自己而产生，小人难以战胜自己的内心。

【为官之道】

食君之禄，忠君之事，是为官者的美德。始终保持勤政自励、诚恳做事的优秀作风，才能上得君心，下得民心。

北宋名臣韩琦，一生为官近五十年，曾历三朝宰相，两为顾命大臣，尽力事君，不计个人成败荣辱，获得朝野上下一致好评。

当时大名府是仅次于东京开封府的繁华都会，人口众多，政务也就极为繁重。韩琦坐镇大名府时，虽已经年过六十，但对府中事务，不管大小全都亲自审理。有时因患病而难以升堂问事，也吩咐人将公文送至住所，在卧室内听决。他身边的人怕他操劳过度，劝他不必事事费心，可以将一些政务委托佐属处理，自己好安心养病。这时韩琦总是说，刑狱诉讼往往是人命关天的大事，或生或死，或予或夺，至此一言而决，我怎敢不小心又小心，又怎能轻率地委托别人处理呢？他依旧坚持带病处理政务，不肯有丝毫懈怠。

韩琦的这种尽心为政的精神，多次得到朝廷褒奖，宋神宗好几次御赐汤药加以抚问。在他镇守大名府数年间，因细心尽力地处理民间大小事务，深得民心，当地百姓为他立生祠，年年拜扫，为他祈福。后来，韩琦又到相州，也同样得到了当地民众的大力爱戴。史传，相州百姓爱他如父母，有纠纷时，劝解的人会说："不要纠缠不休了，不要为此而打扰了韩大人。”

韩琦因一生忠勤，逝世后谥号“忠献”。欧阳修称赞其“措天下于泰山之安，可谓社稷之臣。”

【职场之道】

成功没有秘诀，凡事但尽诚心。只要我们从内心深处奉献出善意与真诚，就能收获意想不到的事业成功。

一个阴雨连绵的深夜，一对老夫妻走进一间旅馆的前厅，向服务生说出了想要住宿一晚的要求。

值夜班的服务生无奈地说：“非常抱歉，今天的房间已经都住满了。若是在平常，我会送二位到附近有空房的旅馆，可是我无法忍心让二位再一次地置身冷雨中，你们如果不介意的话，何不待在我的房间呢？虽然不是豪华的套房，但还是很干净的，我可以待在办公室休息。”

老夫妻非常高兴地接受了这个真诚的建议，并给服务生造成的不便致歉。第二天雨过天晴，老先生前去结账时，这个服务生拒绝了：“昨天您住的房间并不是旅馆的客房，所以我们不会收您的钱，也希望二位昨晚睡得安稳。”老先生点头称赞：“你是每个旅馆老板梦寐以求的员工，或许改天我可以帮你盖栋旅馆。”

几年后，这个服务员收到一封老先生寄来的挂号信，信中再次对那件雨夜发生的事表示感谢，另附了一张邀请函和纽约的来回机票，邀请他到纽约一游。在抵达曼哈顿几天后，服务生在一个路口遇到了当年那对老夫妻，路口处正矗立着一栋华丽的新大楼，老先生说：“这是我为你盖的旅馆，希望你来为我经营，好吗？”

服务生惊呆了：“您为什么选择我呢？您到底是谁？”“我叫阿思特，我说过，你正是我梦寐以求的员工。”就这样，这家旅馆开张了，它就是纽约最知名的华尔道夫饭店，现在它已成为各国高层政要到访纽约下榻的首选。

【商战博弈】

唯真诚才能换取真诚。

麦当劳日本公司的创始人藤田田，拥有一万多家连锁店，一年的营业总额超过40亿元。创造这一辉煌业绩的藤田田，在年轻时有一段不平凡的

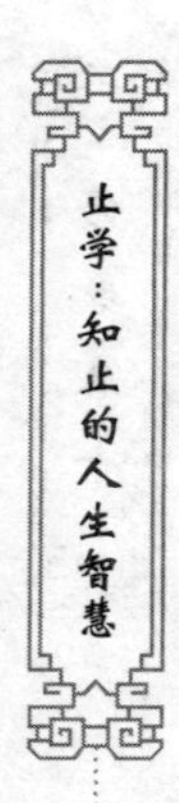

经历。

创业之初，一个巨大的经济难题摆在藤田田面前。麦当劳采用的是特许连锁经营制度，总部要求合作方必须具备75万美元现款和一家中等规模以上银行信用支持，而藤田田手中只有5万美元现金。也正是因为这来之不易的5万元现金，打动了住友银行的总裁，对他提供了条件支持，让他获得了与麦当劳的合作权。

当时，藤田田以极其诚恳的态度向住友银行总裁表明自己的创业计划和求助心愿，总裁并不为其所动。藤田田于是向总裁述说了自己仅有的5万元来历：从毕业那一天起，藤田田就给自己定下目标，以10年为期，存够10万元，然后开始创业。毕业6年来，他一直按月存钱，从未间断。即使有时碰到意外事故需要额外用钱，他甚至不惜厚着脸皮四处借贷，也要保证每月的存款。因为他坚信，只有在小事上过硬的人，才能干成大事，现在机会来了，他要提前创业。

听完他的叙述，住友银行总裁不禁对眼前的年轻人另眼相看，为了验证藤田田的话，总裁将他送出办公室后，专门亲自到藤田田每月存钱的银行了解情况。银行工作人员得知总裁的来意后，说："藤田田先生是我接触过的最有毅力的年轻人，6年来，他真正做到了风雨无阻地按时来存钱，这么严谨的人令我佩服得五体投地。"

住友银行总裁立即给藤田田打电话，告诉他，银行可以毫无条件地支持他创建麦当劳事业，因为他是一个值得信赖的人，以后肯定能够成功。正是因为有了起步时的这一关键助力，才有了藤田田之后的快速发展。

七、对待他人的诽谤，就像饮甘泉一样

【经典回味】

谤言无惧，强者不纵[①]，堪[②]验其德焉。

【注释】①纵：顺从，屈服。②堪：能够。

【译文】面对旁人的诽谤时不会忧惧，面对强势不会屈服，以此能够验出一个人的高尚品德了。

【为官之道】

隋文帝时期，大理寺有个官员名叫赵绰，他始终坚持正义，执法公正，即使是皇帝意志与律法相冲突时，也是据理力争，置个人生死于不顾。

与赵绰同在大理寺为官的来旷，上书文帝，说大理寺执行刑罚时偏于宽仁，不能起到法律的惩戒作用。隋文帝认为来旷忠诚正直，便升了他的官。来旷以为得到了隋文帝的信任，又告了赵绰一状，说他随便免除囚犯的刑罚，把不该放的人都放了。隋文帝派人去调查，发现毫无此事，来旷是在诬告。

文帝大怒，下令处斩来旷。赵绰极力劝阻，认为按照律法来旷不应判死罪。隋文帝愈加气愤，转身回内宫去了。赵绰在隋文帝身后大叫："我不管来旷的事了，还有别的事没有上奏呢。"隋文帝派人将他引入内宫，赵绰跪在地上说道："我有三条死罪：第一，身为大理少卿，没有管好手下的官吏，致使来旷犯了法；第二，囚犯本不该死，然而我却不能据理力争；第三，我本来没有别的事，为了进内宫，谎称自己有事。"隋文帝听后大笑，免去了来旷的死罪，改为流放。

即便是自己的仇人，赵绰也要依法惩治，甚至触怒隋文帝，并不因仇人的诬告就置之于死地。

【职场之道】

面对别人的指责、责难，有的人选择了唉声叹气、退缩不前，有的人则选择了振奋精神、毫无惧色，在磨炼中增长才干、增强意志，最终到达成功的顶峰。

曾经两度获得全美主持人大奖的沙莉，如今有近千万观众每天收看她主持的节目，她在传媒界已成为不可多得的人才。

在最初求职时，沙莉来到美国波亚无线电台面试，但面试官以她的发音不够标准为由，拒绝聘任她，于是她回到家后苦练发音，并认真揣摸电台主持人的语言风格。后来，她应聘到黎多戈电台工作，由于她不懂西班

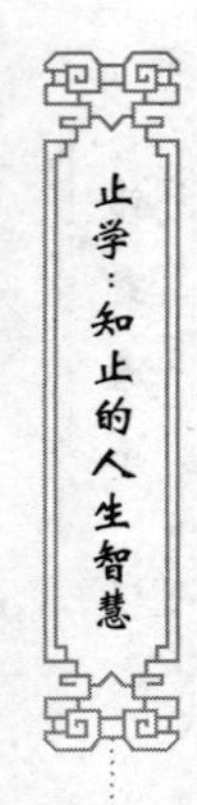

牙语，又花了两年的时间学习。

她不停地面试找工作，不停被辞退，有些电台指责她能力太差，根本不懂什么叫主持。每次被辞退后，她都认真反思自己，并进行学习充电，从来没有放弃过。当她三次应聘全国广播公司的主持职位时，终于被聘用，但是主管人员认为她的形象不适合做她擅长的娱乐节目，要求她改做政治主题节目。

她虽然对政治一窍不通，但她不想失去这份工作，于是她开始恶补政治知识。很快，她主持的政治主题节目开播了，凭着多年来的经验积累和娴熟的主持技巧，加之其平易近人的风格，她的节目迅速成为全美最受欢迎的节目，她自己也一夜成名。

【商战博弈】

善于利用周围一切客观条件的企业，不只是善于发现适合自己发展的平台与机遇，更善于化解竞争对手的攻击与打压，甚至于能将对自己不利的舆论化解为免费的宣传广告，使别人的攻击变成了变相的帮助。

方便食品行业非油炸第一品牌五谷道场，在其起步之初，纯粹是靠同行“骂”出了名气。

几乎所有方便面企业在做宣传时，都会刻意避开油炸食品危害健康这个敏感话题，而刚刚创立的五谷道场却反其道行之，打出了一则“拒绝油炸，留住健康”为主要内容的广告，并且采取了铺天盖地的推广，一夜之间这则广告出现在电视、报纸、户外等媒体。一石激起千层浪，随后，一场关于“油炸与非油炸”的争论开始急剧升温，从方便面企业到行业协会，所有人的矛头都指向了名不见经传的五谷道场。

但出人意料的是，这场风波的始作俑者五谷道场被推上风口浪尖后，却一直对外界的一片声讨没有回应。收起了咄咄逼人锋芒的五谷道场，在沉默了两个多月后，又悄悄地把广告词换成了“非油炸更健康”。

更令那些实力强大的方便面企业意想不到的是，借助这段时间的宣传造势，五谷道场的销售网络迅速扩张，销售队伍达到了2000多人。此时，他们不得不承认，是自己亲手捧红了这个曾经默默无名的竞争对手，但也无可奈何。面对五谷道场打出的“油炸致癌”广告，无论他们选择沉默或回击，都会间接地为五谷道场帮忙。毕竟，99%的方便面企业都属于油炸

类，他们不会眼睁睁地看着五谷道场到处宣传“油炸致癌”，而他们的声讨越激烈，五谷道场的广告效应越是明显。

五谷道场的这个商战实例，已被商界列为经典教案，五谷道场也由此被列入中国企业营销策划50强。

八、做一个出色的伯乐

【经典回味】

不察①其德，非识人也。识而勿用②，非大德也。

【注释】①察：发现。②用：任用，起用。

【译文】看不出人的品行，就算不上会识人。能识人却不能任用，这不是德高者的做法。

【为官之道】

识才用人，能不受表面现象迷惑，看到一个人的潜在才能，方能称之为真正的伯乐。管仲如果不是遇到鲍叔这样的伯乐，其治国安邦大才可能就要埋没一生。

管仲贫困时，曾与鲍叔一起干贩运货物的买卖，每次赚了钱，管仲总是自己多分，鲍叔始终毫不在意，从不认为管仲贪财，而是知道管仲是因为贫穷才这样。管仲曾经几次做官几次被免职，鲍叔从不认为管仲没有能耐，而是安慰他，知道他没有遇上好时机。

二人做了官后，分别事于齐国的两个公子。鲍叔在小白手下做事，并辅佐小白登上王位，成为齐桓公；而管仲则在纠手下做事，纠被小白杀死后，管仲也当了囚徒。在此危难时刻，鲍叔在齐桓公面前大力举荐管仲，使管仲得以脱困。并且，鲍叔将自己的职位置于管仲之下。

齐桓公在管仲的尽心效力下，国力日渐强大，多次盟会各国，成为一代霸主。后来人们在称赞管仲的治国功业时，更加称赞鲍叔的慧眼识才之功。

【职场之道】

即便是有着杰出的才能，也离不开伯乐的慧眼识珠；而伯乐不只是有识才的本领，更有举荐人才的气度与帮助人才渡过难关的智慧。

当初如果不是钢琴家李斯特的帮助下，肖邦也许不会那么快被人们所熟知。

肖邦因为国内政局不稳，在无奈中流亡到国外。此时的肖邦虽然在音乐方面展露出出众的才华，却无施展之地，为了生计只好以教书为生，处境甚为落魄。

一个偶然机会，肖邦结识了鼎鼎大名的匈牙利钢琴家李斯特，两人一见如故，大有相见恨晚之感。李斯特对肖邦的才华大为赞赏，同时更为他的落魄处境感到难过，李斯特冥思苦想着让肖邦摆脱困境的办法，觉得绝不能让肖邦的才华就这样埋没。

这一天，在这座城市的剧场门口，登出了钢琴大师李斯特举行个人演奏会的消息，剧场门票很快被抢购一空。演奏开始后，随着大幕徐徐拉开，风度潇洒的李斯特身着燕尾服向观众致意。台下掌声雷动，李斯特向观众行礼后，便转身坐在钢琴前，摆好了演奏姿势。

灯熄了，剧场内一片寂静，人们屏息静气地闭上眼睛，准备享受美妙的音乐。琴声响起，时而如高山流水，时而如莺啼燕啭，时而如诉如泣，时而如歌如舞；琴声激昂时，剧场内便响起掌声，琴声悲切时，剧场内又响起抽泣声，听众完全被精湛的演奏所折服。

音乐停止，人们跳起来，忘情地一遍遍大声喊着李斯特的名字。灯光亮起，大家傻了——舞台上坐着的不是李斯特，而是一位眼中闪着泪光的陌生年轻人！他就是肖邦。

人们这才明白，这是李斯特为使肖邦尽快出名而苦心设计的计划。李斯特利用当时剧场演奏的规定，当灯光熄灭时，就让肖邦过来代替自己演奏。当人们知道刚才的演奏竟出自面前这位年轻人后，由惊愕变为惊喜，掌声再次响起，一束束鲜花接连不断地朝台上飞去。

在李斯特的巧妙布置中，一位伟大的钢琴演奏家由此走上国际艺术舞台。

【商战博弈】

在合作的社会中，需要人与人之间的尊重，不仅要尊重商业合作伙伴，更要尊重企业员工。最大限度激发员工积极性，使其才能得到发挥，企业才能在合作共赢中走上健康发展之路。

沃尔玛公司的管理理念就是对员工给予充分地重视和尊重，让每名员工都能发挥最大的价值。

有一天深夜，沃尔玛董事长山姆忙完了当天的工作，经过一个生产车间时，和一些正准备回宿舍的员工聊了一会儿，了解了他们的需求，事后马上为员工改善了沐浴设施，员工们深为感动。

在山姆看来，沃尔玛最重要的财富不是它的资本，而是所有员工；所以，在沃尔玛的长远规划中，重点建立的是企业与员工之间的伙伴关系，“利润分红计划”“员工折扣规定”“带薪休假”“节假日补助”等，都是对员工实施的优待政策。

沃尔玛的经理例会，通常是由那些经常为了企业经营肯动脑筋并能提出好建议的人参加，不论是小时工，还是正式员工，都可以充分表达自己的意见，都给他们充分的展示才能的平台。沃尔玛还鼓励员工积极进取，只要员工有意愿提高自己，就会获得学习或深造的机会。

沃尔玛董事长以自己身体力行的实际行动，在企业内大力倡导尊重员工、善待员工的管理理念，极大地激发了员工的进取心和创造性，他们为降低公司经营成本出谋划策，为商店的货品设计建言出力，经常举办一些灵活多变的促销活动。有一次，沃尔玛的一个员工发现原来的送货上门服务和货车的路线是相同的，这样的话货车就可以顺便送货，这一建议每年为沃尔玛节省了100多万美元。

后 记

《止学》是一部蕴含着为人处世、修身立德的智慧之书，深刻体味其中的一字一言，在生活中践行其中的思想精髓，必能收获精彩的人生。

无论从事何种职业，无论生活贫富贵贱，在漫漫人生征途上，总会面对数不清无法预料的困难挫折。当身处浮沉不定的官场时，能在此书中找到进退有度、安然保身之道；当身处人才济济的职场，能在此书中找到以诚待人、务实做事之道；当身处风云变幻的商场，能在此书中找到信誉为本、利人利已之道。在喧嚣的社会中，面对各种抉择，如果领悟了《止学》之精神，则能在面对诸多选择时少一份彷徨，多一份从容。

此书在编写过程中，参考了国内诸多专家学者关于《止学》的注释解读著作，也参考了大量关于为官之道、职场生存、商战博弈等方面的案例样本，其中包括《 天下无谋之秘卷八书：止学》（文中子原典，马树全注，黄山书社）、《国学经典：止学全集》（陈才俊著，海潮出版社）、《止学中的80个做人智慧》（伏建全著，中国致公出版社）、《耐得住，才能有成就》（高伟著，中国华侨出版社）、《价值百万的9堂人生哲学课》（潘鸿生编著，北京工业大学出版社）、《成功就是比忍耐》（漆浩著，北京工业大学出版社）、《人生需要忍耐和等待》（木木编著，中国画报出版社）、《首富的哲学》（于台风著，时事出版社）、《中国古代经典智慧》（田剑等编著，金城出版社）、《人生加减法》（俞慧霞著，中国纺织出版社）、《国际商务谈判——理论.实务.案例》（刘园著，中国商务出版社）、《道德经与企业管理》（作者刘硕斌，来自网络）、《绝妙策略》（佳梦书屋图书馆）、《商场三十六计》（作者朱懋军，百度阅读）等等。在此要特别感谢上述参考书目的作者与编著者，正是有了这些可供参考与借鉴的宝贵资料，才使得此书能够顺利编写完成并与读者见面。